山大华特卧龙学校班会课程化系列校本教材

高英华 主编

深度班会

八年级

山东教育出版社

图书在版编目（CIP）数据

深度班会. 八年级／高英华主编. —济南：山东教育
出版社，2017

山大华特卧龙学校班会课程化系列校本教材／高英华
主编

ISBN 978-7-5328-9961-6

Ⅰ. ①深… Ⅱ. ①高… Ⅲ. ①班会—初中—教材
Ⅳ. ①G631

中国版本图书馆CIP数据核字（2017）第217782号

山大华特卧龙学校班会课程化系列校本教材

深度班会 八年级

高英华　主编

主　　管：山东出版传媒股份有限公司
出 版 者：山东教育出版社
　　　　　（济南市纬一路321号　邮编：250001）
电　　话：(0531) 82092664　传真：(0531) 82092625
网　　址：www.sjs.com.cn
发 行 者：山东教育出版社
印　　刷：青州市东泰印务有限公司
版　　次：2017年9月第1版第1次印刷
规　　格：787mm×1092mm　16开本
印　　张：16.75印张
字　　数：250千字
书　　号：ISBN 978-7-5328-9961-6
定　　价：32.00元

（如印装质量有问题，请与印刷厂联系调换）
（电话：0536-3532216）

主编简介

高英华，1965年出生，1986年参加工作，中共党员，硕士研究生学历，硕士学位，中学化学正高级教师。现为山大华特卧龙学校校长，兼任中国西部地区教育顾问、曲阜师范大学硕士生导师等。教育教学科研成果丰硕，主编《班会课程化》《人生从这里起航》等7部著作，在《中学化学教学参考》《化学教育》等国家级核心期刊发表专业论文30余篇。荣获山东省特级教师、山东省优秀教师、山东省劳动模范、齐鲁名校长等多项荣誉称号。

▶ 本书编委会

主　编：高英华

副主编：刘善合　杜学军

编　者：丁凤华　惠友亭　李振奎　陶德胜　赵国先

　　　　赵立金　王学刚　张永刚

序 言
Preface

　　班会是实施德育的重要载体，也是凝聚班级精神、提升班级文化，以及班主任与学生心灵沟通的一个重要平台。可当下有的班会内容无序，形式随意，没有生成更好的教育价值，这不能不是一个遗憾。山大华特卧龙学校的《深度班会》，则构建了一套优质的班会课程，从而让执教班会的班主任有了科学的依据。

　　既然作为课程，构建过程就不但需要具有课程意识，还要很好地了解学生的人格、心理、身体等特点。这不但需要时日，更需要学校领导与老师们的责任感及相应的专业知识。如果不是真正关注学生的生命成长，就不可能"多此一举"。

　　山大华特卧龙学校不但有了这"一举"，而且是一举成功。

　　课程的教学设计不但科学，而且颇具特色。比如教学目标、教学方式（表演、朗诵、演讲、辩论、音乐鉴赏等）、教学策略（信息技术演示、活动体验等）、教学过程（情境导入、思维碰撞、总结升华、成长体验、教师寄语、拓展延伸）和教学评价（个案评价、学生班会记录），生动而有趣，让学生乐在其中，不知不觉受到教育的同时，也有思维的张力，并形成了相应的能力。

　　《深度班会》不但有其内容上的序列，而且在时间上也有序列。在某个时段，开什么样的班会，如何开好班会，都有相应的内容与对策。有心的班主任在研读这套课程之后，再结合本班学生实际，就有了开好班会的可能。

　　这对于班主任尤其是青年班主任来说，无疑是一件好事。它成了一套真正的班会教材，甚至可以说是一套班会教程。因为它不但有了系统的教学内容，而且还有了具体的实施方略。

　　从广义上说，教师与学生也是课程资源，所以《深度班会》在为教师提供便利的同时，更关注了学生的自我成长。班主任是学生精神上的导师，而绝非他们的保姆。这一理念深植于书中，所以也就有了更高的品质。学生是学习的主人，这是课程改革中的一个重要理念，《深度班会》的最终目的，就是要让学生成为主人。很多时候，班会上学生自主性发挥得越好，效果也就越好，这样的班会开得越多，学生的自信心、自豪感以及很多方面的能力也就得到了相应的提升。

2011年，笔者曾经采访过这所学校，而且与校长通过对话的形式，完成一篇长篇对话文章《打造沂蒙基础教育第一品牌——山大华特卧龙学校由弱变强的突破》，并刊登在2011年6月19日《中国教育报》第3版上。在这篇对话文章中，就谈到学校"班会课程化"的问题。今天再看《深度班会》书稿的时候，就有了特殊的亲切感。

真心为学生成长办教育，就没有办不好的教育，《深度班会》就是山大华特卧龙学校真心办教育的一个结晶。它的出版，不但是这一所学校的成果，还会让其他学校更多的班主任"学而时习之"。

期待本书的出版，也希望广大班主任喜欢它。

期待即将成为现实，希望也不会落空。

陶继新

2017年8月于济南

引 言
Introduction

　　班会是实施德育的重要载体，是班主任向学生进行思想品德教育的一种有效形式和重要阵地。有专家指出："学校的教育活动是学生人生中一段重要的经历，是他们生命中有意义的、不可重复的构成部分。"班会作为学校教育活动的重要组成部分，其质量高低直接影响到学生的个体生命，也影响到学校教育质量和办学品位。上好每一节班会课，让每节班会课成为学生的思想盛宴，对我们每个教育者来说，是一份责任，更是一份使命。

　　在基础教育阶段，班会始终是作为正规课程（每周一课）列于教学管理中的；但相对课堂教学而言，班会课安排零散，缺乏计划性，班会课模式、评价形式单一，班会课内容随意，质量不高，存在集中灌输多、启发引导少，理论叙述多、学生实践少，政治教育多、品德内化少的现象，许多学生因此而失去了参加班会活动的兴趣和热情。出现这种情况，一个很重要的原因是班会教育体系缺少科学性、系统性、前瞻性。因此，建立科学、全面、序列化主题班会教育体系就显得尤为重要。

　　近几年，我校班会课程开发研究小组在班会课教学方面进行了一些探索与尝试，根据中学德育大纲中规定的德育目标和内容，本着贴近社会、贴近现实、贴近学生生活的原则，遵循学生身心特点和认知规律，着眼于学生的未来和思想道德素质的提升，制订科学的实施方案，积极进行开课、评课研讨，认真反思，不断修改完善，班会课逐步走向了序列化、课程化。

　　本套丛书本着以下几个方面去构建：

　　一是主题序列化。本丛书要具体构建从七年级到九年级各个阶段的主题班会活动，并且要使这些主题班会由浅入深，层次递进，形成序列。我们针对不同年龄段学生的心理特点和每个年级的德育目标，将教育目的与学生实际发展水平结合起来，形成系列，交叉进行，并有所侧重。七年级侧重于适应性教育、习惯养成教育、集体荣誉感教育；八年级进行生命教育、青春期教育、感恩教育、网络教育，并逐步引导学生向自主、自觉、自律转化；九年级进行理想教育、责任教育以及考前心理调适。每个年级教育序列既相对独立又相互联系，形成一个有机的教育体系。

二是教学设计体现课程特色。其教学的基本结构包括五个方面，即教学目标、教学方式（表演、朗诵、演讲、辩论、音乐鉴赏等）、教学策略（信息技术演示、活动体验等）、教学过程（情境导入、思维碰撞、总结升华、成长体验、教师寄语、拓展延伸）和教学评价（个案评价、学生班会记录）。每节主题班会精心设计，力求各个主题班会活动都能达到预期目标和最佳效果。

三是教学内容遵循知识性、思想性和教育性三大原则。每节班会课都广泛引用案例、视频、诗歌、名人名言等，揭示人生真谛，启迪人生智慧，歌颂人性之美，鞭挞人性之恶，警醒徘徊心灵，催人奋发上进。每节诗意灵动的班会不仅能激发学生兴趣，也能让学生明白道理、增长知识、发展智力、陶冶情操、美化心灵。

班会课程化作为我校正在探讨的新课题，还远未走上成熟之路。但我们欣喜地看到，许多年轻的班主任教师正凭借班会课程这一舞台，践行教育理想，实现理想教育；孩子们越来越喜欢这样的班会课，喜闻乐见的故事和趣味盎然的活动，让他们在轻松愉悦的气氛中学到了知识，接受了教育。班会课程化，如破土而出的嫩芽，虽弱小，却充满希冀。

我们在编写本书的过程中，参阅了不少文献资料，引用了很多案例及有关材料，谨向所有相关的作者致以衷心的感谢！由于班会课程系列化的研究和实践时间较短，参与研究的人员水平有限，缺点和纰漏在所难免，敬祈业内专家、读者指正。

编者

2017年7月

目 录

第 **1** 课

让我们飞得更高

　　八年级是学生成长发展的转折点，也是教育的关键期，被美国心理学家霍林沃斯称为"心理性断乳期"。在这一阶段，学生思想上往往表现得不够成熟，看问题比较片面幼稚，有时会表现出叛逆、偏激、暴躁、感情用事等特征。另外，进入八年级后，学习的知识与七年级相比要深得多、难得多，学生在学习方面将会面临更大的挑战，有的学生会产生畏难情绪，失去学习兴趣，以至于形成两极分化。所以，进入八年级后提前对学生进行心理、生活及学习上的指导，帮助他们做好八年级学习、生活的规划，十分必要。

美丽卧龙

班会目标

1. 引导学生认真总结上学年学习、生活的得与失，鼓励学生以积极的心态、饱满的热情迎接新学期的挑战。

2. 指导学生为八年级的学习、生活做好规划，为进入新学年做好充分准备。

实施过程

一、情境导入

同学们，在度过一个温馨而快乐的暑假后，我们又回到了学校，正式步入了新的年级——八年级。回顾过去的一年，在老师的辛勤教育下，我们无论在思想上还是学习上都取得了很大的进步。新学期伊始，我们要认真总结过去，明确新学期的奋斗目标，以崭新的姿态、饱满的精神迎接新的机遇与挑战，创造更加优异的成绩。

二、思维碰撞

（一）回顾过去篇

曾子曾说"吾日三省吾身"。是的，一个人在成长的道路上需要不断反思，以扬长避短，不断进步。在新学期之初，让我们来回顾一下七年级的学习生活，总结一下自己的得与失吧。

1. 我的进步：

2. 我的不足：

3. 面对这些进步和不足，我们应该怎样去做呢？

周处除三害

周处（236—297），字子隐，东吴吴郡阳羡（今江苏宜兴）人，鄱阳太守周鲂之子。周处年少时肆行无忌，为害乡里。为了改过自新，他求教于名人陆机、陆云，后来浪子回头，功业更胜其父。吴亡后周处仕西晋，刚正不阿，得罪权贵，被派往西北讨伐氐羌叛乱，遇害于沙场。

周处年轻时，为人蛮横强悍，任侠使气，是当地一大祸害。义兴的河中有条蛟龙，山上有只白额虎，一起祸害百姓。义兴的百姓称他们是三大祸害，三害当中周处最为厉害。有人劝说周处去杀死猛虎和蛟龙，实际上是希望三个祸害相互拼杀后只剩下一个。周处立即杀死了老虎，又下河斩杀蛟龙。蛟龙在水里有时浮起、有时沉没，漂游了几十里远，周处始终同蛟龙搏斗。经过三天三夜，当地的百姓都认为周处已经死了，轮流着表示庆贺。结果周处杀死了蛟龙从水中出来了。他听说乡里人以为自己已死而对此庆贺的事情，才知道大家实际上也把自己当作一大祸害，因此有了悔改的心意。于是便到吴郡去找陆机和陆云两位有修养的名人。当时陆机不在，只见到了陆云，他就把全部情况告诉了陆云，并说："自己想要改正错误，可是岁月已经荒废了，怕最终没有什么成就。"陆云说："古人珍视道义，认为'哪怕是早晨明白了道理，晚上就死去也甘心'，况且你的前途还是有希望的。再说人就怕立不下志向，只要能立志，又何必担忧好名声不能传扬呢？"周处听后下决心改过自新，最终成为一名忠臣。

互动交流

你认为周处的身上最值得你学习和敬佩的品质是什么？这个故事给你什么启发？

（二）规划未来篇

做一个永远有计划的人

哈佛大学的爱德华·班菲德博士经过多年研究，发现成功者与失败者的区别在很大程度上是基于个人对于时间的态度，班菲德把这个结论称作"时间观念"。他发现那些成功的人都是有长期时间观念的人，他们在做每天、每周、每月的活动规划时，都会用长远的眼光考量，他们会规划5年、10年，甚至20年的未来计划。他们做决策和分配资源时，都以未来长远的目标为准则。 在另外一方面，班菲德博士发现那些失败的人都只有短期的观念。他们几乎不做长远计划，他们更着重短期的欢乐而非长期的经济保障，更关心眼前的利益而不是未来的成功与成就。因为这样的态度，他们选择短期计划，而导致长期的困苦生涯。

这项发现可以说是所有成功学研究中最重要的一项。也就是说，为了达到成就的极限，你一定要用长期的眼光规划人生及事业。

好好问问自己：到底什么才是你人生中真正想要的？你希望人生有价值而快乐吗？你希望事业成功吗？你希望拥有很多的财富、漂亮的汽车和豪华的别墅吗？你希望能到世界各地旅行，亲眼看看各种名胜古迹吗？你希望有个幸福的家庭、得到孩子的尊敬吗？不管你心里有什么样的希望，在做这样的梦时，就必须有对事业生涯的长远规划，并准备为此付出长期的努力。要知道成就伟大的机会并不会火山爆发似的在瞬间喷薄而出，而是一个缓慢的一点一滴的积累过程。

人越年轻，往往越想快速达到目标。其实人一定要先努力工作，持续不断地努力工作好些年，才能达成真正有价值的目标，才能享受渴望的生活方式。

要想出类拔萃，在心理上你就要做好全身心地投入10年时间的准备。因为不论从事什么职业，要培养出足够的专业能力，在竞争激烈的社会中取得成功，你就必须花很长的时间。

当你对自己做出了这种长期的承诺后，你会发现你对待学习、工作及为人处事的态度会完全改变，你会从战略的高度考虑问题，从而会变得更为优秀。

我们大多会为旅游做计划，却难得有人为漫漫人生花心思做计划。我们总是临渴掘井、亡羊补牢，从不未雨绸缪。

现在读书要有计划，工作要有计划，生活要有计划，人生怎能不需要计划呢？没有计划，就是在计划失败。

每一场战争都需要精心规划，人生也是一场战争，人生就是经由计划、准备、实施，为达成最终目标而展开的一长串作战行动。

那么计划是什么呢？计划就是将目标分解。你不可能一口气跑上珠峰，你要将它分解成若干目标，征服了一个目标后，再向新的目标发起冲击。

现在让我与你分享一段我在网上看到的小故事，或许这个小故事可以很实际地帮助你理解计划，帮助你我走出目前的困境。

故事是这样的：

年仅19岁的凡内芮在诗词比赛中不知得过多少奖牌。她的写作总是让我爱不释手，当时我们的确合写了许多很好的作品。一直到今天，我仍然认为这些作品充满了特色与创意。

一个星期六的周末，凡内芮又热情地邀请我到她家的牧场吃烤肉。她的家族是得州有名的石油大亨，拥有庞大的牧场。她的家庭虽然极为富有，但她的穿着、所开的车与她谦卑诚恳的态度，更让我加倍地从心底佩服她。

凡内芮知道我对音乐的执着。然而，面对那遥远的音乐界及整个美国陌生的唱片市场，我们一点渠道都没有。此时，我们两个人坐在得州的乡下，我们哪知道下一步该如何走。突然间，她冒出了一句话："想象你五年后在做什么？"

我愣了一下。她转过身来，手指着我说："嘿！告诉我，你心目中最希望五年后的你在做什么，你那个时候的生活是什么样子。"

我还来不及回答，她又抢着说："别急，你先仔细想想，完全想好，确定后再说出来。"我沉思了几分钟，开始告诉她："第一，五年后我希望能有一张很受欢迎的唱片在市场上发行，可以得到许多人的肯定。第二，我要住在一个有很多很多音乐的地方，能天天与一些世界一流的乐师一起工作。"凡内芮说："好，既然你确定了，我们就把这个目标倒算回来。如果第五年，你要有一张唱片在市场上发行，那么你的第四年一定要跟一家唱片公司签上合约。那么你的第三年一定要有一个完整的作品，可以拿给很多很多的唱片公司听，对不对？那么你的第二年，一定要有很棒的作品开始录音了。那么你的第一年，就一定要把你所有要准备录音的作品全部编曲，排练就位准备好。那么你的第六个月，就是要把那些没有完成的作品修饰好，然后自己可以逐一筛选。那么你的第一个月就是要把目前这几首曲子完工。那么你的第一个礼拜就是要列出一个清单，排出哪些曲子需要修改，哪些需要完工。"

"好了，我们现在不就已经知道你下个星期一要做什么了吗？"凡内芮笑着说。

"喔，对了。你还说你五年后要生活在一个有很多音乐的地方，然后与许多一流乐师一起忙着创作，对吗？" 她急忙地补充说，"如果，你的第五年已经在与这些人一起工作，那么你的第四年照道理应该有你自己的一个工作室或录音室。那么你的第三年，可能是先跟这个圈子里的人在一起工作。那么你的第二年，应该不是住在得州，而是已经住在纽约或是洛杉矶了。"

次年，我辞掉了令许多人羡慕的太空总署的工作，离开了休斯敦，搬到洛杉矶。说也奇怪，不敢说是恰好五年，但大约可说是第六年，1983年，我的唱片在亚洲开始畅销起来，我一天24小时几乎全都忙着与一些顶尖的音乐高手，日出日落地一起工作。

每当我在最困惑的时候，我会静下来问我自己："五年后你最希望看到你自己在做什么？"如果，你自己都不知道这个答案的话，你又如何要求别人或上帝为你做选择或开路呢？在生命中，上帝已经把所有选择的权利交在我们的手上了。

有人问我："你说人生中重要的是开始，但现在又谈要有长远规划，这不是矛盾吗？"人生中最重要的就是开始，但开始了并不意味着就可以轻易成功，从开始到成功还有一段距离，这段距离就需要我们认真地计划，发扬执着的精神。罗马不是一天建成的，成功也需要一段长期的积累。

有了计划，就有了方向，有了计划我们不会迷失自己。在我的计划中，每一个月要读一本书，每一天要看一份报纸。最近时间闲，看书也没有那么认真了，但心里知道，对于现在的我，什么都可以放，但学习是不能放的，我懂的知识太少了，不全面，还有很多很多的东西要去学习。一个成大事的人应熟读中外历史、人文、传记、经济、政治……懂得越多，就越有价值。其实我们每一个人生下来都是一样的，只不过后天造化不同而已。一个人的成败，说白了就是看他的脑子里装有多少知识文化，然后如何将这些知识文化转化成自己的能力。

永远做一个有计划的人，那么我们的生活和事业将如我们所愿！

互动交流

1. 你是一个做事有计划的人吗？看了这篇文章后有什么感悟？

2. 请同学们为自己八年级的学习生活设定目标并制订计划，然后在班内交流完善。

（三）实现梦想篇

顽　石

从前，一户人家的菜园里摆着一块大石头，宽约四十厘米，高约十厘米。到菜园的人不小心就会踢到那块石头，不是跌倒就是擦伤。

哇！我还以为埋得很深呢。

儿子问："爸爸，为什么不挖走那块讨厌的石头？"

爸爸回答："你说那块石头从你爷爷时代就有，一直放到现在了，它的体积那么大，不知道要挖到什么时候，没事无聊挖石头，不如走路小心一点，还可以训练你的反应能力。"

过了几年，这块大石头留到了下一代，当时的儿子娶了媳妇，当了爸爸。

有一天媳妇气愤地说："爸爸，菜园里那块大石头，我越看越不顺眼，改天请人搬走好了。"爸爸回答说："算了吧！那块大石头很重的，可以搬走的话在我小时候就搬走了，哪会让它留到现在啊？"媳妇心底非常不是滋味，那块大石头不知道让她跌倒多少次了。

有一天早上，媳妇带着锄头和一桶水，将整桶水倒在大石头的四周。十几分钟以后，媳妇用锄头把大石头四周的泥土搅松。媳妇早有心理准备，可能要挖一天吧，谁都没想到几分钟就把石头挖了起来，看看大小，这块石头没有想象的那么大，都是被那个巨大的外表蒙骗了。

成功在于坚持

开学第一天，古希腊大哲学家苏格拉底对学生们说："今天咱们只学一件最简单也是最最容易做的事儿。每人把胳膊尽量往前甩，然后再尽量往后甩。"说着，苏格拉底示范了一遍。"从今天开始，每天300下，大家能做到吗？"学生们都笑了。这么简单的事，有什么做不到的？过了一个月，苏格拉底问学生们："每天甩手300下，哪些同学坚持了？"有90%的同学骄傲地举起了手。又过了一个月，苏格拉底又问，这回，坚持下来的学生只剩下八成。

一年过后，苏格拉底再一次问大家："请告诉我，最简单的甩手运动，还有哪几位同学坚持了？"这时，整个教室里，只有一个人举起了手。这个学生就是后来成为古希腊另一位大哲学家的柏拉图。

互动交流

1.这两则材料分别说明了什么道理？

2.有了目标与计划之后，怎样做才能实现自己的目标？

三、总结升华

同学们，回顾过去，我们有成功的喜悦，也有失败的痛苦。今天，站在新学期的起跑线上，面对新的机遇、新的挑战，只要我们明确目标，执着向前，永不言败，一起为实现目标而努力，踏踏实实一步步走下去，就能击垮心中的"顽石"，实现自己的梦想。

四、成长体验

1.你在新学期面临的最大困难是什么？你将怎样去面对？

2. 一个人的成长离不开集体的帮助。对于我们整个班级来说，新学期还有哪些需要改进的地方？以小组为单位讨论后交流。

3. 目标与计划的实现，需要具体的行动，更需要顽强的毅力。让我们在新学期开始时写下我们的誓言吧。

五、教师寄语

莫泊桑说："人生活在希望之中，一个希望破灭了或实现了，就会有新的希望产生。"新学年，新起点，新征程，新跨越。在过去的旅途中，无论你是否拥有过欢笑，拥有过阳光，这都已成为永远的记忆！时光荏苒，天道酬勤，让我们踏着新学期的节拍，挽着时代的肩膀，迈开坚定的步伐，为实现自己的目标而努力。相信自己，八年级一定能飞得更高！（播放歌曲《让我们飞得更高》）

拓展延伸

八年级开学后应注意的几个问题

1. 收心

开学了，我们要收起暑假里的玩心，尽快调整作息时间，全身心地投入到学习中。

2. 作业

现在我们已跨入八年级，做作业的要求要比以前更严格。不要把作业当成任务，而要变成你学习进步的需要，要学会自觉主动地学习。

3. 习惯

课堂上要静下心来听课，不懂的地方要及时向同学或老师请教。课堂上要有记笔记的习惯，上新课之前要预习，课后要及时复习、巩固知识，不会的题目记录下来，养成良好的学习习惯。

4. 学会每天反思

今天充分利用时间了吗？今天上课积极动脑筋了吗？今天独立完成作业了吗？今天班级任务完成了吗？今天主动帮助同学了吗？今天不懂的问题解决了吗？今天做无效劳动了吗？明天我怎样改变自己？

如何实现梦想

1. 确立目标是前提

人生不能没有目标，目标是你人生路上引领你前行的永不熄灭的明灯。正如美国哲学家爱默生所言："如果你没有明确的目的地，你很可能走不到你想去的地方，而一心向着自己目标前进的人，整个世界都会为他让路。""凡事预则立，不预则废。"所以我们要立长志，不要常立志。

2. 刻苦学习是关键

任何理想的实现都必须经过不懈的努力，所以刻苦学习是非常关键的。要重视基础，重视课本，练好基本功，打好坚实基础。要克服急于求成的思想倾向。

3. 自信心态是保证

人生不可能永远一帆风顺，它是无数次成功与失败的较量。成功固然令人欣喜，失败又何尝不是一种特殊的财富呢？只要你用心做过，你就会拥有一个无怨无悔的青春。不是每一粒种子都能发芽，也不是每一段路都铺满鲜花；但是，请你不要忘记，乌云永远遮不住太阳的光芒。扬起自信的风帆，我们就会到达胜利的彼岸。

4. 老师支持是后盾

在学校里，学生离不开老师，老师也离不开学生。有你的地方，定会有老师的身影。风雨中师生携手同行。有了老师的支持，你的面前将没有难题，你的学业定能圆满地完成。

放飞希望

第 2 课

勤奋铸就人生

▎班会背景 ▎

由于受社会各种不良风气的影响，有些同学学习热情不高，玩手机、上网、聊天，白白浪费时间；有的同学惰性较强，读书懒得动口，作业懒得动手，问题懒得思考；有的同学缺乏斗志，对学习热情不足，信心不足。针对以上情况，特召开本次班会，引导学生充分认识珍惜时间、勤奋学习的重要性，激发学生学习的热情，鼓舞他们为实现自己的人生理想勤奋学习，努力拼搏。

▎班会目标 ▎

1. 教育学生端正学习态度，以古今中外杰出人物为榜样，珍惜时间，勤奋学习。
2. 鼓励先进，鞭策后进，从而促使全班形成你追我赶的学习氛围。

▎实施过程 ▎

一、情境导入

在美国，有一个人在一年之中的每一天里几乎都做着同一件事。天刚刚放亮，他就伏在打字机前开始一天的写作。这个男人名叫斯蒂芬·金，是国际上著名的恐怖小说大师。斯蒂芬·金的经历十分坎坷，他曾经潦倒得连电话费都交不起，电话公司因此而掐断了他的电话线。后来，他成了世界上著名的恐怖小说大师，整天稿

斯蒂芬·金

约不断。如今，他算是世界级的大富翁了。斯蒂芬·金成功的秘诀很简单，只有两个字：勤奋。一年之中，他只有三天时间是例外的，不写作。也就是说，他只有三天的休息时间。这三天是：生日、圣诞节、美国独立日（国庆日）。勤奋给他带来的好处是永不枯竭的灵感。学术大家季羡林先生曾经说过："勤奋出灵感。"斯蒂芬·金说："我从来没有过没有灵感的恐慌。"做一个勤奋的人，阳光每一天的第一个吻触，肯定是先落在勤奋者的脸颊上的。

读了斯蒂芬·金的故事后，相信大家一定感慨良多。勤奋是人生的基石，勤奋是真知的来源，勤奋人生是美丽的人生。

二、思维碰撞

（一）讲故事，学榜样

勤学惜时的司马光

司马光是我国北宋时期著名的政治家，也是当时了不起的大学问家。流传千古、影响深远的历史著作《资治通鉴》就是他编写出来的。

司马光小时候在私塾里上学的时候，总认为自己不够聪明，甚至觉得自己比别人的记忆力差。为了训练自己的记忆力，他常常花比别人多两三倍的时间去记忆和背诵书上的东西。每当老师讲完书上的东西，其他同学读了一会儿就能背诵，于是纷纷跑出去玩耍了。司马光却一个人留在学堂里，关上窗户，继续认真地朗读和背诵，直到读得滚瓜烂熟才肯罢休。

他还利用一切空闲的时间，比如骑马赶路的时候，一面默诵，一面思考文章的内容。久而久之，他不仅能够背诵所学的内容，而且记忆力也越来越好，少时所学的东西竟至终身不忘，为他后来著书立说奠定了坚实的基础。

司马光一生坚持不懈地埋头学习、写作，往往忘记饥渴寒暑。他住的地方，除了书，只有非常简单的摆设：一张板床、一床粗布被子、一个圆木做的枕头。

为什么要用圆木做枕头呢？原来是这样的，司马光常常读书到很晚，他读书读累了，就会睡一会儿，人睡觉的时候是要翻身的，当他翻身的时候，枕头就会滚到一边，这时他的头会碰到木板上，这样一振动，人也就醒了。于是，他就马上披衣下床，点上蜡烛，接着读书。后来他把那个圆木枕头看成是有思想的东西，给它起了个名字——"警枕"。

就是凭着这种永不自满、永不懈怠的精神，司马光和他的助手花了19年时间，编成了《资治通鉴》这部历史巨著。

钱伟长：勤奋改变命运

钱伟长从小学习的都是"四书五经"等传统国学，后以中文和历史满分的成绩考取了清华大学历史系。"九一八事变"后，他决定转学物理系，但是物理系主任吴有训怎么也不肯，毕竟他的高考物理成绩只有5分。钱伟长多次跟系主任提请求，最后系主任提出了一个条件："在一年中，普通化学、普通物理、高等数学这三门课，你要能考70分，先让你试读。"

从此他开始认真学习物理。吃饭的时间他也不想浪费，有时边吃饭边思考问题。课堂笔记他从不马虎，课后认真整理，睡前必须把当天的笔记复习一遍。每天晚上他都要到图书馆学习，查阅资料，直到管理人员催促他，他才最后一个离开图书馆。回到宿舍他有时还要继续学习。一年后，他的物理成绩从5分提高到了70分。毕业时，他成了全物理系成绩最好的学生。钱伟长有句口头禅，而且一辈子都没有改变，那就是"活到老，学到老，做到老"。比如，36岁学力学，44岁学俄语，58岁学关于电池的物理知识，64岁以后开始学计算机……

钱伟长曾写道："我是不相信有天才的，我只相信勤奋。只要刻苦钻研，一定会取得好成绩。"许多认识钱伟长的人，无不赞叹他学识渊博、才思敏捷，也有不少人认为他是个天才，但他从未承认过这一点。他说："'天才'是不存在的。无论谁，也无论有什么样的条件，要想学得好，要想搞出成就，最先和最后必不可少的都是勤奋。"大学毕业后，他也没停止过学习。每天晚上八点是他

钱伟长

开始学习的时间，不到深夜两点他是不会停止学习的。即使到了晚年他还自信地说："这么多年来，我没有懒过，我的知识没有老化。"90多岁高龄时，他还给自己定了"自学时间"，那就是每天晚上9点以后。

锅炉工：勤奋创造奇迹

梅傲

梅傲家在温江，初中毕业后他听从母亲的建议考入技校，1999年毕业后分配到热电厂负责烧锅炉，那一年梅傲只有18岁。梅傲说，工作6年后，有一天早上醒来，觉得自己没办法这样继续下去了。"不想过这种每天都一样的生活。"于是梅傲选择了停薪留职，自学参加成人高考。将中断了6年的学业重新拾起来，他不是没有压力。"最困难的是英语，之前只有初中水平，基本都忘光了，需要从头学起。"梅傲给自己制订了一份学习计划，每天看300个英语单词，反复记忆。参加考试前，梅傲报了西南政法大学的自考班。出于对法律的兴趣，他决定考法学专业。2006年2月至10月，梅傲考完了自考15个科目，并于2007年拿到了成人本科毕业证。在梅傲看来，最难的经历是2007年备战考研的日子。英语是梅傲的薄弱环节，为考研他报了两个培训班，每天都把复习时间安排得满满的。从早上9点到第二天凌晨2点，每天的休息时间只有7个小时。那段时间，梅傲自觉"压力山大"，掉头发，脸上长斑……现在回想起来，他总结为一句话："If you think you can, you can！"最终，勤奋的梅傲被西南政法大学录取。

互动交流

读完以上三个故事，你认为勤奋学习对人的成长有怎样的作用？你还知道哪些勤奋成就人生的名人故事？

（二）学名言，促勤奋

1. 黑发不知勤学早，白首方悔读书迟。

2. "学问"二字，须要拆开看，"学"是学，"问"是问。

3. 百川东到海，何时复西归；少壮不努力，老大徒伤悲。

4. 业精于勤，荒于嬉；行成于思，毁于随。

你还知道哪些有关勤奋的名言诗句？说出来与同学们共享吧。

三、总结升华

记得一位哲人曾经说过："世界上能登上金字塔的生物只有两种：一种是鹰，一种是蜗牛。"不管是天资奇佳的鹰，还是资质平庸的蜗牛，能登上塔尖，极目四望，都离不开两个字——勤奋！自古以来，多少仁人志士，因为勤奋学习而成才，并留下许多千古佳话。在当今信息社会，特别是在科学技术日新月异的今天，要有所作为、有所创造，更离不开勤奋这一必备品质。勤奋意味着有志气、有决心、有勇气、不怕困难、严于律己、顽强拼搏、刻苦钻研、持之以恒、专心致志。唯有勤奋者才能用知识武装自己的头脑，才能实现梦想、成就人生。

四、成长体验

1. 我们的身边有很多勤奋的同学，请大家评出你们心目中最勤奋的同学并写出颁奖词。

2. 举行"勤学标兵"颁奖仪式，并让获奖同学发表演说。

3. 欣赏小品《时光是怎样溜走的》。

（1）明明的早晨（睡懒觉浪费时间）；

（2）早读时争吵（不认真读书浪费时间）；

（3）上课时左顾右盼，小动作不断（不认真听课浪费时间）；

（4）晚自习时说话，传纸条，影响他人学习（学习效率低浪费时间）。

小品表演完了，请大家反思自己平时的表现，是否有小品中浪费时间的现象。想一想：怎样才能留住时间，珍惜时间？

4.配乐朗诵《明日歌》和《长歌行》。

5.欣赏歌曲《爱拼才会赢》。

五、教师寄语

同学们，当你叹息成绩不如他人时，你是否记得自己浪费的时间比别人多？当你坐在教室里感到无所事事时，你是不是羞愧于自己的懒惰？当你醉心于无聊的事情时，你有没有感到时间白白流逝的可惜？当你和别人东拉西扯时，你是否意识到生命在此时变得空虚？一件件伤心的往事，一个个难忘的身影都在提醒你：必须做一个勤奋的人。做一个勤奋的人，跟时间赛跑，不让她匆匆流逝，这样你才不会虚度年华。请你相信：勤奋一定能创造奇迹！

▌拓展延伸

需要终生铭记的人生箴言

1.与众不同的背后，是无比寂寞的勤奋。

2.每一件与众不同的绝世好东西，其实都是以无比寂寞的勤奋为前提的，要么是血，要么是汗，要么是大把大把的曼妙青春好时光。

3.努力的意义是为了认清自己。努力到让自己满意，才会有奇迹。

4.加倍地付出，应该是最基本的方法。只是这种最基本的"笨"方法，经常会被聪明人弃置一旁，而聪明人也经常被困境打败。

5.勤奋让世界如临大敌。没有"极速疾行"的经验，千万不要说你已经体验过人生。

6.勤奋就是要比别人付出更多。

7.适度的勤奋，是对自己的尊重，也是一种智慧。

8. 在与众不同的背后，往往是一些不足与外人道的辛苦。他们简单地长跑，简单地做一件事情。他们做事，只为意义本身。所谓的成功，只是一个结果，它也许水到渠成，也许永无来日。

俞敏洪：我的作息时间表

我的智商非常一般，就是比别人勤奋。我的脑袋不属于特别笨的那种，但肯定也不是顶尖聪明的类型。在北大的50个同学当中，我的智商应该属于中下水平，这说明我不是顶尖高智商。

我的勤奋一般人跟不上。我平均每天工作16—18个小时，如果没有应酬，平均每日三顿饭的时间加起来不超过半个小时。

我比较喜欢在家里工作。早上六点半起床，晚上十二点睡觉。以前一般是深夜两点睡觉，早上八点起床，但发现这样的作息反而对身体不好，不如早点睡觉，都是六个小时。

每天早晨冲个澡对我来说是必需的，不管是热水还是凉水，实在不行的时候，就拿盆水浇一下，唤醒自己，让整个神经系统活跃起来。我很注意保持身体健康，每天早晨起床的第一件事，就是跑步一两千米，以最快的速度跑完，所以每天都跑得大汗淋漓，特别是在夏天。但晚上一般不洗澡，因为洗了澡大脑容易兴奋。

我锻炼后，一般早上7点半开始工作到中午12点。工作内容有邮件处理、工作布置、对新东方发展的思考等。另外，还有一些对孩子们的创业辅导，如洪泰基金接触的各种创业项目，因为年轻人创业不容易。

我的中饭90%都是盒饭，有人来和我聊天，也是一人一份盒饭，最多加一瓶红酒。我很注意身体，吃完饭会散步10分钟。除了散步，我每个星期会有一两次游泳、一两次徒步。

我和李开复都做创业导师指导青年创业，但我比李开复更注意休息。开复有段时间有点走火入魔，有人凌晨2点钟给他写信，他非要回复，来表现自己比他们还要勤奋，更年轻。我对他说，真没必要，到晚上11点就把手机关机，外面的事情就和自己没有关系了，早上7点钟打开手机，再来处理这些事情。我现在大概就是这样的。

我到现在也不敢说我领悟了生命的本质，但是我至少有了比年轻人更多的勤奋。我的勤奋能给我平时的思考和讲课补充营养。拿读书为例，我平时读书有意无意会产生一些新的观点、新的想法。我翻书翻得挺多，但认真读书有时很难。我所谓的认真读书就是一天或几天精读一本书，这样算的话，一年认真读的书也有20—30本。我所谓的不认真读书就是一两个小时就把那本书翻完了。如果把这些都算上，我一年读100多本书。

坐飞机、坐汽车，这些时间就是我读书的时间。从小到大，我坐汽车没有晕过车。在汽车上看书、视频，用电脑十个小时，就感觉跟在办公室一样。

和年轻人的勤奋不同，现在我的勤奋已经是另外一种概念——思考。我会经常写一些笔记、感悟等。我现在的体会是："心在退，身在进。""心退"是让天地更加广阔，"身进"是因为知道逆水行舟不进则退的道理。但是我不能和年轻人讲这些东西，因为没有一个人能把自己的经历体验种植到其他人的身上。就好像克隆，可以克隆出另一个俞敏洪出来，但那个俞敏洪是一片空白，而这个俞敏洪却是经历过人生风雨后的一种丰硕状态。这是两种完全不同的状态，一个是臭皮囊，另一个是有精神支撑的、肉体之内的灵魂存在。

所以我想对年轻人说，去努力吧，做自己最想做的事情！不要怕失败，不要怕艰苦！

第 **3** 课

学会合作　共享成功

▌班会背景 ▐

　　21世纪是充满竞争与合作的世纪。联合国教科文组织指出："教育的目的在于使人学会生存，学会发展，具有竞争与合作意识是对现代人的基本要求。"未来将是一个竞争与挑战的时代，也是一个需要团队合作的时代。竞争与合作，历来被认为是人类生存和发展必不可少的两大基础，也是个人成长与发展所必备的基本素质。只有学会竞争，懂得合作，我们才能在高速发展的现代社会立于不败之地。现在的学生大多数是独生子女，没经历过集体生活，极易以自我为中心，缺少团结互助的意识，这对学生良好的行为品质的形成和发展是极为不利的。培养学生之间相互理解、相互支持、团结协作的能力，是班级教育工作的一项重要任务。

▌班会目标 ▐

　　1.让学生理解一个人的力量是弱小的，只有与他人合作，个人的力量才能得到充分发挥。

　　2.培养学生的合作意识和能力，引导学生在合作中体验成功，分享快乐。

实施过程

一、情境导入

有一个人想知道天堂和地狱究竟有什么区别，于是他找到上帝请求他带自己去看看。上帝欣然答应了。他们首先来到了地狱，看到的是这样的景象：一群饥饿不堪的人正拿着一根长勺拼命往自己嘴巴里送东西，但是那根勺实在太长了，比他们自己的手臂还要长，所以他们无法弯曲自己的手臂把食物送进自己的嘴巴里，有的人的手臂甚至弯曲得变形了，但还是没有吃到任何食物。地狱果然是一幅活生生的惨象。

他们又来到了天堂，那个人被自己眼前所看到的惊呆了——天堂里的人们也拿着一根同样长的长勺，但是他们每个人都吃到了食物。这是为什么呢？因为他们每个人把获取的食物都舀给了坐在他对面的那个人吃，每个人都这样做，所以每个人都吃到了食物。于是，那个人明白了一个道理：只顾自己、不关心他人的人，永远与痛苦相随；关心他人、彼此互助的人永远与快乐相伴，帮助别人其实就是在帮助自己。

二、思维碰撞

（一）感悟合作

狼群围猎

在广阔的草原上，大雪过后，大地白茫茫一片，此时许多动物都已冬眠。由于狼群很少储存食物，所以它们必须出去寻找猎物。而在这样的环境下寻找猎物是非常困难的，狼群必须保存自己的体力，因为往往奔波数天仍然一无所获。如果狼群不尽量地保存体力，连续的劳累再加上饥饿和严寒的折磨，它们很可能就会丢掉性命。聪明的狼群在这时采取单列进行的方法，一头接着一头，这样它们就能保证只消耗最少的体力。跑在最前

面的狼体力消耗最大，它必须在厚厚的雪地上踩出第一行脚印，这样后面的狼就能节省很多体力。领头的狼跑不了多久就会疲惫，这时它就会自动退到队伍的最后面，休息一下，以便恢复体力，继续战斗。

再来看看狼群捕猎时的场景。狼群在围猎时，一切任务都分配得井然有序。一旦攻击目标确定，头狼发号施令，狼群就各就各位，嗥叫之声此起彼伏，互为呼应，有序而不乱。头狼昂首一呼，主攻者奋勇向前，佯攻者避实击虚。这种高效的团队协作精神，使它们在攻击目标时无往而不胜。

动物的团队意识

羚羊是草原上跑得最快的动物，但它们却常常成为狼群捕食的对象，而速度比它们慢的马群却很少被狼当作捕食的目标。狼为什么能够捕获到跑得最快的羚羊，而很少捕获跑得慢的马群呢？原来马是群居动物，它们也有像狼一样的团队合作意识和团队精神。它们知道如果马群不紧密地团结在一起，它们就很可能成为狼群的食物。每当有食肉动物来袭击时，成年而强壮的马就会头朝里，尾巴朝外，自动围成一圈，把弱小的和衰弱的马围在中间。只要敌人一靠近，外围的马就会扬起后蹄奋力去踢。一旦被马踢到，即使不死也会受重伤，所以很少有食肉动物愿意去袭击马群，即使是最具合作意识的狼群。相比之下，食肉动物们就更喜欢把灵巧快速的羚羊作为捕食对象。羚羊没有互相保护的团队精神，当遇到敌人袭击时，一群羚羊就会四散逃跑。分散开的羚羊即使跑得再快，也难逃敌人的围追堵截，所以不少会沦为敌人的美餐。

互动交流

1. 狼群捕猎时的做法给我们什么启示？

2. 羚羊是草原上跑得最快的动物，但它们常常成为狼群捕食的对象，而速度比他们慢的马群却很少被狼群当作捕食的目标。为什么？给我们什么启示？

（二）看新闻播报，进一步了解合作

2012年6月16日18时37分，酒泉卫星发射中心，载着航天员景海鹏、刘旺、刘洋的神舟九号在几千名航天科技人员和几百个部门的精心配合、通力协作下，发射获得圆满成功。

在13天的飞行当中，航天员配合默契，沉着冷静，操作精准，各项工作都非常顺利。飞行控制中心、地面测控站、海上航天测量船以及天上的测量卫星组成的测控系统高精度地测量控制，顺畅地保证了通信任务的完成。北京航天飞行控制中心主任陈宏敏说，从飞行控制角度看，手控交会对接过程中天地协同配合难度更高，对飞控组织的实时性、决策指挥的高效性及各系统配合工作的协调性都提出了更高的要求。为了快速搜救，7架直升机提前升空至预定空域等候，300多名地面搜救人员和多台搜救车辆也在理论落点附近等待。正是团结合作、紧密配合，为飞船的成功发射画上了圆满的句号。

互动交流

1.“神舟九号”飞船发射成功，圆满完成交会对接并顺利返航。这一工程难度大，操作复杂，其圆满成功的背后蕴含了怎样的道理？

2.生活告诉我们，这个时代需要合作。请同学们总结一下合作的好处。

（三）观看舞蹈《千手观音》

互动交流

1. 2005年春节晚会上，舞蹈《千手观音》这个节目用“至善”“至美”“至纯”的表演征服了亿万观众的心，留下了永恒的经典。很难想象，这动作娴熟、配合默契的精彩表演，是由21位聋哑舞蹈家在无声的世界

千手观音

里为我们创作完成的。看了这个节目，面对这21位聋哑舞蹈家，你有什么想说的？

2. 完成这台绝妙的节目，仅凭这21个聋哑舞蹈家还不行，你觉得在她们的背后还有哪些人的努力？提示：大家想想，咱们自己的班表演一台节目时，都有谁给了我们帮助指导？

（四）讲故事，学名言

歌德说过，不管努力的目标是什么，不管干什么，单枪匹马总是没有力量的。合群永远是一切善良的人的最高需要。合作的重要性毋庸置疑且日益突显。下面请同学们说出一些合作共赢的故事或者相关名言。

（五）回归生活，体验合作

1. 我们的生活中时时处处离不开合作：学习时我们一起合作，共同完成学业；打扫卫生时，有扫地的，有擦黑板的，有擦桌子的，有擦窗户的……如果其中任何一个人不认真做，那么这次卫生就搞不好。请大家想一想：我们身边还有哪些事情是需要合作来完成的？

（学生自由发言：游戏、拔河比赛、广播操比赛……）

团结拼搏的卧龙女子足球队

2. 学习上你该如何和同学们进行有效的合作？生活上该怎样和大家和谐相处？

三、教师寄语

有人曾说过,一堆沙子是松散的,可是它和水泥、石子、水混合以后,比花岗岩还坚硬。合作就是力量,我们要做一个善于合作的人。处于中学阶段的我们无时无刻不在与他人合作。每天合作值日,合作活动,合作学习……将来我们步入社会,更不可能脱离群体而单独存在,因为个人的力量毕竟是有限的。特别是在高速发展的现代社会,科技越来越发达,社会分工越来越精细,而个人的智慧和知识是有限的。一个人无论有多大的才能,他总有无法独立完成的事情,只有与他人合作,取长补短,携手共进,才能获得成功,找到快乐。有句话说得好:"一滴水只有放进大海才永远不会干涸,一个人只有把自己和集体融合在一起才最有力量!"我们的班集体好比一艘大船,只有全体同学紧密团结,密切合作,才能开动这艘大船,驶向成功的彼岸!

结束语(全班齐读):

合作,让生活变得更精彩!

学会合作,便是在分享快乐!

拓展延伸

澜湄合作将推动区域国家合作共赢
——访泰国开泰银行高级副总裁蔡伟才

新华社曼谷3月20日电(记者李颖 尤东婕)"澜沧江—湄公河区域山水相连,人文关系密切,合作基础深厚,领域广阔,潜力巨大。中国和湄公河国家的合作机制,将有助于加强相关各国政治互信,促进务实合作,增进相互了解,实现互惠共赢。"泰国开泰银行高级副总裁蔡伟才日前接受新华社记者专访时说。

被誉为"东方多瑙河"的澜沧江—湄公河发源于中国青藏高原,流经中国、缅甸、老挝、泰国、柬埔寨和越南,养育着大湄公河次区域3亿多民众,是连接六国的天然纽带。本月23日,澜沧江—湄公河合作首次领导人会议将在海南三亚召开。

蔡伟才指出,2015年11月澜湄合作首次外长会议在云南成功举行,正式启动合作进程,相关六国已就澜湄合作机制取得广泛共识。

今年是澜湄合作机制开局之年,也是中国与东盟建立对话关系25周年。蔡伟才强调，澜湄合作机制有利于推动本区域不同发展程度的经济体之间资源互补、取长补短、平衡发展。

蔡伟才说，澜湄六国通过澜湄合作机制加强产能合作，合理调配生产资源，增强了有关国家的市场竞争能力。澜湄合作机制也有助于促进缅、老、柬、越四国经济发展，促进这些国家更好地融入东盟经济共同体。

澜湄合作机制一大重点领域是大力改进六国之间的"软硬联通"，这既包括在硬件上加快构建公路、铁路、水路、港口、航空、电网、电信、网际网路等基础设施网络，也包括促进各国之间的文化沟通和民心相通。蔡伟才认为，基础设施的建设将为周边国家经济奠定坚实的基础，对其未来快速持续的发展起到至关重要的促进作用。

他举例说，泰中两国拟建之中的铁路将贯穿泰国南北，深入大湄公河次区域，预期将带来庞大的经济效益。与此同时，泰中两国政府及时修订相关法规条例，积极鼓励两国间经贸、金融、投资等方面的往来合作，促进了两国经贸的蓬勃发展。

蔡伟才表示，澜湄合作确定从互联互通、产能合作、跨境经济合作、水资源合作、农业和减贫合作五个方向优先推进，对缩小大湄公河次区域国家间发展差距、促进本区域经济社会可持续增长、造福地区民众将起到直接有效的作用。

东盟共同体建设的三大支柱为政治安全共同体、经济共同体和社会文化共同体，这与澜湄合作机制的政治安全、经济和可持续发展、社会人文三个重点合作领域不谋而合。蔡伟才强调，泰中两国在这三个领域的合作由来已久，且越来越密切。

他说，泰中两国经贸领域合作多年来高速蓬勃发展，文化交流亦随着"中泰一家亲"观念的深入民心而愈加频繁，两国多领域成功合作以相互尊重、互惠互利、互不干涉内政为基本指南，中泰合作可以作为中国与东盟合作的榜样。

蔡伟才认为，有了这样坚实的基础，澜湄合作首次领导人会议也必将推动澜湄区域合作更上层楼，以持续而长久的合作造福于东盟十国。

如何正确对待竞争与合作

竞争和合作是现代人际交往的一个最常见的现象，也是人际相互作用的基本形式。要适应现代人际交往特点，必须了解竞争与合作的内涵，正确处理两者关系。从形式上看，竞争与合作是对立的；而从本质上看，二者又是相互伴随、相互统一的。学生既要在思想上正确地认识竞争与合作，又要在行动上正确地处理竞争与合作的关系，这样才能形成健康和谐的人际关系。

1. 竞争推动发展。一般说来，竞争是具有积极意义的，有助于激发个体的进取心，有助于个体客观地评价自我、扬长避短、精益求精，从而有助于推动社会的发展。

2. 成功需要合作。合作是指为了实现共同目标而同心协力、相互促进的协作性行为。合作在人们的生活和工作中具有重要意义。当代中学生应当自觉地养成合作的精神。同学之间思想、知识和经验经常交流、讨论，这不仅能帮助他人解决问题，同时也能启发自己产生新的思路和新的方法。

3. 要处理好竞争与合作的关系。从根本上说，竞争离不开合作，合作也离不开竞争，没有竞争的合作就没有前进的活力。竞争可促进合作，合作又增强竞争的实力，正是这种竞争中的合作和合作中的竞争，推动着人类社会的不断发展。当代学生更要有远大的抱负，要从追求真理、造福人民这个根本目标出发，去参与竞争，参与合作，最大限度地发挥个人的积极性和创造性。

五指兄弟的故事

夜深人静，工作了一天的人们都睡熟了，五指兄弟却开始了他们的对话。他们各自吹嘘着自己的本领和长处。

这时，一只大皮球滚到了他们的面前说："你们谁能把我举起来？"大拇指想："我是大哥哥，这可是显示我本领的好机会。"于是抢上一步说："你们都看我的，我一个人就行。"他麻利地钻到大皮球下面，一抬身，大皮球就跑了。他不甘心，试了几次，累得满身大汗，仍没有把大皮球举起来。食指走上前去，试了试，也不行。中指说："我最长，我的本领也最大，看我的。"他也试了几次，还是不行。大皮球笑了笑说："不行吧，你们一起用力，试试看行不行吧。"五指兄弟点了点头，答应了大皮球的建议。

大拇指想："就是举起来也是大家的功劳，又显不出我的本领，我才不费劲呢。"中指想："小指有什么本领？举起来还算他一份，我可不愿意。"这时，大皮球喊道："一、二、三，举！"大拇指装作一副懒洋洋的样子轻轻地碰了碰大皮球。中指也漫不经心地碰了碰皮球。食指、无名指和小指虽然尽了力，但仍没有把皮球举起来。

大皮球说："你们中有人没有用力，如果你们都用了力，一定能把我举起来。你们再试一次。"

五指兄弟一起用力，轻轻地就把大皮球举了起来。

大皮球说："道理很简单，只要团结一心，劲儿往一块使，办什么样的事都很简单。"

五指兄弟听了大皮球的话，都惭愧地低下了头。

这个故事告诉我们，一个人的力量是有限的，世界上有许多事情需要大家一起合作才能完成。离开他人的合作，任何人，无论是伟人还是凡夫俗子，都无法实现他的理想。在日常生活与学习中，许多事实证明，学会与人合作，不仅能提高我们办事的效率，还能快乐彼此的心情，所以我们从小就要培养这种与人合作的意识。

第 4 课

守纪 团结 向上

班会背景

班风是班级风貌最直接的体现，班风学风的好坏对一个班集体的影响是至关重要的。在班风正、学风浓的班级中，学生能愉快、健康地成长。培养良好的班风学风，营造积极向上的班级风气，是治班的根本，也是班主任最重要的工作。

针对班级中部分同学存在的纪律涣散、集体观念不强、缺乏进取意识等不良现象，召开一次主题班会，教育学生遵守纪律，团结友爱，奋发向上，共同把班集体建设成一个班风优良、团结进步、朝气蓬勃的战斗集体。

班会目标

1. 引导学生认识到不良班风对班级、对个人成长的危害，帮助学生树立主人翁意识，共同对班级负责。

2. 营造纪律严明、团结友爱、积极向上的良好学习氛围，为建设一个优秀班级而努力。

实施过程

一、情境导入

【你说我说】什么是班风？在你的心目中，优良的班风应该是怎样的？

二、思维碰撞

材料一：

"V"字形雁群

雁群的飞行特征是呈现"V"字形。这是因为每一只大雁扇动翅膀时，它都为跟随其后的大雁创造一种托举力，使整个雁群的飞行距离比一只大雁单独飞行增加71%。

排成"V"字队形的雁群

当领队的大雁疲倦了，它会退到侧翼，另一只大雁则会马上接替它的位置。飞行在后的大雁会利用叫声来鼓励前面的同伴保持整体的队形。

当一只大雁生病或因受伤掉队时，另外两只大雁会脱队跟随、帮助并保护它。它们会跟着落下的大雁到地面，直到它能够重飞或死去。

互动交流

大雁给予我们人类很多启发，请谈谈自己的观点吧。

材料二：

他们用3年时间完成了一份道德答卷

新华网济南6月9日电（记者刘硒碲、李嘉） 9日11点，2007年全国高考山东省的考试全部结束。在山东省沂南县沂南一中考点涌动的人群中，有8名男生走得格外慢一些：一名男生推着一辆自行车，后座上坐着一名残疾男生，两边各有一人扶着，后面还紧跟着4个人。这8名男生是沂南县卧龙学校高三九班的学生，来自同一个宿舍。

坐在后座上的学生叫王晓东，小时候因患骨髓灰质炎，双腿致残，不能站立。此刻，陪在他前后左右的是这3年来一直照料他的生活，给他洗衣送饭，推轮椅送他往返教室、宿舍的7名舍友。这3天，他们又一起把他送进、带出高考考场，与他一起跨过这道人生的门槛。

王晓东回忆说："刚来学校时，大家彼此之间不大了解，没想到有一天，舍长李家亮进门就帮我把衣服全都洗了。"对此，李家亮轻描淡写地说了一句："哦，大家看到他需要帮助，都会伸出手的。"

因为行动不便，王晓东小学、初中一直都是就近在镇里的学校上的。王晓东说："决定到县城上高中时，我心里很害怕。我从来没有住过校，怕自己生活无法自理，怕自己没法坚持下去。"在舍长李家亮的带动下，宿舍里7名男生把帮他打水、买饭、洗衣服的活儿全都包了。这一包就是3年，无论学习任务多么繁重，时间多么紧张，从来没有间断过。班上一位同学向记者描述了这样一个场景："记得有一次下大雨，我看见他们宿舍的一个人推着坐在轮椅上的王晓东从雨中穿过。他一手扶着车，一手打着伞，小心地把伞罩在王晓东的头上，自己却淋着雨……这个情景我永远也忘不了。"

"考语文的时候，看到作文题'时间不会使记忆风化'我就想起了他们。"王晓东说，"他们用3年时间完成了一份道德答卷。"

高三九班的教室在四楼，但是王晓东从来都坚持自己挂着拐杖爬上去。这次高考，他也只让他们送他到考场楼下。对此，他解释道："他们也想过要背着我或者抱着我上楼。但是，我实在不想太麻烦他们了，他们已经付出太多太多了！"

"其实，帮助王晓东，我心里曾经有过杂念，因为实在是太累了。"蒋晓强是宿舍的成员之一。他说："早上我们必须趁着路上人少、宽敞的时候才方便把王晓东的轮椅拿进教室。因此，虽然学校规定学生每天早上6点起床，但是我们宿舍的人为了赶早，每天都提前20分钟起床。这样的事情做一次不困难，但是要坚持3年，实在是太累了。"蒋晓强顿了一下说，"可是，我那一点小心思也渐渐没了……看到王晓东的坚强、李家亮的无私，我发觉这些都是从课本上学不到的东西。"

李家亮是宿舍舍长，话不多，但是有一次开班会，班上同学提出来要由大家轮流照顾王晓东，李家亮却站出来代表整个宿舍婉言谢绝了。他说："我们和王晓东住在一起已经有一段时间了，这些活儿我们都干熟了，照料起他来也会更加周到一些。"

相濡以沫3年的宿舍生活将随着高考一起结束。当记者提到去考场的情景时，

第 4 课 守纪 团结 向上

李家亮有点激动地说："因为王晓东的轮椅拿不上学校统一接送考生的大巴，所以老师帮我们在沂南一中的考点那边借了一辆自行车。我在前面推着车，王晓东坐在后座，两边各站着一个人扶住他，其他4个人紧随其后，帮忙拿着书包。平常上课，我们就是这样一起去教室的。高考，我们宿舍全体成员还是这样一起去考试。"

"这件事对班上其他同学的影响是潜移默化的。以前，班上必须统一安排值日生负责打扫卫生，如果不仔细督促，就会有人应付了事，但是后来渐渐有了变化。前一阵，高考临近，正是时间最紧张的时候，但打扫教室的事情都不用特别提出来，总会有同学主动把教室打扫得干干净净。"

高三九班的班主任杜以杰说起这几个孩子，也感到他们的奉献和坚持出乎意料："王晓东的坚强与乐观、另外7个孩子的坚持与无私已经成为一种道德、一种精神的象征。"

附注：王晓东同学于2007年考入安徽中医药大学。

互动交流

发生在我们学校的这件真实的故事，一定有许多打动你的地方，快点说出来吧。

材料三：

明天会更好

我们来自不同的地方，

我们有着不同的个性，

我们是应着集体的缘分走到了一起，

组成了一个团结友爱的大家庭。

带着每个人独特的个性，

我们聚合在一起融入集体生活。

为了实现伟大的理想，

我们聚合在一起进行集体学习。

六十双眼睛，默默地求索——我们努力；

六十颗跳动的心，鸣奏着一个声音——我们真诚。

真诚对人，真诚对己。

我们徜徉在知识的海洋里，

激流勇进，刻苦钻研；

我们翱翔在智慧的蓝天中，

团结友爱，畅想未来。

我们将拥有无限美好的明天！

互动交流

1. 由学生推荐诵读者，朗诵《明天会更好》。

2. 诗歌中给你留下最深印象的是哪几句？为什么？

三、总结升华

良好的班风对每一个同学的发展都有着重要的影响，它不但是班集体的宝贵财富，也是我们每一个同学共同的财富。建设一个班风正、学风浓、班规严的优秀班集体是大家共同努力的方向。面对班级中的不良现象，我们要敢于抵制，敢于管理，不断增强自律意识和集体意识，管住自己，影响他人，从自身做起，从生活中的小事做起，为建设一个纪律严明、友爱互助、积极向上的优秀班集体贡献自己的力量。

四、成长体验

活动一：班级小调查

我们班存在哪些不好的现象？ 同学中有谁在哪方面做得最好或出力最多？

活动二：建言献策

1. 同学间该怎样和谐相处？学生应该怎样和老师相处？

2. 请你策划一次班级活动，增强班级活力和凝聚力。

活动三：制定班级公约。（组织顺序：1. 小组内交流提交；2. 班内汇总商定。）

五、教师寄语

从踏进班级开始，每天我们呼吸着她馥郁的芬芳，采撷着知识的花粉。是老师，把智慧的甘露注入我们的心田；是老师，把初生稚嫩的小树培养成参天大树。良好班风的形成不仅要靠老师，更需要每个同学的共同努力。班级是我家，班风靠大家！真诚地希望全班同学不断增强责任感和使命感，为创造良好的学习环境和班风学风而努力。

拓展延伸

班级文明公约

1. 求学，不时冷时热，要持之以恒。

2. 言行，不浮躁轻妄，要稳重踏实。

3. 律己，不放纵苟且，要防微杜渐。

4. 待人，不狭隘争斗，要豁达利他。

5. 遇挫，不自暴自弃，要自强不息。

6. 受荣，不骄傲自满，要谦虚谨慎。

7. 受诲，不掩饰逃避，要改过加勉。

8. 任职，不徇私懒散，要尽责为公。

学生文明行为"十必须""十不准"

1. 必须衣着整洁，不准奇装异服。　　2. 必须举止文明，不准打架骂人。

3. 必须遵纪守时，不准迟到早退。　　4. 必须刻苦学习，不准考试作弊。

5. 必须生活俭朴，不准吸烟喝酒。　　6. 必须尊敬师长，不准傲慢无理。

7. 必须孝敬父母，不准顶撞骄横。　　8. 必须团结同学，不准歧视欺侮。

9. 必须热爱劳动，不准好逸恶劳。　　10. 必须关心集体，不准损坏公物。

班干部职责

一、班长职责

班长是全班同学的领头羊，肩负着带动全班同学发展进步的重要责任，必须各方面严格要求自己，起到表率作用。

1. 组织协调班委的工作，每周召开班委会议。

2. 严格遵守教学秩序，协助任课老师维护教学纪律。

3. 及时全面传达学校各项政策，保质保量完成各项任务。

4. 调动同学的积极性，组织开展对同学切实有益的各项活动。

5. 及时了解班级同学的思想动态和各种例外情况，向老师、学校反映、汇报。

二、团支部书记职责

团支部书记是支部思想政治工作的第一负责人，首先要在思想上时刻同党中央保持高度一致，严格要求，认真部署，使自己所负责的工作符合校团委的要求。及时了解同学的思想动态，把握方向，并配合班长管理班级的各项事务。

1. 组织协调支委的工作。

2. 组织班级的政治理论学习。

3. 组织开展年度团员民主评议工作。

4. 建立班级青年志愿者、社会实践活动基地，开展各项志愿服务和社会实践活动。

三、学习委员职责

1. 在学习中，学习委员应起到标兵作用，努力提高自身综合素质。

2. 协助任课老师课间整理作业，找出未交者，报出名单。

3. 课后能起到桥梁作用，向任课老师反映同学们学习中的难点，向同学们传达老师给出的答案。

4. 在特殊情况下，如老师生病或上课地点改动等，学习委员应起到联络员的作用，灵活处理而又不失原则。

5. 协助班级执勤人员参与课堂考勤，及时掌握无故缺席者的情况，并向老师说明。

6. 检查、监督班级同学晚自习情况。

7. 努力增强班级的学习氛围，组织开展有利于提高同学学习能力、专业能力、英语能力的各项活动。

8. 配合班长组织班级内部的学习交流。

四、文艺委员职责

1. 积极参加各项文娱活动，调动其他同学的积极性。

2. 主动了解全班同学的兴趣、爱好、特长，从中发现人才。

3. 为各种文艺演出准备节目，组织好本班同学排练节目。

4. 积极配合学校文艺部的工作，努力完成各种演出任务。

5. 在完成本职工作的同时，协助其他班干、团干搞好班级工作。

五、体育委员职责

1. 组建班级各类球队，参加校内比赛。

2. 组织有特长的同学参加学校运动会。

3. 组织班级内部各项体育活动，提高同学们的身体素质。

4. 协助班长做好本班早锻炼工作。

卧龙学校运动会

第5课

阳光总在风雨后

班会背景

"一个民族的新一代没有强健的体魄和良好的心理素质，这个民族就没有力量，就不可能屹立于世界民族之林。"培养中学生应对挫折、战胜挫折的能力，使其养成良好的心理素质，对一个学生来说是非常重要的。现在的学生大多是独生子女，他们虽争强好胜，个性十足，但过于稚嫩脆弱，一旦遇到挫折或受到批评，往往会采取过激的行为，甚至出现轻生现象。因此，接受挫折教育，提高耐挫能力，对于中学生来说具有特别重要的意义。

班会目标

1. 帮助学生正确认识生活中的困难和挫折，增强学生战胜挫折的能力。
2. 引导学生正确看待生活中的困难和挫折，增强战胜挫折的信心与勇气。

实施过程

一、情境导入

我是个胖孩子，非常害怕上体育课，每次上体育课跑步总躲在后面。别人跑步，我却在"走步"，我挨了老师不少的批评。

有一次，老师突然宣布："明天我们考前滚翻！""什么？！"我怔了一下，心想，"怎么办？怎么办？又要丢人啦！"接下去的每一节课，老师讲的内容我一句也没有听进去，因为我心里总惦记着这件事。

回到家中，我草草地写完作业，就开始在床上练习。由于床太小，我拍摔下去，怎么翻也过不去。爸爸妈妈来帮我，也无济于事。无奈，我们只好把棉被搬到地板上，按照老师教授的要领一遍一遍地练习。爷爷奶奶也在旁边不断地鼓励我："不要怕，你一定行的！"我下定决心："一定要翻过去。"爷爷告诉我，做前滚翻这个动作，一定要双脚并拢，头低下，双手紧紧按住软垫，然后像球一样往前滚过去。刚开始，爷爷在一边辅助我，慢慢地他放开手，让我自己试着练习。按照爷爷教我的方法，试着做了一遍。啊！真的翻过去了。"太好了，太好了……"我高兴地跳了起来。我有点不相信自己，又练习了一次，真的又翻过去了。这时，我对自己有了充足的信心。第二天，我早早地起了床，按照动作要领又练习了几次。

考试开始了，看着同学们一个个身轻如燕地翻过去，我非常地羡慕。"下一个，晟扬。"到我了，我慢慢地走过去，蹲下身，头靠在垫子上。透过双腿之间的间隙，我看到了部分同学嘲笑的眼神。我小声对自己说："晟扬，你一定行的！"于是，我紧闭双眼，双脚并拢，头向下，身体蜷缩起来，双手一撑。我翻过去啦！我成功了！功夫不负有心人，我终于成功了！

这一天，我很高兴，由于我的不懈努力，我战胜了挫折，获得了成功！

二、思维碰撞

材料一：

永不言败的林肯

1831 年，经商失败。1832 年，竞选州议员落选。1832 年，工作也丢了，想就读法学院，但进不去。1833 年，向朋友借钱经商，但年底就破产了，后花了 16 年才把债还清。1835 年，再次竞选州议员——赢了！1835 年，订婚后即将结婚时，未婚妻却死了，他的精神完全崩溃，卧病在床 6 个月。1840 年，争取成为选举人——失败了！1843 年，参加国会大选——落选了！1848 年，寻求国会议员连

亚伯拉罕·林肯

任——失败了！1849年，想在自己的州内谋求土地局长的工作——被拒绝了！1854年，竞选美国参议员——落选了！1858年，再度竞选美国参议员——再度落败。1860年，当选美国总统。1864年，连任总统。他就是美国政治家、第16任总统亚伯拉罕·林肯。他废除了奴隶制度，维护了国家的统一。2006年，林肯被美国的权威期刊《大西洋月刊》评为影响美国的100位人物第1名。最新版5美元纸币正面就是亚伯拉罕·林肯像。

互动交流

林肯遇到了什么问题？他是怎样对待的？

【小结】每个人都有自己的人生理想和奋斗目标。有志者总会不断地努力，向着自己的人生目标迈进。在奋斗的过程中，难免会遇到这样或那样的困难。在这种情况下，人们就会产生紧张、不安、失意等情绪，并伴随着相应的外部行为反应，这就是挫折。挫折在弱者面前是一块绊脚石，但在强者面前是一块垫脚石。

材料二：

俞敏洪：三次高考改变人生

他是从江苏农村走出来的穷小子，插过秧，开过拖拉机，就读北大，任教北大，又决然离开北大。从手拎糨糊桶到处贴小广告的个体户干起，最终公司在美国纽约证交所上市。他就是新东方教育科技集团董事长兼首席执行官俞敏洪。

俞敏洪

小时候，俞敏洪家的对面是50多米的山，站在山上能望到绵延无际的长江。长江几乎成为俞敏洪走到外面世界无法跨越的屏障，直到1978年他才找到跨越屏障的方法，就是参加高考。三次高考的经历让他拥有了别样的人生。

第一次高考　1977年，中国恢复了中断11年的高考制度。恢复后的第二年俞敏洪就参加了高考，这一年参加高考的学生共有610万，面对巨大的竞争压力，从高中才开始学英语的俞敏洪，由于基础薄弱，英语只考了33分，最终导致他高考落选。

第二次高考　1978年高考失利之后，俞敏洪没有特别失望，家里人也没有给他什么压力，反正不行就在农村干活。俞敏洪在家里开手扶拖拉机，插秧，割稻，后来去大队初中当了代课老师。

代课时，俞敏洪把业余时间都用在了自学上，准备再参加一次高考。他白天教学，晚上就在煤油灯下复习。语文、历史、地理俞敏洪本来就喜欢，政治可以背，难攻的还是外语。1979年他再次参加高考，这一年他的英语考了55分，超过了1978年40分的录取线。正当俞敏洪满心欢喜，憧憬未来的时候，命运似乎又和他开了一个玩笑，当年全国统考统招的外语录取分数线在江苏省已经达到了60分，俞敏洪的英语成绩差了5分。

第三次高考　连续两次高考失利，让俞敏洪倍受打击，他开始犹豫：是就此放弃高考回家务农还是继续备战第三次？此时，母亲的坚持、激励、帮助给了俞敏洪信心、勇气，他再次踏上了复读的征程。此时的俞敏洪倍加珍惜复读的机会，学习更加惜时勤奋，学风更加严谨。他认认真真上好每一节课，扎扎实实做好每一道题目，从每一个单词、每一篇课文的理解记忆到每一次训练都对自己严格要求，不放过任何一个难点、疑点。不懈的坚持，使他原本薄弱的基础渐渐扎实起来，到第二学期的时候，俞敏洪的成绩就变成了全班第一。1980年俞敏洪第三次参加了高考，这一年俞敏洪的英语成绩是95分。经过了一个月漫长的等待，俞敏洪收到了北京大学的录取通知书。

三次高考的经历，俞敏洪改变了自己的一生，也让他总结出一个人生信条。那就是，如果一件事，你努力了，但没有成功，人生不会因此变得更糟糕；如果有成功的可能，就一定要努力争取，因为一旦成功，你的人生将开启新的篇章。

互动交流

俞敏洪当年求学面临的困难和挫折有哪些？他是如何战胜这些困难与挫折的？

材料三：

面对厄运不低头的雷庆瑶

雷庆瑶

1992年11月29日，厄运降临到刚满3岁的雷庆瑶头上。这天她因高压电电击失去了双臂。当同龄的小伙伴去学校报名上学时，雷庆瑶羡慕极了，她对妈妈说："我也想上学。" 庆瑶的父亲雷强一心想让女儿上学，他要让女儿首先过写字这一关。雷强从镇上买来本子和铅笔，让女儿练习用脚写字。脚趾又粗又短，铅笔又圆又滑，不要说夹着写字，就是要用脚趾把铅笔夹起来也是一件不容易的事。为了让女儿练好写字，雷强用绳子把铅笔绑在女儿的脚趾上，再让女儿用两只脚趾用力地夹住铅笔，在洁白的本子上一横一竖慢慢地写……日复一日，雷庆瑶度过了种种难关，克服了常人几乎无法克服的困难，终于能够用脚趾夹住铅笔在本子上写字了；当雷强看着女儿自己用脚趾夹住笔第一次在本子上歪歪斜斜写出一个大大的"人"字时，泪水顷刻之间模糊了他的双眼。这一年，她才6岁。

几年下来，雷庆瑶不仅学会了用脚写字，而且学会了用脚穿衣、用脚刷牙、用脚吃饭……最让人感到不可思议的是，这个11岁的无臂女童竟能够熟练地双脚配合，一只脚夹住针，一只脚夹住线，自己穿针引线，缝补衣裤。没有双臂的她，甚至学会了骑自行车，成为游泳运动员。2006年雷庆瑶在四川省第六届残疾人运动会上，在残疾程度比其他选手严重的情况下，夺得4枚银牌和2枚铜牌。随后，她又参加了全国残疾人游泳锦标赛，取得蝶泳50米项目第6名。

2007年，雷庆瑶主演了北京电影制片厂冯振志导演的电影《隐形的翅膀》。这是一部反映残疾人与命运顽强抗争的励志影片。凭借在剧中出色的表现，雷庆瑶获得了第12届电影华表奖优秀少儿演员奖。2007年11月，雷庆瑶在印度国际儿童电影节上获得最佳演员奖"金像奖"。2007年，她被评选为辽宁鞍山首届大中学生"形象之星"——青春励志荣誉之星。2007年10月，夹江县委、县政府授予她"奋发有为好青年"称号。

互动交流

雷庆瑶的故事给了我们哪些启示？

三、总结升华

漫长人生，我们渴望一帆风顺，也渴望成功，然而，挫折也是我们避免不了的。所谓"一帆风顺""万事如意"，只是人们的美好愿望而已。有人专门研究过国外293个著名文艺家的传记，发现有127人在生活中遭遇过重大的逆境。逆境是客观存在的，关键在于我们怎样认识它和对待它。如果有了正确的挫折观，敢于正视并挑战挫折，就能把挫折当作进步的阶梯，进而走向成功。

四、成长体验

1. 自我小调查

著名心理学家马斯洛说过："挫折未必总是坏的，关键在于对待挫折的态度。"要端正对挫折的态度，要客观地对待它，从容地面对它，积极勇敢地战胜它。你能把你所经历的挫折说出来吗？在挫折面前你持什么样的态度？

2. 小实验（体验挫折的双面性）

这里有一把小刀，如果我用手握住刀刃，此时的小刀就没有用处了，弄不好我还会受伤；如果反过来握住刀柄的话，它就可以成为我有用的工具，可以削铅笔，可以割纸张，可以刮东西……由此可见，对于一把小刀来说，一方面它可能给我们带来创伤，另一方面它可能成为我们有用的工具，带给我们力量。挫折也正如这把小刀一样，可以带给我们失败，也可以带给我们成功。

3. 知识大比拼

你知道哪些名人或伟人直面挫折的故事？把他们的事迹说出来与大家分享一下吧。

4.学以致用

一条短信：老师，您好！这次回来我问孩子成绩为什么下降了，他一直不作声。我问他在学校的情况，从他吞吞吐吐的话里我知道您撤销了他的纪律委员职务，怪不得他前段时间回来让我给他转学呢，可能是有心结。想到孩子自己承受的压力心里就酸酸的。孩子心气高，无论干啥他的积极性都很高，我不希望由于这事让他的积极性、上进心都降低了。我希望孩子无论从哪方面都能更进一步！希望您能多费点心！我这个做母亲的将无比地感谢！

短信中的同学存在什么问题？你要是这位同学，会怎么做呢？

师生交流，总结应对挫折的方法：

（1）发泄法：打枕头，写日记……

（2）转移法：到外面玩，做别的事……

（3）换位法：别人遇到此事，会怎样做……

（4）安慰法：塞翁失马，焉知非福……

（5）求助法：找人倾诉，寻找办法……

五、教师寄语

"自古雄才多磨难，从来纨绔少伟男。"在我们成长的道路上，有坦途，也有坎坷；有鲜花，也有荆棘。在你伸手摘取美丽的鲜花时，荆棘也许会刺伤你的手。请不要因为怕痛而不愿伸出你的双手！成功永远属于勇于挑战失败的人。我们拥有年轻，年轻没有失败。祝愿同学们在未来的人生旅途中能逆风飞扬，坦然地面对挫折，挑战挫折，最终战胜挫折。

拓展延伸

关于挫折的故事

1.德国天文学家开普勒

从降临人世便多灾多难：在母腹中只待了七个月就早早地来到了人间。后来，天花又把他变成了麻子，猩红热又弄坏了他的眼睛。但他凭着顽强、坚毅的品德发愤读书，学习成绩遥遥领先于他的同伴。后来因父亲欠债他失去了读书的机会，他就边自学边研究天文学。在以后的生活中，他又经历了多病、良师去世、妻子去世等一连串的打击，但他仍未停下天文学研究，终于在59岁时发现了天体运行的三大定律。他把一切不幸都化作了推动自己前进的动力，以惊人的毅力摘取了科学的桂冠，成为"天空的立法者"。

2. 华罗庚

初中毕业后，华罗庚曾入上海中华职业学校就读，因拿不出学费而中途退学，故一生只有初中毕业文凭。

此后，他用5年时间自学完成了高中和大学低年级的全部数学课程。1928年，他不幸染上伤寒病，虽靠妻子的照料得以挽回性命，却落下左腿残疾。20岁时，他以一篇论文轰动数学界，被清华大学请去工作。

从1931年起，华罗庚在清华大学边工作边学习，用一年半时间学完了数学系全部课程。他自学了英、法、德文，先后在国外杂志上发表了多篇论文。1936年夏，华罗庚被保送到英国剑桥大学进修，两年中发表了十多篇论文，引起国际数学界的赞誉。1938年，华罗庚访英回国，在西南联合大学任教授。在昆明郊外一间牛棚似的小阁楼里，他艰难地写出名著《堆垒素数论》。

3. 身陷黑暗的老人

有一个犹太富翁，在一次生意中亏光了所有的钱，并且欠了债。他卖掉房子、汽车，还清了债务。

此刻，他孤独一人，无儿无女，穷困潦倒，唯有一只心爱的猎狗和一本书与他相依为命、相依相随。在一个大雪纷飞的夜晚，他来到一座荒僻的村庄，找到一个避风的茅棚。他看到里面有一盏油灯，于是用身上仅存的一根火柴点燃了油灯，拿出书来准备读书。但是一阵风突然把灯吹灭了，四周立刻漆黑一片。这位孤独的老人陷入了黑暗之中，对人生感到痛彻的绝望，他甚至想到了结束自己的生命。立在身边的猎狗给了他一丝慰藉，他无奈地叹了一口气沉沉睡去。

第二天醒来，他突然发现心爱的猎狗被人杀死在门外。抚摸着这只相依为命的猎狗，他突然决定要结束自己的生命，世间再没有什么值得留恋的了。于是，他最后扫视了一眼周围的一切。这时，他发现整个村庄都沉寂在一片可怕的寂静之中。他不由得急步向前，啊，太可怕了，尸体，到处是尸体，一片狼藉。显然，这个村子昨夜遭到了匪徒的洗劫，整个村庄一个活口也没留下来。

看到这可怕的场面，老人心念急转："啊！我是这里唯一幸存的人，我一定要坚强地活下去。"此时，一轮红日冉冉升起，照得四周一片光亮。老人欣慰地想："我是这个世界里唯一的幸存者，我没有理由不珍惜自己。虽然我失去了心爱的猎狗，但是我得到了生命，这才是人生最宝贵的。"

老人怀着坚定的信念，迎着灿烂的太阳又出发了。

——————— 名人名言 ———————

上天完全是为了坚强我们的意志，才在我们的道路上设下重重的障碍。

——〔印度〕泰戈尔

什么是路？就是说从没路的地方践踏出来的，从只有荆棘的地方开辟出来的。

——鲁迅

顺境使精力闲散无用，使我们感觉不到自己的力量，但是障碍却唤醒这种力量而加以运用。　　　　　　　　　　　——〔英〕休谟

我觉得坦途在前，人又何必因为一点小障碍而不走路呢？　　　——鲁迅

我以为挫折、磨难是锻炼意志、增强能力的好机会。　　　——邹韬奋

无论何时，不管怎样，我也绝不允许自己有一点灰心丧气。

——〔美〕爱迪生

要想不经过艰难曲折，不付出极大努力，总是一帆风顺，容易得到成功，这种想法只是幻想。　　　　　　　　　　　　　　——毛泽东

一个人总是有些拂逆的遭遇才好，不然是会不知不觉地消沉下去的，人只怕自己倒，别人骂不倒。　　　　　　　　　　　　——郭沫若

第 **6** 课

自信伴我成长

┃班会背景┃

进入八年级后，学生的课程增加，学习的压力明显增大。家长、老师多将学生的学习成绩作为关注的重点，而频繁的考试又一次一次地挫伤着学生的自信心。一部分学习成绩差的学生自卑心理比较严重，常常觉得只要成绩差一切都差，不能很好地认识自己的价值和优势。而部分成绩不错的学生在新的挑战面前也显得惶惑不安，承受能力较差，缺乏积极的自我认同感。召开以自信为主题的班会，旨在树立学生的自信心，让学生知道每个人都是有价值的个体，在挑战面前应树立信心，不懈努力。

┃班会目标┃

1. 让学生充分认识自信的重要性，引导学生认识自己，做一个自信的中学生。

2. 帮助学生确立新的奋斗目标，发挥自身优势，勤奋学习，满怀信心地迎接新的生活。

┃实施过程┃

一、情境导入

有一个美国外科医生，他以善做面部整形手术而闻名遐迩。他创造了许多奇迹，经整形把许多丑陋的人变成漂亮的人。他发现，某些接受手术的人，虽然手术很成功，仍找他抱怨，说他们在手术后还是不漂亮，说手术没什么成效，他们自感面貌依旧。于是，医生悟到这样一个道理：美与丑，并不仅仅在于一个人的本来面貌如何，还在于他是如何看待自己的。

一个人如自惭形秽，那他就不会成为一个美人；如果他不觉得自己聪明，那他就成不了聪明人；他不觉得自己心地善良——即使在心底隐隐地有此种感觉，那他也就成不了善良的人。一个人只要有自信，他就能成为他希望成为的那样的人。

二、思维碰撞

（一）感悟自信

"荣誉班"的故事

1960年，哈佛大学的罗森塔尔博士曾在加州一所学校做过一个著名的实验。新学年开始时，罗森塔尔博士让校长把三位教师叫进办公室，对他们说："根据你们过去的教学表现，你们是本校最优秀的老师，因此，我们特意挑选了100名全校最聪明的学生组成三个班让你们教，这些学生的智商比其他的孩子都高，希望你们能让他们取得更好的成绩。"三位老师高兴地表示一定尽力。校长又叮嘱他们，对待这些孩子，要像平常一样，不要让孩子或孩子的家长知道他们是被特意挑选出来的，老师们都答应了。

一年之后，这三个班的学生成绩果然排在整个学区的前列。这时，校长将真相告诉了老师们：这些学生并不是被刻意选出的最优秀的学生，只不过是随机抽取的最普通的学生。老师们没想到会是这样，都认为自己的教学水平确实高。这时校长又告诉了他们另一个真相，那就是，他们也不是被特意挑选出的全校最优秀的教师，也不过是随机抽出的普通老师罢了。

"铁娘子"撒切尔夫人

英国前首相撒切尔夫人是一个充满自信的人，曾在国际政治舞台上叱咤风云。她曾被人们尊称为"铁娘子"。

当撒切尔还是一个小女孩时，她就充满了自信。她所在的学校经常请人来学校演讲，每次演讲结束，她总是第一个站起来大胆提问。而同龄的女孩往往怯生生地不敢开口，只能面面相觑或者抬头看天花板。有一次听到别人议论："女人不能执政！"她立即站出来自信地说："我不仅要当英国的第一个女议员，还要当英国第一位女首相！"后来，当她与石油大亨撒切尔喜结连理时，她又对记者说："今天，人们知道撒切尔夫人是因为撒切尔，明天，人们将因为撒切尔夫人而知道撒切尔！"这是何等的自信，何等的气魄。

撒切尔夫人

　　1979年5月4日，撒切尔夫人入主唐宁街，成为英国第一位女首相。她担任首相11年，成为英国最有权势的女人。

互动交流

　　人们常说"知识决定命运"，自信的性格同样影响着一个人的未来。结合以上两则案例，谈谈自信与人发展的关系。

自信的价值

　　2001年5月20日，美国一位名叫乔治·赫伯特的推销员，成功地把一把斧子推销给了小布什总统。布鲁金斯学会得知这一消息后，把一只刻有"最伟大推销员"的金靴子赠予他。这是自1975年该学会的一名学员成功地把一台微型录音机卖给尼克松以来，又一学员获此殊荣。

　　布鲁金斯学会创建于1927年，以培养世界上最杰出的推销员著称于世。它有一个传统，在每期学员毕业时，都设计一道最能体现推销员能力的实习题，让学生去完成。克林顿当政期间，他们出了这么一个题目：把一条三角裤推销给现任总统克林顿。

　　八年间，有无数个学员为此绞尽脑汁，最后都无功而返。克林顿卸任后，布鲁金斯学会把题目换成：请将一把斧子推销给小布什总统。

　　鉴于前八年的失败教训，许多学员知难而退。个别学员甚至认为，这道毕业实习题会和克林顿当政时一样毫无结果，因为现在的总统什么都不缺，即使缺什么，也用不着他们亲自购买；再退一步说，即使他们亲自购买，也不一定正赶上你去推销的时候。

然而，乔治·赫伯特却做到了，并且没有花多少工夫。一位记者在采访他的时候，他是这样说的："我认为，把一把斧子推销给小布什总统是完全可能的，因为小布什总统在得克萨斯州有一座农场，那里长着许多树。于是我给他写了一封信，说，有一次，我有幸参观您的农场，发现那里长着许多矢菊树，有些已经死掉，木质已变得松软。我想，您一定需要一把小斧头，但是从您现在的体质来看，这种小斧头显然太轻，因此您仍然需要一把不甚锋利的老斧头。现在我这儿正好有一把这样的斧头，它是我祖父留给我的，很适合砍伐枯树。倘若您有兴趣的话，请按这封信所留的信箱给予回复……最后他就给我汇来了15美元。"

乔治·赫伯特的故事在世界各大网站公布之后，一些读者纷纷搜索布鲁金斯学会的网站，他们发现在该学会的网页上贴着这样一句格言：不是因为有些事情难以做到，我们才失去自信；而是因为我们失去了自信，有些事情才显得难以做到。

走向讲台

美国有位总统，名叫罗斯福。当他还是参议员时，英姿焕发，英俊潇洒，才华横溢，深受人民爱戴。

有一天，他在加勒比海度假。游泳时突然感到腿部麻痹，动弹不得。幸好，他吉人天相，被人救起，避免了一场悲剧。经过医生诊断，罗斯福患上了"小儿麻痹症"。医生对他说："你可能会丧失行走能力。"罗斯福回答说："我还要走路，我要走进白宫。"

第一次竞选总统时，他对助选员说："你们布置一个大讲台，我要让所有的选民看到这个得小儿麻痹症的人，可以'走到前面'演讲，不需要任何拐杖。"当天，他穿着笔挺的西装，面容充满信心，从后台走上讲台。他的每次迈步声，都让每个美国人深深感受到他的意念和十足的信心。后来，罗斯福成为美国历史上唯一一位连任四届的总统。

DNA分子结构的发现

1951年，英国有一位名叫富兰克林的科学工作者，从自己拍得的DNA（脱氧核糖核酸）的X射线衍射照片上发现了DNA的螺旋结构。之后，他曾就这一发现做了一次公开的演讲。然而由于生性自卑，富兰克林又怀疑自己的假说是错误的，最终放弃了这个假说。在富兰克林之后，1953年的时候，科学家沃森和克里克也从照片上发现了DNA的分子结构，提出了DNA双螺旋结构的假说，从而标志着生物时代的到来，他们二人因此获得了1962年度诺贝尔医学奖。可想而知，如果富兰克林不是自卑，而是坚信自己的假说并进一步研究，这个伟大的发现肯定会以他的名字载入史册。

可见，一个人如果做了自卑情绪的俘虏，没有自信，是很难有所作为的。

互动交流

1. 读了以上三则案例，你获得了怎样的启示？

【小结】很多事情的成功，最主要的是靠不屈不挠的意志力与绝对的信心。生命本身是一种挑战，即使自己有缺陷，只要不认输，肯努力去证明自己某方面的本领，就一定能获得成功。

2. 请将你身边依靠自信不断走向成功的事例讲给大家听听。

（二）自信赢得成功

山大华特卧龙学校2006级2班学生潘桂杰，2009年考入山东大学。入校后，通过公开竞选成为山东大学校学生会主席。2013年7月大学毕业后，他留校了。能在全国著名高校、山东省最高学府工作，这是很多博士生都梦寐以求的事情。他是凭借什么做到这些的呢？

潘桂杰出生在沂水县姚家店子镇康家庄子村。由于山村教育落后，他小学时基础较差，上初中后，在班上成绩也不理想，很少和老师同学交流，整天沉默寡言，缺乏自信。后来，他没有考上高中，于是外出打工挣钱补贴家用。在外打工的两年里，他在码头上迎着海风扛过上百斤的包，在建筑工地上顶着烈日背过上百斤的水泥袋，吃的是便宜的几元钱一份的盒饭，睡的是窝棚里的木板。在外打工的日子里，他感到没有知识和文化到哪里都只能干最苦最累的工作，并且报酬很低。苦干了两年后，

卧龙学校第三届艺术节

他觉得这种苦难自己都能坚持下来，还有什么困难不能克服呢？于是他决定再走求学之路，2006年9月到我校就读高一。他决定回学校求学时，原来一起打工的工友嘲笑他，亲戚朋友怀疑他，父母也担心地问：“你能行吗？”他自信地说：“学习虽然艰苦，但和我打工所受的苦相比，不值一提，我一定能行！”起初，他也过不了心理关，每当放假回家的时候，他总是一到村头就脱下校服，穿上打工的衣服，邻居问起他就说打工回来了。

求学期间，他发奋努力，遇到不会的问题就向老师和同学求教。由于和老师、同学交流多了，他的性格逐渐变得开朗了。由于努力，他的成绩一直名列前茅，整个人也变得更加自信了。外出打工锻炼了强健的体魄，加上他也十分喜欢体育运动，后来他选择了体育专业。2009年，他以优异的体育成绩和文化科成绩被山东大学录取。

进入大学后，他没有因为自己是个体育专业的学生又曾打过工而自卑，而是勇敢自信地参加山东大学校学生会主席的竞选，最后凭借自己出色的演讲口才和优异的表现，被推荐为校学生会主席。

在担任学生会主席期间，靠着自己的拼搏和努力，凭借着那份历经磨炼的自信，他赢得了学校师生的高度认可，最后成功留校工作，实现了他人生的华丽转身。

互动交流

你从潘桂杰同学身上得到了怎样的人生启示？

（三）如何树立自信心

第一、学会积极的自我暗示。心理学中有一个实验：以一个死囚犯为样本，对他说：“我们执行死刑的方式是使你放血而死，这是你死前对人类做的最后一件有益的事情。”这位犯人表示同意这样做。实验在手术室里进行，犯人在一个小间里躺在床上，一只手伸到隔壁的一个大间里。他听到隔壁的护士与医生在忙碌着，准备对他放血的护士问医生："放血瓶准备5个够吗？"医生回答："不够，这人块头大，要准备7个。"护士在他的手臂上用刀尖点一下，算是开始放血，并在他手臂上方用一根细管子放热水，水顺着手臂一滴滴地滴进瓶子里。犯人觉得自己的血在一滴一滴地流出来，滴了3瓶他已经休克，滴了5瓶他已经死亡，死亡的症状与因放血而死一样。实际上他一滴血也没有流。

他为什么会死呢？是"自己的血正在流淌，自己正在死去"的心理暗示使然。自我暗示的力量实在太大了。消极的自我暗示会对人产生极大的副作用，积极的自我暗示则能够激励人，鼓舞人，增强自信心。

第二、经常关注自己的优点和成就。有同学说，不是我没有自信、没有努力，是因为我爹妈给了我一个比别人笨的头脑。是这样吗？据统计：正常人只运用了自身潜力的2% ~ 5%。也就是说，最成功的人只运用了自身潜力的5%。苏联学者做了一个形象的比喻：一个正常人如果发挥了自身潜力的一半，那么他可以将叠起来几人厚的全苏百科全书背得滚瓜烂熟。

因此，只要把我们的潜能发挥出来，别人能做到的事，我们自己也一定能做到。相信自己，只要坚持不懈地积极进取，就一定能获得成功。

第三、多与自信的人接触和来往。"近朱者赤，近墨者黑。"你若常和悲观失望的人在一起，你也将会萎靡不振。若你经常与胸怀宽广、自信心强的人接触，你也一定会成为这样的人。多与有志向、有信心的人交朋友吧！

第四、树立自信的外部形象。一个人，保持整洁、得体的仪表，有利于增强自己的自信心。举止洒脱，行为端正，助人为乐，目不斜视，就会有发自内心的自信。同时，加强锻炼，保持健美的体形，对增强自信也很有帮助。

第五、保持一定的自豪感。一个人，谦虚是必要的，但不可过度。过分贬低自己，对自信心的培养是极为不利的。人不可有傲气，但不可无傲骨。要相信自己，充满自豪感。

第六、学会微笑。微笑会增加幸福感，也能增强自信心。笑一笑，自信从中而来，几乎立竿见影。

第七、懂得扬长避短。在学习、生活中，要经常抓住机会展现自己的优势、特长，同时注意弥补自己的不足，不断求得进步。这样，你就会提高成功率，也会得到更多的赞扬声，肯定能增强自信。

第八、做好充分准备。从事某项活动前，如果能做好充分的准备，那么，在从事这项活动时必然较为自信，从而有利于顺利完成这项活动。一旦这项活动做得很成功，必定会反过来进一步增强整体自信心。

互动交流

在生活中，你是一个自信的人吗？请将自己的优点与长处、缺点和不足写一写，并在班内进行交流。

（四）展示自信

1.评选班级的"自信之星"并说出理由。

2.结合自身的体验和感受，谈一谈如何树立自信。

3.欣赏歌曲《阳光总在风雨后》。

三、教师寄语

阿基米德说："给我一个支点，我能撬起整个地球。"而给灵魂一个支点，可以撬开人间的许多不幸，那个支点就是自信。自信不是自负，它是每个人对自我价值和优势的正确恰当的评价。如果你为自己的容貌、学习成绩、家庭出身等等的不如意而自卑的话，如果你感到前途渺茫举步维艰的话，老师希望你能记住：世上没有两片完全相同的叶子，每个人都是独特的个体，在任何的困难面前满怀信心，就会行行出状元。每个人都是有价值的个体，请学会热爱自己的生命！一个人的命运总会跌宕起伏，就像贝多芬的《命运交响曲》，但我们是命运的主人，愿我们用自信奏出生命的最强音！

拓展延伸

勇于翱翔，才能翱翔

1914年7月4日，在美国西雅图市举行的国庆节庆祝活动现场，一架飞机在空中做着各种精彩的表演。人群中爆发出一阵阵掌声和呐喊——20世纪初期，飞机还是一个绝少有人接触的新鲜事物。

飞机降落后，飞行员马罗尼被潮水般的人群围住了。人们不但羡慕他的勇敢，更是对飞机这个怪物能够翱翔于高空充满了好奇。

马罗尼笑着问周围的群众："有谁愿意和我一起飞上天去试一试？"连问三遍，无人应声——对飞机这种新鲜事物，人们好奇的同时，也对它有无穷的恐惧：这东西飞在空中，上不着天下不挨地，谁知道它会不会摔下来？

这时，一个青年人站了出来，大声对马罗尼说："先生，我想我可以同你一起飞上天！"

飞机在马罗尼的操纵下，稳稳地飞上了天空，然后在空中做着各种精彩的动作。那个青年人尽管平生第一次飞上天，心里有些害怕，可还是好奇地问这问那，不住地观察马罗尼驾机的每一个动作。20分钟过后，在人们的欢呼声中，飞机稳稳地降落下来，青年人面带微笑走出机舱，他大声向周围的人们呼喊："真的不错，可以上去试一试！"

观众包括飞行员马罗尼都为年轻人的勇气报以热烈的掌声。这个年轻人从此对飞机产生了浓厚的兴趣。不久，他就萌生了制造飞机的念头。在好友的帮助下，他用当地廉价的木材制造新型的轻便飞机。1916年，这个青年制造出了世界上第一架浮筒式小木飞机。在人们惊讶的目光中，这位青年亲自驾着自己研制的飞机进行飞行试验，一举成功！此后，这个青年在西雅图郊区正式成立了"太平洋航空产品公司"，1917年改名为"波音公司"。这个敢于挑战蓝天的青年人就是波音公司的创始人威廉·爱德华特·波音。100多年来，波音公司始终致力于新产品、新技术的探索和开发，从民用飞机、军用飞机到航天飞机、运载火箭、全球通信卫星网络、国际空间站，成为全世界最大的航空航天公司。第二次世界大战中赫赫有名的B-17、B-29轰炸机，东西方冷战时期著名的B-47、B-52战略轰炸机，美国空军中比较出名的KC-135空中加油机以及E-3预警机，均是波音公司的产品，就连美国总统乘坐的专机"空军一号"也是由该公司出产的波音707、波音747改装而成的。

不管这个世界上有多少"不可能",只要敢于"站出来",敢于"站起来",就会有创造奇迹的诸多"可能"!梦想翱翔、敢于翱翔的人,才能最终在万里长空纵横驰骋,自由翱翔。

名人名言

信念是鸟,它在黎明仍然黑暗之际,感觉到了光明,唱出了歌。

——〔印度〕泰戈尔

有自信心的人,可以化渺小为伟大,化平庸为神奇。

——〔英〕萧伯纳

缺乏一种自信的精神,往往使一些本来是萌芽了的天才走向自我扼杀。

——舒卓

自信是成功的第一秘诀。　　　　　　　　——〔美〕爱默生

去做你害怕的事,害怕自然就会消逝。　　　——〔美〕爱默生

人的强烈愿望一旦产生,就很快会转变成信念。　——〔英〕爱·扬格

宁肯孑然而自豪地独守信念,也不要不辨是非地随波逐流。

——〔英〕查·丘吉尔

自信与骄傲有异:自信者常沉着,而骄傲者常浮扬。　　——梁启超

任何人都应该有自尊心、自信心、独立性,不然就是奴才。

——徐特立

第**7**课

学习英模　奉献社会

｜班会背景｜

随着改革的不断深入，社会上涌现出了一大批先进人物，特别是那些英雄模范人物。他们成为整个社会尤其是广大青少年学习的榜样。处在成长中的青少年，思想还不够成熟，意志还不够坚定，价值观和人生观还没有完全形成，急需榜样的力量来激励，英雄模范人物的思想来引领。青少年学生应自觉地向英雄模范人物学习，找差距，找不足，然后把对英雄的崇敬之情转化为前进的动力，牢固树立"生在社会，奉献社会"的意识，从服务他人、服务家庭、服务班集体做起，自觉践行社会主义核心价值观，做一个新时代的中学生。

｜班会目标｜

1.引导学生深入学习英模先进事迹，体会人生价值在于奉献的意义。

2.从英模身上汲取力量，时刻准备为社会做出贡献。

｜实施过程｜

一、情境导入

欣赏电影插曲《英雄赞歌》。

二、思维碰撞

（一）讲故事，明价值

叫一声母亲泪花流

——追忆"沂蒙母亲"王换于

八百里沂蒙，沂沭蒙三河纵贯全景，养育千万沂蒙儿女。回顾十四年抗战和三年解放战争，沂蒙儿女积极参军支援前线，保家卫国。

沂南县地处沂蒙革命根据地中心。革命战争年代，沂蒙山区作为八路军115师司令部、中共中央山东分局、新四军军部、华东局、华东军区、华东野战军及山东省人民政府等党政军机关的所在地，成为华东地区革命斗争的指挥枢纽和全国著名的革命根据地，被誉为"华东延安"。在这片英雄的土地上，留下了刘少奇、徐向前、罗荣桓、陈毅、粟裕、肖华、谷牧等老一辈革命家和领导人战斗、工作的大量革命遗迹，也涌现出一大批先进英模人物。其中，"沂蒙母亲"王换于就是沂蒙人民爱党爱军、无私奉献的光辉典范。

为昭示历史，激励后人，沂南县委、县政府于2003年建设了"沂蒙母亲王换于纪念馆"。2003年9月19日，地处沂南县马牧池乡东辛庄的"沂蒙母亲王换于纪念馆"举行了隆重的开馆仪式，王换于铜像与国家审计机关、山东省直机关党工委革命传统教育基地同时揭幕揭牌。原国家军委副主席、国防部长迟浩田将军亲笔题写的馆名熠熠生辉，映入人们的眼帘，也深深地印进人们的心田。王换于的大女儿、83岁高龄的北京市离休干部于淑琴，当年战地托儿所的成员——胡奇才将军之子胡鲁克等人长跪在王换于铜像前，最是难忘慈母恩啊，他们纵情地喊一声母亲，泪流满面。人们在偌大的展室中参观，在唏嘘的感叹中仿佛又回到那战火连天的艰苦岁月。

王换于（1888—1989），娘家是沂南县岸堤镇圈里村，贫苦出身的她十九岁就嫁给马牧池乡东辛庄于家。旧社会妇女没有地位，到夫家后就两姓合在一起，她被称为"于王氏"。抗战爆发后，她曾任我党情报联络员等，积极参加抗日活动。1938年腊月，她光荣地加入了中国共产党，不久又被选为村妇救会长和艾山乡副乡长。于是就将"于王氏"改成了"王换于"。那时她已经年过半百，大家都称她"于大娘"。

　　王焕于生前在抗日战争期间曾无私创办战时托儿所，保护了中共一批高级将领的子女，其中罗荣桓之女罗琳和儿子罗东进以及徐向前的女儿小何(乳名)，胡奇才的儿子胡鲁克、胡鲁生，陈沂、马楠夫妇的女儿陈小聪曾在战时托儿所生活过，得到过王焕于老人及家人的细心照料。

　　抗战时期王焕于家成了抗日"堡垒户"，一一五师、八路军第一纵队、山东纵队、山东分局、省战工会（省政府前身）、鲁中区党委、省妇救会等机关曾先后住在王换于家。老一辈无产阶级革命家和山东党政军领导人罗荣桓、徐向前、肖华、朱瑞、郭洪涛、黎玉、张经武、陈明、马保三、高克亭等也曾先后住过她家。徐向前在东屋办公居住，南屋不仅是朱瑞办公居住处，还是他和陈若克结婚的新房。

　　如今，"沂蒙母亲"王换于早已辞世，"沂蒙红嫂"张淑贞（王焕于的儿媳妇）年逾九旬仍健在，不少当年托儿所的成员前来看望。2001年春，东辛庄突然来了11辆小轿车，小山村顿时沸腾起来，来者是罗荣桓元帅之子——某兵种政委罗东进。人越老对往事的记忆越深刻，一听罗东进来了，张老激动得热泪盈眶。罗政委也很激动，两代人紧紧抱在一起叙家常。张老说："当年罗荣桓政委和夫人林月琴经常到我家，他俩来了我就忙着做饭，罗政委夸我做的饭好吃。他平易近人，你母亲和我姐妹相称，可惜你爸走得太早了，你妈还好吗？""还好。"罗东进政委说，"革命战争年代，沂蒙人民参军支前，对革命做出了重要贡献，还办托儿所为我们这些人提供了安全的生活环境，感谢您对我们的抚养之恩！""我那时候很小，记不住，大一点的时候，父母就讲，就是大爷、大娘一口一口嚼了把我喂大的，走到什么时候都不能忘本，不能忘了人民，尤其不能忘了沂蒙山区的人民。这在我脑子里留下了深深的印象。"罗东进回忆道。

　　1989年，101岁的"沂蒙母亲"王换于与世长辞。她为这个世界留下了许多许多，她的品德和精神将永远激励着后世子孙。

互动交流

　　1."沂蒙母亲"王换于虽与世长辞，但她的品德和精神将永远激励着后世子孙。她的品德和精神主要有哪些？

2. 沂蒙精神是什么？我们应怎样弘扬沂蒙精神？

方志敏

方志敏，1922年8月加入中国社会主义青年团，1924年3月加入中国共产党，中共第六届中央委员。1928年1月，他参与领导弋横起义，创建赣东北苏区，领导组建中国工农红军第10军。他先后任赣东北省、闽浙赣省苏维埃政府主席，红10军政治委员，中共闽浙赣省委书记。他把马克思主义普遍真理与赣东北实际相结合，创造了一整套建党、建军和建立红色政权的经验。1934年11月初，方志敏任红10军团军政委员会主席，奉命率军北上抗日，在皖南遭国民党军重兵围追堵截，艰苦奋战两月余，终因寡不敌众，于1935年1月29日被俘。被俘时，国民党士兵搜遍他全身，除一块怀表和一支钢笔，没有一文钱。在狱中，面对敌人的严刑和诱降，他正气凛然，坚贞不屈。在极端艰苦的条件下，他写下了《可爱的中国》《清贫》等著名文稿，留下了"清贫，洁白朴素的生活，正是我们革命者能够战胜许多困难的地方！""敌人只能砍下我们的头颅，决不能动摇我们的信仰！"等激动人心、感人肺腑的语句。1935年8月6日，方志敏在江西南昌英勇就义。

互动交流

为了民族独立和人民解放英勇牺牲的革命先烈，为了党和人民的事业不懈奋斗的基层优秀共产党员、战斗英雄和革命群众，积极从事进步活动的爱国民主人士和国际友人，值得我们永远铭记。这样的英雄模范人物还有哪些？请讲一讲他们的故事。

（二）学习英模，奉献社会

"铁人精神"光照千秋

1960年春，我国石油战线传来喜讯——发现了大庆油田，一场规模空前的石油大会战随即在大庆展开。王进喜从西北的玉门油田率领1205钻井队赶来，加入这场石油大会战。

一到大庆，呈现在王进喜面前的是许多难以想象的困难：没有公路，车辆不足，吃和住都成问题。但王进喜和他的同事下定决心：有天大的困难也要高速度、高水平地拿下大油田。

在困难面前，王进喜带领全队靠人拉肩扛，把钻井设备运到工地，以"宁可少活20年，拼命也要拿下大油田"的顽强意志和冲天干劲，苦干五天五夜，打出了大庆第一口喷油井。在随后的10个月里，王进喜率领1205钻井队和1202钻井队，在极端困苦的情况下，克服重重困难，双双达到了年进尺10万米的奇迹。

在那些日子里，王进喜身患重病也顾不得到医院去看；钻井砸伤了脚，他挂着双拐指挥；油井发生井喷，他奋不顾身跳进泥浆池，用身体搅拌重晶石粉，被人们誉为"铁人"。

在大庆油田工作的10年中，王进喜为我国石油事业立下了汗马功劳，曾获"全国劳动模范"等光荣称号。王进喜身上体现出来的"铁人精神"，激励了一代代的石油工人。

1959年，他作为石油战线的劳模到北京参加群英会，看到汽车背着"大包"来回跑，就问别人上边那家伙是什么，人家说是烧的煤气，因为没有汽油。这话像锥子一样把他刺得生疼。"真急人呀！我们这么大国家没有石油烧还了得！我一个石油工人，眼看没有油，让国家作这么大难，还有脸问？"

钻机到了，吊车不够用，几十吨的设备怎么从车上卸下来？王进喜说："咱们一刻也不能等，就是人拉肩扛也要把钻机运到井场。有条件要上，没有条件创造条件也要上。"

他们用滚杠加撬杠，靠双手和肩膀，奋战三天三夜，38米高、22吨重的井架迎着寒风矗立在了荒原上。这就是会战史上著名的"人拉肩扛运钻机"。要开钻了，可水管还没有接通。王进喜振臂一呼，带领工人到附近水池子里破冰取水，硬是一盆盆、一桶桶地往井场端了50吨水。经过艰苦奋战，仅用五天零四小时就钻完了大庆油田第一口生产井。

1960年5月，钻探第二口井时，王进喜被砸伤的腿肿得很厉害，他两次从医院跑回井队，挂着拐坚持工作。

一天，突然出现井喷，当时没有压井用的重晶粉，王进喜当即决定用水泥代替。成袋的水泥倒入泥浆池搅拌不开，王进喜就甩掉拐杖，大喊一声"跳"，便跃进齐腰深的泥浆池中，戴祝文、丁国堂等人也跟着跳了进去。奋战了三个多小时，终于制服了井喷。王进喜累得起不来了。房东赵大娘心疼地说："王队长，你可真是铁人啊！""铁人"的名字就是这样传开的。

丁国堂说，有一次打试验井，王进喜废寝忘食连轴转，刚端起饭碗便靠在钻杆边打起盹来。大家劝他多保重身体，他却说："我早就豁出去了，只要上午拿下个大油田，哪怕下午倒在钻台上也痛快，也值得！"

"杂交水稻之父"袁隆平

袁隆平，国家杂交水稻工程技术研究中心暨湖南杂交水稻研究中心主任，中国工程院院士。

袁隆平是一位视科学为生命的科学家。为了杂交水稻事业，他几十年如一日，矢志不渝，默默奉献。刚开始研究时，许多人说他是自讨苦吃，他坦然回答："为了大家不再饿肚子，我心甘情愿吃这个苦。"研究条件的简陋艰苦、大地震的威胁、上千次的试验失败，都动摇不了袁隆平研究杂交水稻的决心。几十年来，他像候鸟一样追赶着太阳南来北往育种，在攻关的前十年有七个春节是在海南岛度过的。

袁隆平说，书本上、电脑里种不出水稻，他始终坚信真正的权威来自实践。"我不在家，就在试验田；不在试验田，就在去试验田的路上。"在第一线的坚守，使他抓住了科学的灵感，锻造出了战略性眼光。

袁隆平甘为人梯。他注重培养杂交水稻科研人才，将团结协作看作打开成功之门的钥匙。他捐出奖金，设立了科研基金和农业科技奖励基金；他将试验材料毫无保留地分送给全国18个研究单位，加速了"三系"杂交稻研究的步伐。在他的培养和带领下，我国杂交水稻界精英辈出，研究成果层出不穷，几十年来一直处于世界领先地位。

袁隆平永不满足。从"三系法"到"两系法"，从一般杂交稻的成功到超级杂交稻一期、二期、三期，他将水稻产量从平均亩产300千克左右先后提高到500千克、700千克、800千克。

大德有大成。到2006年，我国累计推广种植杂交稻56亿多亩，每年增产的稻谷可以多养活7000多万人，相当于全世界每年新出生人口的总和。不仅如此，杂交水稻还被推广到全球30多个国家和地区，种植面积达3000多万亩。

袁隆平1987年获联合国教科文组织颁发的科学奖，2001年获国务院颁发的2000年度国家最高科学技术奖，2004年获世界粮食奖励基金会颁发的世界粮食奖，2007年4月就任美国科学院外籍院士，被誉为"杂交水稻之父"。

"中国塑料之父"徐僖

徐僖，高分子材料科学家，中国科学院院士，四川大学教授，我国高分子材料学科的开拓者和奠基人之一。20世纪50年代初，徐僖创建了中国第一个塑料厂和中国高校第一个塑料专业，被誉为"中国塑料之父"。

徐僖教授不仅严谨对待科学，为科学事业奉献自己的力量，而且对处在困境中的学子无私地奉献了自己的力量，用自己的酬劳和奖金资助贫困学子。徐僖教授是一位无私奉献的科学家楷模。

1947年5月，徐僖以优异的成绩考取了中华教育基金董事会公费留学生，赴美国深造。学业告成后，他满怀对祖国的深情，经历种种艰难险阻回到了祖国。

1950年，他在重庆大学化工系主持筹建了棓酸塑料研究小组，采用自己设计的设备和工艺流程，进行五棓子塑料研究，同时培养生产技术骨干。1953年5月1日，重庆棓酸塑料厂正式投产。这是由我国工程技术人员自己设计、完全采用国产设备和原料的第一个塑料厂。经过八年的艰苦努力，徐僖先生用坚韧不拔的意志，实现了报效祖国的愿望，为创建我国塑料工业做出了重要贡献。

1953年春，高教部授命徐僖先生在四川化工学院（1955年并入成都工学院，后成为成都科技大学、四川大学）筹建我国高等学校第一个塑料工学专业。20世纪60年代初，徐僖先生和同志们一起创办了高分子材料系。1964年，他创建了国内第一个高分子研究所。在徐僖教授的带领下，经过半个世纪的艰苦努力，四川大学建成了我国高分子材料领域第一个拥有博士点、博士后流动站、国家重点实验室和国家211工程重点建设学科的科研和高层次人才培养基地。几十年来，这个基地为国家培养了上万名高分子材料专业人才，为我国高分子材料科学和工业的发展做出了重要贡献。

徐僖教授在国际交往中十分重视维护祖国的尊严。他是国际聚合物加工学会（简称PPS）的国际代表。该学会是由美国、加拿大、德国等国在该领域的学术权威联合发起成立的全球学会。当时国际上一些人认为中国高分子水平不高，年会没有必要在中国召开；还有人指责中国穷，想靠办会赚钱。强烈的爱国心和民族自尊感使徐僖教授毅然走上讲台，向代表们介绍了中国高分子科学迅速发展的状况，针对代表们提出的经费疑问做了详尽、合理的解答，消除了部分代表的误会。最后执委会通过决定，该会议仍按原计划在中国上海召开。

徐僖教授是一位正直的科学家，他热爱祖国，热爱人民，求真求实，无私奉献。他一贯清廉自律，十分痛恨以权谋私。他身兼许多职务，几十年如一日不辞辛劳地为国家、为社会工作，但从不收取兼职工资。大量的兼职报酬都被他如数退还，有些不便退掉的就积存在他工作单位里，用来资助学生。

徐僖教授在年逾八旬之时，依然辛勤地工作在科研教学工作第一线。他殷切地关注着高分子材料科学事业和他所创建的高分子材料学科基地的发展。他依然全日工作，依然坚持求真求实的严谨学风，工作强调高质量、高效率。他的格言是"人生的乐趣在于无私奉献"，他最大的心愿是"中国人能在世界上普遍受到尊重"。

互动交流

什么是"铁人精神"？敬业奉献的袁隆平有哪些可歌可泣的故事？徐僖教授为什么被称为"无私奉献的科学家楷模"？你将如何实现自己的人生梦想？

三、教师寄语

人生的价值不在于索取，而在于奉献。作为未来的公民，同学们要倍加珍惜大好时光，发奋学习，努力创造。既要学习科学文化知识，又要注重陶冶道德情操；既要强健体魄，又要培养良好的心理素质，不断促进思想道德、科学文化和健康素质的协调发展。只有不断发展完善和超越自我，才能更好地服务他人、服务集体、服务社会，才能做最好的自己，做新时代优秀的中学生。希望同学们从现在做起，从平常的点滴小事做起，不断超越自我，早日实现人生梦想。

拓展延伸

2015年"感动中国"十大人物

吴锦泉：高节卓不群

【颁奖词】窄条凳，自行车，弓腰扛背，沐雨栉风。身边的人们追逐很多，可你的目标只有一个。刀剪越磨越亮，照见皱纹，照见你的梦。吆喝渐行渐远，一摞一摞硬币，带着汗水，沉甸甸称量出高尚。

【人物事迹】

2010年8月9日，吴锦泉收听广播时得知甘肃舟曲发生特大泥石流灾害，将磨刀挣来的硬币凑上1000元钱送给红十字会捐给灾区。2013年4月20日，四川雅安发生7.0级地震，吴锦泉得知此消息后，将两年来走街串巷替人磨刀挣下的1966.2元辛苦钱，通过红十字会捐给灾区。自2008年汶川地震之后，累计捐款37000多元钱。吴锦泉，江苏省南通市港闸区五星村一名普通村民，如今年过八旬，仅靠磨刀为生，生活并不富裕，老两口还住在三间破旧的瓦房里，但他关心社会，为村里修桥补路，去福利院看望孤儿，将自己的辛苦钱毫无保留地捐献出来。

张宝艳、秦艳友：阳春布德泽

【颁奖词】寻寻觅觅，凄凄惨惨戚戚。宝贝回家，路有多长？茫茫暗夜，你们用父母之爱，把灯火点亮。三千个日夜奔忙，一千个家庭团聚。你们连缀起星星点点的爱，织起一张网。网住希望，网住善良。

【人物事迹】

1992年，儿子的一次意外走失，让张宝艳、秦艳友夫妇体会到了走失孩子后的焦急。此后他们开始关注寻亲信息，并尝试为丢失孩子的父母提供帮助。2007年，夫妇二人建起"宝贝回家寻子网"，帮助家长们寻找孩子。为了运营好网站，张宝艳辞去工作成了一名全职志愿者。2009年，张宝艳提出的"关于建立打击拐卖儿童DNA数据库的建议"得到公安部采纳。DNA数据库为侦破案件、帮被拐儿童准确找到亲人，提供了有力的技术支持。成立八年来，"宝贝回家寻子网"不断壮大，志愿者发展到15万多人，遍布全国各地，成为照亮宝贝回家路的一支中坚力量。目前，"宝贝回家寻子网"是唯一与公安部打拐办合作的全国性寻子网站。截至2015年11月，"宝贝回家"志愿者协会帮助超过1200个被拐及走失的孩子寻找到亲人。

郎平：雄心志四海

【颁奖词】临危不乱，一锤定音，那是荡气回肠的一战！拦击困难、挫折和病痛，把拼搏精神如钉子般砸进人生。一回回倒地，一次次跃起，一记记扣杀，点染几代青春，唤醒大国梦想。因排球而生，为荣誉而战。一把铁榔头，一个大传奇！

【人物事迹】

1984年洛杉矶奥运会女排决赛，中美巅峰对决，身高1米84的中国女排主攻手郎平击溃了美国女排的防线，帮助中国女排登上了冠军的宝座，赛后诞生了一个流行词——"铁榔头"。"铁榔头"郎平两次在中国女排最困难的时期，主动接下了中国女排主帅这个"星球上压力最大的职业"：第一次是1995年女排生死存亡之际，她毅然归国，担任女排主帅，累倒在工作当中；第二次是2012年中国女排伦敦奥运会被日本队淘汰，2013年同年龄队友陈招娣撒手人寰。这一系列的悲痛触动了郎平内心深处的女排情结，于是她冒着"一世英名可能毁于一旦"的风险再次走马上任。仅仅一年半时间，郎平就带领中国队于2014年时隔16年重返世锦赛决赛舞台，最终夺得亚军，并于2015年重夺世界杯冠军。30年来，从担任主攻手时的"五连冠"到任教练率中国女排重返世界之巅，"铁榔头"似乎已经是奇迹的代名词。

屠呦呦：春草鹿呦呦

【颁奖词】青蒿一握，水二升，浸渍了千多年，直到你出现。为了一个使命，执着于千百次实验。萃取出古老文化的精华，深深植入当代世界，帮人类渡过一劫。呦呦鹿鸣，食野之蒿。今有嘉宾，德音孔昭。

【人物事迹】

2015年12月10日，屠呦呦因开创性地从中草药中分离出青蒿素应用于疟疾治疗而获得当年的诺贝尔医学奖。这是在中国本土进行的科学研究首次获得诺贝尔奖。1968年，中药研究所开始抗疟中药研究，39岁的屠呦呦担任该项目的组长。经过两年的研究对象筛选，并受到中国古代药典《肘后备急方》的启发，项目组将重点放在了对青蒿的研究上。1971年，在失败了190次之后，项目组终于通过低温提取、乙醚冷浸等方法，成功提取出青蒿素，并在接下来的反复实验中得出了青蒿素对疟疾抑制率达到100%的结果。在没有先进实验设备、科研条件艰苦的情况下，屠呦呦带领着团队攻坚克难，面对失败不退缩，终于胜利完成科研任务。青蒿素问世44年来，共使超过600万人逃离疟疾的魔掌。未来，屠呦呦希望通过研究让青蒿素应用于更多地方，为更多人带来福音。

阎肃：弦歌感人肠

【颁奖词】铁马秋风，战地黄花，楼船夜雪，边关冷月，这是一个战士的风花雪月。唱红岩，唱蓝天，你一生都在唱，你的心一直和人民相连。是一滴水，你要把自己融入大海；是一树梅，你要让自己开在悬崖。一个兵，一条路，一颗心，一面旗。

【人物事迹】《敢问路在何方》《我爱祖国的蓝天》《唱脸谱》《团结就是力量》……这些被置于艺术殿堂宝座的艺术作品，都出自著名文学家、词作家、剧作家阎肃之手。1950年，20岁的阎肃来到西南青年文工团，并于1953年加入中国共产党和中国人民解放军，正式成为一名文艺兵。自那时起，阎肃就常常跑基层，慰问广大官兵，把官兵们的生活点滴作为自己的创作素材。很多作品都是在连队的马扎上完成的。为了创作歌剧《江姐》，阎肃来到重庆渣滓洞体验生活，反铐双手，戴上脚镣，并坐上老虎凳来真实感受当年共产党员英勇不屈的革命精神。2016年2月12日，阎老与世长辞。阎肃的夫人说，昏迷期间，阎肃只有听到自己写的歌时才有反应，甚至会流泪。阎肃作品里饱含着的对兵、对民的深情，正是他内心最真实的写照，即使昏迷，也依旧共鸣不绝。他永远是一个兵，一个人民的优秀子弟兵。

徐立平：大国多良材

【颁奖词】每一次落刀，都能听到自己的心跳。你在火药上微雕，不能有毫发之差。这是千钧所系的一发，战略导弹，载人航天，每一件大国利器，都离不开你。就像手中的刀，二十六年锻造。你是一介工匠，你是大国工匠。

【人物事迹】

徐立平，中国航天科技集团公司第四研究院7416厂高级技师。自1987年入厂以来，一直为导弹固体燃料发动机的火药进行微整形。在火药上动刀，稍有不慎蹭出火花，就可能引起燃烧爆炸。目前，火药整形在全世界都是一个难题，无法完全用机器代替。下刀的力道，完全要靠工人自己判断，药面精度是否合格，直接决定导弹的精准射程。0.5毫米是固体发动机药面精度允许的最大误差，而经徐立平之手雕刻出的火药药面误差不超过0.2毫米，堪称完美。为了杜绝安全隐患，徐立平还自己设计发明了20多种药面整形刀具，有两种获得国家专利，一种还被单位命名为"立平刀"。由于长年一个姿势雕刻火药以及火药中毒后遗症，徐立平的身体变得向一边倾斜，头发也掉了大半。28年来，他冒着巨大的危险雕刻火药，被人们誉为"大国工匠"。

莫振高：化作光明烛

【颁奖词】千万里，他们从天南地北回来为你送行。你走了，你没有离开。教书、家访、化缘，埋头苦干，拼命硬干。你是不灭的蜡烛，是不倒的脊梁。那一夜，孩子们熄灭了校园所有的灯，而你在天上熠熠闪亮。

【人物事迹】

莫振高，学生口中的"莫爸爸""校长爸爸"，是广西都安高中的原校长。都安是全国贫困县，这个大山里的瑶乡，有着众多因贫困上不起学的孩子。于是，莫振高将"让瑶乡儿女走向世界"作为自己的座右铭，任教三十多年来跑遍每一位贫困生的家，将了解的情况一一记录在册，并用自己微薄的工资资助了近300名学生，圆了他们的大学梦。然而，自己的工资毕竟只是杯水车薪。面对数量众多的贫困学生，这位从未向别人伸手的"莫爸爸"走上了"化缘"之路。他利用休息时间，来到全国各地的机关、企事业单位，做演讲，做动员，只为通过社会力量，帮助更多的瑶乡儿女走出大山。就这样，莫振高一共筹集了3000多万元善款，让1.8万名贫困学子圆了大学梦。因积劳成疾，莫振高于2015年3月9日突发心脏病去世。"莫爸爸"的"化缘"之路改变了数以万计贫困孩子的命运，现在他已桃李满天下，九泉之下也可含笑了。

买买提江·吾买尔：盛德表一乡

【颁奖词】一碗茶水端的平，两个肩膀闲不住。三十多年的老支书，村民离不开的顶梁柱。你是伊犁河上筑起的拦河坝，是戈壁滩上引来的天山水，给村民温暖，带大家致富。木卡姆唱了再唱，冬不拉弹了再弹，买买提江·吾买尔的故事说不完。

【人物事迹】

买买提江·吾买尔是新疆伊犁地区布力开村党支部书记，维吾尔族。3岁时，吾买尔的父亲就过世了，第二年母亲也改嫁了。就这样，吾买尔是吃着村里维吾尔族、哈萨克族、汉族等各族人家的百家饭长大的，也由此对乡亲们产生了化都化不开的浓浓感情。当上村支书之后，吾买尔把"不让一个人受穷，不让一个人掉队"作为自己的工作宗旨，全力带领村民奔小康。在布力开村，各族群众和谐相处，从没有红过脸，更没有出现过民族歧视。吾买尔说，只有民族团结经济才能发展。如今，布力开村已成为全国新农村建设示范点。截至2015年底，布力开村1120户村民全都盖起了有网有电话的新房，铺上了总长42千米的柏油路，全村三分之一的人家买上了小汽车。在民族团结的大道上，布力开村实实在在享受到了团结带来的生产力。

王宽：君子抱仁义

【颁奖词】重返舞台，放不下人间悲欢；再当爷娘，学的是前代圣贤。为救孤，你古稀高龄去卖唱；为救孤，你含辛茹苦十六年。十六年，哪一年不是三百六十天？台上，你苍凉开腔；台下，你给人间做了榜样。

【人物事迹】

郑州戏曲圈里有这样一位老艺术家：台上兢兢业业唱好戏，台下尽心尽力做善事，戏迷们夸他是德艺双馨的好人，他就是74岁的王宽。1998年退休后，王宽夫妇陆续收养了6名老家的孤儿。为了供养这些孩子吃饭穿衣、读书学艺，王宽决定放下自己国家一级演员的身段，去茶楼卖唱，这一唱就是7年。起初，他的"上台率"并不高，每晚冷板凳一坐就是五六个小时。但王宽依旧坚持每天骑着自行车，一家一家茶馆地跑，常常晚上六七点就去了茶馆，等到天亮才回家。后来为了能够让更多人点他的戏，王宽又学起了川剧变脸。如今，王宽夫妇苦心抚养的几个孩子都已长大成人，自食其力，而老两口却还在坚持资助老家的孩子。他们最大的愿望就是办起一个孤儿艺校，发挥自己的特长和余热，让这些孩子学到一技之长。王宽老师用他的行动向大家传达爱的意义。

名人名言

人生的价值，并不是用时间，而是用深度去衡量的。

——〔俄〕列夫·托尔斯泰

人生不是一种享乐，而是一桩十分沉重的工作。

——〔俄〕列夫·托尔斯泰

工作就是人生的价值、人生的欢乐，也是幸福之所在。　——〔法〕罗丹

人生最终的价值在于觉醒和思考的能力，而不只在于生存。

——〔古希腊〕亚里士多德

你若要喜爱你自己的价值，你就得给世界创造价值。　　——〔德〕歌德

人只有献身社会，才能找出那实际上是短暂而有风险的生命的意义。

——〔瑞士、美国〕爱因斯坦

一个人的生命是可宝贵的，但是一代的真理更可宝贵，生命牺牲了而真理昭然于天下，这死是值得的。　　　　　　　　　　　　　　——鲁迅

人生的价值，应当看他贡献什么，而不应当看他取得什么。

——〔瑞士、美国〕爱因斯坦

人的生命是有限的，可是为人民服务是无限的，我要把有限的生命，投入到无限的为人民服务之中去。　　　　　　　　　　　　　　——雷锋

人的价值并不取决于是否掌握真理，或者自认为真理在握；决定人的价值的是追求真理的孜孜不倦的精神。　　　　　　　　　——〔德〕莱辛

人生的价值在于创造，没有创造的生活只能叫活着。　　——佚名

卧龙苑

第8课

我的青春我做主

班会背景

中学生，天真烂漫，富有激情，善于幻想，有创造力，是值得托付的一代。今天，我国正处在历史发展的重要时期，中华民族的伟大复兴梦需要这一代青少年去实现。如何引导他们用激情把青春之火点燃，把全部的精力投入到为中华民族的伟大复兴而努力学习之中，是当前学校教育面临的重要课题。本节班会课，旨在引导学生珍爱青春，激扬青春，为实现自己的梦想而努力奋斗。

班会目标

1. 让学生正确了解自己，把握自己，激扬青春，与梦想一起飞。
2. 引导学生在学习和实践中发挥主观能动性，为实现梦想而奋斗。

实施过程

一、情境导入

同学们，云彩是天空的财富，清水是鱼儿的财富，蝴蝶是花儿的财富，雨露是小草的财富……其实，财富并不仅仅指金钱，它还可以是一种物质、一种心态、一种精神。我们虽然没有太多的金钱，但我们是世界上最富有的人，因为我们拥有人生中最宝贵的东西——青春。时光如梭，转眼间我们已经由一个懵懂无知的小孩成长为一个知书达理的少年。在卧龙，只要我们肯努力、去奋斗，我们定能收获快乐，收获智慧，收获经验，收获成功。

二、思维碰撞

材料一：

怒放的生命

吴子尤

吴子尤，生于北京，祖籍湖北武穴。他4岁听故事，5岁学相声，6岁看卓别林电影，7岁开始写文章。小说、散文、杂文、现代诗、古代诗、话剧无一不涉，曾获"世纪杯""春蕾杯"征文大奖，10岁建立了"月亮文学社"。正当所有人被他的才气折服时，生命却在这里拐了一个弯儿。正在读初二的子尤，因右肩剧痛、呼吸窘迫而被送入医院。后来经过医院的确诊，年仅13岁的子尤患上了罕见的恶性肿瘤。13岁的子尤开始用意志和病魔斗争。在住院治疗期间，子尤从没有掉过一滴眼泪。尽管化疗使他的头发大把大把地脱落，尽管骨穿使他痛得在床上打滚，尽管他体内血小板的数量已经降到不能再降……挣扎在生死边缘的子尤却毫不惧怕。面对媒体采访，他曾说："只有在病房，才能体现一个真我。"是啊，子尤是坚强的，他始终带着微笑，笑着安慰每一个人。他在日记里写道："生病以后，我渐渐认识到，人活着是为了感受人生，明白人生的意义，怎样活比活本身更重要。""我跟上帝借支笔，撒旦为我铺稿纸，写作人生是我的意义。"

命运的曲折，丝毫没有减弱子尤写作的热情。他用他独有的眼光看待世界，描绘生活。病床上，子尤的《谁的青春有我狂》出版了。此书奠定了他90后作家掌门人的地位。这一年，他16岁。生命之花在这一刻怒放，却也在这一刻凋零。子尤在书中写道："我回想，这16年轰轰烈烈，精精彩彩，了无遗憾，到目前为止很痛快，很精彩，很自由。"

在与著名作家李敖会面时，他曾自信地说："我们是强强对话。"他的生命是如此短暂，他的青春是如此辉煌。

互动交流

1. 在短暂的生命中，吴子尤是怎样让自己的生命如此辉煌灿烂的？请谈一谈你的感受。

2. 生命的旅途不总是鲜花遍地，青春的天空也不总是晴空万里。了解了吴子尤，才了解了青春的灿烂与飞扬。你觉得怎样做才能使自己的青春无怨无悔？

材料二：

我的青春我做主——萧敬腾

从台湾综艺节目"超级星光大道"成名，开始踏上歌唱道路，直至成为金曲歌王，萧敬腾在娱乐圈的发展可谓顺风顺水。在短短的几年里，他迅速成长为新一代唱作艺人的代表人物。有人说萧敬腾的身体里驻扎着一个猛兽，其实，他只是给青春找到了一个支点。

萧敬腾

叛逆少年走出阴霾

萧敬腾出生在台北市万华区，因青春的焦躁无处安放，他成了大人眼中的坏学生。在萧敬腾彷徨无知的时候，台北市少年辅导组织的义工将萧敬腾从悬崖边拉了回来。因为辅导员的一句"为什么不把打架的力气用到音乐上"，他找到了人生的目标。小学六年级时在家里偶然听到邦乔维的专辑《Crush》，更让他有了学习音乐的念头。

15岁的时候，萧敬腾开始学习爵士鼓。虽然曾因为经济窘迫而终止，但是他仍然自学苦练，经常一天超过10个小时。16岁时的萧敬腾已经成了台北知名的爵士鼓鼓手，但是他并不满足，继续学习了钢琴、萨克斯、吉他等乐器，并开始学习声乐，叛逆少年因音乐走出阴霾。

给青春一个支点

为了拥有登台唱歌的机会，他走进每一个有演唱机会的店里毛遂自荐。17岁那年，他开始在西餐厅驻唱，成为全店年纪最小的驻唱歌手。此时萧敬腾仍是学生，只能在放学后背着电子琴和装满歌谱的背包，在台北及桃园、新竹之间骑着摩托车四处赶场奔波直到深夜。一起驻场的同事回忆说："有一次下大雨，看着萧敬腾夜雨中骑车赶往下一个演唱的地方，他真的很坚持。"两年多的驻唱生涯，让萧敬腾积累了丰富的舞台经验。

萧敬腾说，他不喜欢讲苦，在还没有成功、还在努力的时候，不要告诉人家你有多苦，当你成功的时候也不需要你自己来说，他们会知道。在狂妄迷茫的青春岁月里，找到一个适合自己的目标，将其作为青春的支点，不懈努力，我们的青春将开出美丽的花朵，我们也将因此获得新生。

奋斗的青春才精彩

2007年，萧敬腾在参加台湾电视歌唱选秀节目"超级星光大道"时，以富有穿透力和感染力的声音，以及独特的个人风格一战成名。他驻唱的餐厅场场爆满，一位难求。2009年，出道未满两年的萧敬腾在台北小巨蛋举办个人演唱会，成为在小巨蛋开唱的最年轻歌手。2013年，萧敬腾拿下第24届金曲奖国语歌王，成为继王力宏之后第2年轻的金曲奖最佳男歌手。

如果说星光大道给了萧敬腾一个展示自我的平台，那么多年来他在音乐上的不断学习积淀和不懈努力坚持，则是一切的源泉。萧敬腾说："我爱音乐，只要活着我就有做不完的事、做不完的梦想。"

青年朋友们，青春是人生中最美好的阶段。只有不断地奋斗，你才能在人生的长河中一次次地击起耀眼的浪花。因为奋斗，你的青春才会更加精彩！

互动交流

1.萧敬腾的哪些努力让你感动？

2.结合文章内容，联系自己的生活实际，谈谈你的感受。

三、总结升华

吴子尤和萧敬腾的事例告诉我们：青春之于我们是多么重要，拥有青春霸气的人可以化渺小为伟大，化平庸为神奇。在成长的过程中，每个人都会经历痛苦磨难，都要经受各种挑战和考验。我们不能改变世界，但我们可以改变自己；我们不能够改变生命，但我们可以让生命充满青春的活力和光彩。只要我们把握青春，在成长中慢慢总结、积累、反思、感悟，就一定能实现自我的超越。风雨过后，天空中必将出现美丽的彩虹。

四、成长体验

1. 展示自我

（1）"谁的青春有我狂"，我的青春我做主。亲爱的同学们，班会进行到这里，你感悟到你的青春与别人的不同之处了吗？请说出来给大家听听。

（2）你的人生理想是什么？打算怎样实现它？

2. 关注别人

身边哪些人的生命中充满了青春的激情？怎样向他们学习？

五、教师寄语

同学们，青春是灯塔，指引人生前进的方向；青春是明灯，照亮人生前进的路程；青春是寒冬中的炉火，给人以温暖；青春是梦想中的原野，展现人生的希望；青春是优美动听的旋律，给人以无尽的遐想；青春是喷薄而出的朝阳，给人以无穷的力量。

古往今来，每一位成功的人无不让自己的一生充满青春的斗志。人生的任何一次成功，无不是生命充满青春的赞歌。处在人生最美时期的你们，规划好自己的人生了吗？老师真心地希望每一位同学的生活都能丰富多彩，充满激情，都能攀登上生命的高峰。

拓展延伸

少年中国说（节选）

梁启超

今日之责任，不在他人，而全在我少年。少年智则国智，少年富则国富，少年强则国强，少年独立则国独立，少年自由则国自由，少年进步则国进步；少年胜于欧洲则国胜于欧洲，少年雄于地球则国雄于地球。红日初升，其道大光。河出伏流，一泻汪洋。潜龙腾渊，鳞爪飞扬。乳虎啸谷，百兽震惶。鹰隼试翼，风尘吸张。奇花初胎，矞矞皇皇。干将妇硎，有作其芒。天戴其苍，地履其黄。纵有千古，横有八荒。前途似海，来日方长。美哉我少年中国，与天不老！壮哉我中国少年，与国无疆！

--- 名人名言 ---

青春，一旦和它紧紧地握手，就能获得开拓新途径的动力，拥有创造性人生的灵性。
—— 金马

青春活力，可以说是把我们整个身心都舒展开了，同时用生活的乐趣把我们眼前的万物也美化了。
——〔法〕卢梭

少年从不会抱怨自己如花似锦的青春，美丽的年华对他们来说是珍贵的，哪怕它带着各式各样的风暴。
——〔法〕乔治·桑

青春并不是生命中的一段时光，它是心灵上的一种状况。它跟丰润的面颊，殷红的嘴唇，柔滑的膝盖无关。它是一种沉静的意志，想象的能力，感情的活力，它更是生命之泉的新血液。
——〔古罗马〕辛尼加

青春没有亮光，就像一片沃土没长庄稼，或者还长满了荒草。
—— 吴运铎

谁勇敢地经受过青春之火的洗礼，谁就毫不畏惧晚年的严寒冰霜。
——〔英〕兰多

在青春的世界里，沙粒要变成珍珠，石头要化做黄金；青春的魅力，应当叫枯枝长出鲜果，沙漠布满森林；这才是青春的美，青春的快乐，青春的本分。
—— 郭小川

青春是一个普通的名称，它是幸福美好的，但它也充满着艰苦的磨炼。

——〔苏联〕高尔基

青春虚度无所成，白首衔悲补何及。　　　　　——〔唐〕权德兴

谁虚度年华，青春就要褪色，生命就会抛弃他们。　　——〔法〕雨果

青春是美妙的；挥霍青春就是犯罪。　　　　——〔英〕萧伯纳

为世界进文明，为人类造幸福，以青春之我，创建青春之家庭，青春之国家，青春之民族，青春之人类，青春之地球，青春之宇宙，资以乐其无涯之生。

—— 李大钊

青春的光辉，理想的钥匙，生命的意义，乃至人类的生存、发展全包含在这两个字之中，奋斗！只有奋斗，才能治愈过去的创伤；只有奋斗，才是我们民族的希望和光明所在。　　　　　　　　　　　　　　——〔德〕马克思

青春的韵律

第9课

友谊花开沁香来

班会背景

现在，不少中学生在交往协作方面存在一些问题。究其原因，他们大多是独生子女，在家是中心，家人百般呵护，没有与兄弟姐妹共同生活的经验，不能体会共享欢乐的情感，缺乏交往意识，缺乏合作意识。具体表现为：常因小事发生争执，斤斤计较，经常找老师解决矛盾；交往中不懂得尊重他人、宽容他人等。召开本次班会，意在增进学生对友情的感受和体验，使之互助互爱，形成团结互助的集体。

成长路上你我相伴

▌班会目标

1. 使学生感悟到友谊的美好，懂得朋友的真正含义，认识到建立友情的重要性。

2. 教会学生通过良好的人际交往获得真正的友谊，增强同学之间的美好情感，促进学生身心健康发展。

▌实施过程

一、情境导入

欣赏歌曲《让我们荡起双桨》。

让我们荡起双桨

让我们荡起双桨

小船儿推开波浪

海面倒映着美丽的白塔

四周环绕着绿树红墙

小船儿轻轻飘荡在水中

迎面吹来了凉爽的风

红领巾迎着太阳

阳光洒在海面上

水中鱼儿望着我们

悄悄地听我们愉快歌唱

小船儿轻轻飘荡在水中

迎面吹来了凉爽的风

做完了一天的功课

我们来尽情欢乐

我问你亲爱的伙伴

谁给我们安排下幸福的生活

小船儿轻轻飘荡在水中

迎面吹来了凉爽的风

让我们荡起双桨

小船儿推开波浪

海面倒映着美丽的白塔

四周环绕着绿树红墙

小船儿轻轻飘荡在水中

迎面吹来了凉爽的风

二、思维碰撞

材料一：

马克思和恩格斯的友谊

马克思与恩格斯这两位革命巨人之间有着亲密无间的友谊。马克思对恩格斯的才能十分敬佩，说自己总是踏着恩格斯的脚印走；而恩格斯总是认为马克思的才能要超过自己，在他们的共同事业中，马克思是第一提琴手而自己是第二提琴手。《资本论》这部经典著作的写作及出版，就是他们伟大友谊的结晶。

1848年大革命失败后，恩格斯不得不回到曼彻斯特营业所，从事商务活动。这使恩格斯十分懊恼，他曾不止一次地把它称作是"该死的生意经"，并且不止一次地下决心：永远摆脱这些事，去干他喜爱的政治活动和科学研究。然而，当恩格斯想到被迫流亡英国伦敦的马克思一家经常以面包和土豆充饥时，他就抛开弃商念头，咬紧牙关，坚持下去，并取得了成功。这样做，为的是能在物质上帮助马克思，从而使朋友，也使共产主义运动最优秀的思想家得到保存，使《资本论》早日写成并得以出版。

于是，每个月，有时甚至是每个星期，总会有一张张一英镑、两英镑、五英镑或十英镑的汇票从曼彻斯特寄往伦敦。1864年，恩格斯成为曼彻斯特欧门-恩格斯公司的合伙人，开始对马克思大力援助。几年后，他把公司合伙股权卖出以后，每年赠给马克思350英镑。这些钱加起来，大大超过恩格斯的家庭开支。

虽然他们分开了20年，但他们在思想上的共同生活并没有终止。他们每天要通信，谈论政治和科学问题。在一段时间里，马克思把阅读恩格斯的来信看作是最愉快的事情。他常常拿着信自言自语，好像正在和恩格斯交谈似的。

"嗯，不对，反正情况不是这样……"

"在这一点上你对了！"

马克思说着说着竟高兴得流出了眼泪。

在马克思和恩格斯看来，任何人对他们的思想和著作的批评都不及他们彼此交换意见那样意义重大。于是，一有机会，恩格斯便摆脱商务，跑回伦敦。他俩常常见面，不是在这个家里，就是在那个家里。讨论问题时，他们在屋子里，各自沿着一条对角走来走去，一连谈上几个钟头。有时两人一前一后，半晌不吭一声地踱步，直到取得一致的意见为止。

《资本论》于1867年9月14日在德国汉堡出版，这是整个国际工人运动中具有伟大意义的大事，也是两位巨人友谊的结晶。

这种深厚的友谊一直延续到马克思逝世之后。马克思在病重期间，曾告诉女儿爱琳娜说，希望恩格斯能为他尚未出版的《资本论》第二卷和第三卷"做出点什么"来。当然，即使马克思没有提出这样的要求，恩格斯也会去做的。

从1883年马克思逝世之日起，整整十年，恩格斯放下自己的工作，尽力从事《资本论》后两卷手稿的整理、出版，补充了许多材料，重新撰写了一些篇章，使《资本论》后两卷得以问世。

互动交流

请同学们结合以上材料，谈一谈什么是真正的友谊。

材料二：

邓稼先与杨振宁

美籍华裔物理学家、诺贝尔奖获得者杨振宁与我国"两弹一星功勋奖"获得者、核物理学家邓稼先的友谊长达半个世纪，在世界科学界传为美谈。

杨振宁祖籍安徽肥西县，生于1922年，邓稼先是安徽怀宁人，生于1924年，杨振宁比邓稼先大两岁。杨振宁的父亲杨武之从美国留学回国后，在清华大学任教。邓稼先的父亲邓以蛰曾留学日本、美国，归国后先后受聘于北京大学、清华大学，任哲学系教授。邓以蛰和杨武之既是同乡又是同事，两人经历大致相同，志趣相

邓稼先与杨振宁

投，因而交情甚笃，常来常往。他俩的友谊也延续到了孩子们身上。

20世纪中期，邓以蛰将妻子儿女接到北京定居。邓稼先就读于崇德中学，杨振宁也在该校读书，两人成了最要好的同学和朋友。杨振宁的学业成绩在班里名列前茅，邓稼先很崇拜他。杨振宁以大哥的身份关照邓稼先。受杨振宁的影响，邓稼先在物理、数学等课程中的才智也发挥了出来。杨振宁机智灵巧，同学们称他是"机灵鬼"。邓稼先忠厚老实，绰号叫"邓老憨"。下课后，杨振宁与邓稼先几乎形影不离。这两位志趣相投的同乡、校友，自青少年时代便树立起了远大的理想：将来事业有成，一定报效祖国！

抗日战争爆发后，杨武之一家随校远赴西南大后方。1940年，不愿当日寇"顺民"的邓稼先和大姐一起从天津绕道上海、香港，经过长途跋涉，历经千辛万苦，抵达云南昆明。大姐将邓稼先送到四川江津投奔四叔。次年夏，邓稼先考取国立西南联合大学，攻读物理专业。此时杨振宁已是西南联大三年级学生了。在该校，两人又可以经常在一起切磋学业、交流心得了。邓稼先在数学、物理等方面得到了杨振宁的具体指导，邓稼先对其姐说："振宁兄是我的课外老师。"

1945年8月，抗日战争胜利。不久，杨振宁考入美国芝加哥大学物理系，攻读博士学位。1946年初秋，22岁的邓稼先毕业后，被北京大学物理系聘为助教。次年，邓稼先考取留美研究生。行前，他征求在美国就读的杨振宁的意见，问到哪所大学就读较为合适。杨振宁回信，建议他到普渡大学去，因普渡大学收费低廉而且理工科水平很高。他在信中还说："此校离芝加哥很近，我们两人可以经常见面。"后来，杨振宁还帮助邓稼先申请到了普渡大学博士研究生的入学许可。1948年10月，邓稼先与杨振宁的弟弟杨振平结伴，从上海乘船前往美国。邓稼先顺利地进入美国印第安纳州的普渡大学研究院，就读于物理系。

1950年8月，邓稼先获得了博士学位。那一年他只有26岁，被人们称为"娃娃博士"。1950年8月29日，邓稼先与留学美国的100多名学者一起，历尽艰辛，奔向新中国的怀抱。从此，邓稼先便和在美国的杨振宁天各一方，长时间失去了联系。

1958年秋，二机部负责人、著名核物理学家钱三强找到邓稼先，让他秘密参加中国第一颗原子弹的研制工作。邓稼先从此与世隔绝，全心投入到原子弹研究工作中来。1964年10月16日，中国第一颗原子弹试验成功。1967年6月17日，中国第一颗氢弹又在罗布泊上空爆响。邓稼先也因此被称为"两弹元勋"。

1971年夏，阔别22年后，杨振宁与邓稼先在北京相见了。这是杨振宁自1945年公费留学美国后首次回国访问。彼时他离开祖国已经26年了。

刚下飞机，在贵宾室稍事休息，外事接待人员便请杨振宁开列了他要见的朋友名单。在北京，他要见的第一个人便是邓稼先！

当时正值"文革"中期，政治运动搞得黑白颠倒，人人自危。即便是邓稼先这样执行秘密而重大使命的科学家也未能幸免。曾经被作为保护对象研制核武器的功臣邓稼先和尖端机密研究院的一些科学家及研究人员，包括后来获得"两弹一星功勋奖"的几位科学家，都被集中到西北某地办"学习班"。

此时，杨振宁要见邓稼先，几乎无人知道他在哪里。

周总理亲自出面，命国防科研部门找。通过多种途径，国防科研部门找到了正在西北"学习"的邓稼先，并向他下指令：火速返京！这无疑是救邓稼先于千钧一发之际。杨振宁没有想到，此时他的出现无意中也是无形中保护了邓稼先，当然也等于帮助和保护了中国的"两弹"事业。

邓稼先和杨振宁相见，是邓稼先自1950年在美国与杨振宁分别后，他俩的第一次相见。期间，杨振宁问邓稼先是不是由美国科学家帮助中国研究原子弹。邓稼先当时请示了周恩来，是否如实相告，该怎么说。周恩来让邓稼先如实告知杨振宁。于是，杨振宁在结束访华的告别晚宴上，收到了一封邓稼先的亲笔信。当看到邓稼先掷地有声的话语化为文字——"无论是原子弹，还是氢弹，都是中国人自己研制的"，杨振宁当即离开席位躲到一旁，流下了热泪。

从1964年到1986年，22年间邓稼先一共参与了32次核试验，邓稼先亲自去罗布泊指挥工作队参与试验就有15次。邓稼先一心扑在核试验研究上，他与妻子许鹿希结婚33年，在一起的时间只有6年。

因工作需要，邓稼先主动身临一线，但强烈的射线严重损害了他的身体。1985年7月，邓稼先被确诊为直肠癌，但邓稼先并不后悔。早在接到任务之初，他就对夫人许鹿希说："做好了这件事情（核试验），我这一生就过得很有价值，就是为它死也值得！"

邓稼先身患重病住院治疗后，1986年五六月间，杨振宁曾先后两次回国，去医院探望邓稼先。邓稼先见到老朋友很高兴，连病痛都忘了。两人有说有笑，谈了许多话，后来还在病房的走廊上合了影。但照片上，邓稼先的右嘴角下有一块血迹。他那时已病入膏肓，口、鼻不断出血。但是，他的笑容那样地真实、幸福。邓稼先对杨振宁说："我虽然受核辐射而得了癌症，但我无怨无悔，因为我们成功地实现了核爆炸，使国家更加强大了！"杨振宁返回美国后，想办法搞到当时尚未上市的治癌症的新药，请韩叙大使通过信使迅速送往北京。

1986年7月29日，邓稼先，这颗科学巨星陨落了。听到噩耗，杨振宁立即从国外发来唁电："稼先去世的消息，使我想起了他和我半个世纪的友情，我将永远珍惜这些记忆。"杨振宁教授在写给邓稼先夫人许鹿希的信中说："稼先为人忠诚纯正，是我最敬爱的挚友。他的无私精神与巨大贡献是你的，也是我的永恒的骄傲……"

1987年10月23日，杨振宁飞越万里，赶赴北京，为邓稼先扫墓。扫墓仪式结束后，邓稼先的夫人许鹿希捧着一只蓝色盒子，双手交给杨振宁。盒面上的文字写着"振宁、致礼存念"六个字，落款则是"稼先嘱咐，鹿希赠"。

杨振宁的目光在"稼先嘱咐"四个字上停留了。他看着许鹿希将盒盖打开，里面整齐地放着他们的家乡安徽出产的石制笔筒、笔架、墨盒、笔盂、镇尺和长方形石印。这是邓稼先最后的嘱意，将这套坚固且光洁如墨玉的文房四宝留送杨振宁，以表两人长达半个世纪的友谊永世长存。

互动交流

材料中哪件事给你印象最深？你觉得邓稼先先生是一个怎样的人？

材料三：

友情的世界里有阳光

那晚悦悦一直在哭，她回忆着自己和霏霏往日的交情，一直哭到天亮。

回想以前，她俩是多好的朋友啊，两个人每天手拉手走出走进，引来同学们的羡慕与嫉妒。悦悦每天疯疯癫癫跑进教室，课桌上总会有下节课所需要的书本，是谁在帮她呢？想你也知道。

两个人常常闹着玩，把没有吃完的雪糕塞进矿泉水瓶，做成彩色的水喝，乐得一塌糊涂。每次考试前，悦悦和霏霏都把复习资料换过来背诵，相互监督。两个人嘻嘻哈哈地度过了很多美好的时光。悦悦每周五都会去宿舍找霏霏玩，说是去玩，实则是放心不下霏霏，怕她受别人欺负，自己心里不好受。回忆着这一切，躺在床上的悦悦早已是泪湿衣襟，泣不成声。她叹了一口气，幸好此时爸爸妈妈都回家来陪她了。伤心的悦悦忍不住继续哭，一切的一切都是在那时发生变化的……

那一次，全班同学投票选举班委会成员，悦悦得票最多，可内向的悦悦并不开心，因为她知道，那是个得罪人的苦差事。不过为了不辜负老师和同学们的期望，她在心里告诉自己，不如先试试吧。就这样，她接受了这份工作。

月考结束后，悦悦汇总全班同学的成绩，悦悦比乐乐高5分，排第一名，乐乐排第二名。可是在这之后，悦悦觉得很奇怪，自己好像被别人孤立起来了，平时很受欢迎的她，如今被多数同学疏远，甚至连霏霏都不再搭理自己。悦悦很孤独也很伤心，直到有一次晚自习的时候，同桌告诉她，大家觉得悦悦当了班委会成员后，矜持高傲，排名次弄虚作假，上次月考排第二名的乐乐联合大家一起疏远她。听完这些，悦悦落泪了。这眼泪不仅包含了被人误解的委屈，更包含着失望，因为悦悦怎么也想不到，连自己最好的朋友霏霏也会相信谣言而疏远自己。自从爸爸去外地工作之后，好姐妹霏霏就是她最大的安慰，可霏霏竟然误会自己，她觉得好孤独……那天以后，悦悦上课总是发呆，她的成绩直线下滑，而且，人也变得郁郁寡欢……

在经历了一个学期的消沉和整个暑假的挣扎之后，悦悦终于决定抛弃所有的烦恼，改变当下的局面。她刻苦勤奋、一丝不苟地学习，同时也暗暗告诉自己，不能放弃和霏霏的友谊，要挽救这份珍贵的友情。为了了解霏霏的学习情况，悦悦重新接近霏霏，她常常帮霏霏检查作业，还找机会和她一起背诵课文。看着霏霏的学习有所进步，悦悦内心感到欣慰和满足。对于悦悦的付出，霏霏看在眼里，感动在心上。一次放学后，内疚的霏霏终于鼓足勇气向悦悦道歉，她说她错了，并请求悦悦原谅，愿意和悦悦做最好的朋友。悦悦终于欣慰地笑了。

接下来的时间过得真快，两人还是互帮互助，携手共进。悦悦在周记上写下了

"我们永远是好朋友"的字句，而霏霏同样开心地说："我们俩是最好的姐妹。"

青春的岁月里，谁能一路坦途地大步前行呢？一份友谊，在经历了磕磕绊绊之后，也许才更加珍贵。曾经的她们还小，都以为自己会安然长大，以为友谊永远美好。现在她们明白了，青春的路上会犯错误，友情的世界里会有乌云，但只要心中有阳光，就什么也不怕。

互动交流

一份友谊，在经历了磕磕绊绊之后，也许才更加珍贵。在你与朋友的交往中有没有类似的事情？你是怎么处理的？结果怎样？你从中悟出了哪些道理？

三、总结升华

同学们，当你遇到困难的时候需要朋友的帮助，当你苦恼的时候需要朋友的安慰，当你孤独的时候需要朋友的陪伴，当你快乐的时候需要与朋友一起分享。友谊如一缕春风滋润我们的心田，朋友的一个眼神、一声问候、一个微笑能融化凝结在心头的冰，给我们以信心和力量。人生如果没有得到真正的友谊，那该是多么遗憾。然而，友谊需要我们用心去维护。连接友谊的桥梁是心灵，真正的朋友不是一天到晚陪在你身边，而是在你最需要的时候出现并施以援手，有福同享有难同当，真正的友情需要的是真诚和信任。

四、成长体验

1.再现生活情境

情境一：丢了饭卡，同学帮你找到，你紧紧握住同学的手表示感谢。

情境二：你病了，呕吐不止，同学问候你并帮助清理秽物。

情境三：因没完成作业，你争分夺秒补写作业，同学帮你打饭。

情境四：你上课没听懂，同桌耐心给你讲解。

请结合以上情境，谈谈如何获得友情。

2.吐露心声，交流真诚

朋友之间最需要的莫过于真诚、坦率，对朋友的缺点要毫无保留地提出，而另一方要坦然接受，勇于改正，这才是真正的友谊。只要你肯捧出一颗真诚的心，敞开你的心接受友谊，就会收获友谊的快乐。大家平时和朋友的相处中也难免发生隔阂，有时甚至无法当面讲清楚，今天老师就为大家创造一个倾诉的机会，请大家把想要说的话写下来，并大方地读出来。

3.欣赏歌曲《让世界充满爱》。

轻轻地捧着你的脸 / 为你把眼泪擦干 / 这颗心永远属于你 / 告诉我不再孤单 / 深深地凝望你的眼 / 不需要更多的语言 / 紧紧地握住你的手 / 这温暖依旧未改变 / 我们同欢乐 / 我们同忍受 / 我们怀着同样的期待 / 我们共风雨 / 我们共追求 / 我们珍存同一样的爱 / 无论你我可曾相识 / 无论在眼前在天边 / 真心地为你祝愿 / 祝愿你幸福平安。

五、教师寄语

"轻轻地捧着你的脸，为你把眼泪擦干。这颗心永远属于你，告诉我不再孤单"，多么好听的旋律，多么叩人心扉的歌词。同学们，岁月在弹指间不经意溜走，而我们却始终在一起，我们在同一个屋檐下，共同生活学习，我们同风雨，我们共欢乐。想想走过的日子，我们携手相伴，这美好难道不值得我们永远回忆吗？同学们，让我们手拉手，肩并肩，建立起美好而纯洁的友谊，愿友谊之花怒放在我们生命中。

拓展延伸

快乐游戏，感悟朋友的意义

游戏内容：蒙眼涂色

游戏目的：考验双方的配合与默契。

游戏规则：分组进行比赛，每组两名同学，选择自己的好友参加。由一名蒙住眼睛的同学操作涂色，另一名在旁指点。老师发出号令后开始，在两分钟内结束，规定时间内完成效果最佳者胜出。

1. 做游戏。

2. 老师密切关注各组成员在游戏中的语言、态度与表现。

3. 交流研讨：

① 刚才你俩在游戏中完成得非常出色，能谈谈你们当时是如何想的吗？

② 如果没有好友的帮助，完成任务的结果会如何？

③ 通过游戏你对友谊有了怎样的理解和感悟？

小结：和朋友默契配合才能获得成功。一个真正的好朋友能使你少走弯路，是学习事业上的好帮手。

怎样结交朋友

人是社会中人，人与人之间总要有千丝万缕的联系，要想生活愉快就应当广交朋友，否则会孤独寂寞，一人独处，就无任何幸福可言。

朋友有各种类型，但是交朋友的原则是一致的。要想广交朋友，增进友谊，就应当做到以下"六无"：

一是无私。人们交朋友的目的似乎都是为了"多个朋友多条路"，能得到某些好处，以这样的目的去交朋友是不会有好结果的。真正交朋友应当是无私无欲的，能够为对方着想，不图个人的一己私利。交朋友收获的是共同快乐，绝不是一己的满足，宁可助人为乐，也不能把自己的快乐建立在朋友的痛苦上。

二是无假。交朋友必须以诚相待，绝不可虚情假意。虽然防人之心不可无，但是和朋友相处不能处处设防，否则友谊是不会长久的。也许对方有弄虚作假的地方，需要识别和分辨，但是自己不该说假话、大话、空话、官话和套话，而该说真话。不能说的可以不说，但是说出来的都应当是真话。偶尔说出善意的谎言，那也是有条件的，不能欺骗朋友。

三是无悔。尽管人和人大不一样，朋友也有各种区别，但是既然是朋友就该无怨无悔，不能过多地挑剔对方，要能够多多理解、多多包容，和朋友有不同意见或发生摩擦，要多从自身查找原因，不必怪罪于朋友。

"四海皆兄弟，五洲有朋友"；亲戚有远近，朋友有厚薄。即使朋友做了对不起自己的事，也不要埋怨他，不必悔恨交加，更不能化友为敌。相知相交是缘分，相离相别是有缘无分而已。虽然曾经的朋友后来或许杳无音讯，不再是亲密接触的朋友了，但也绝不是陌路人。

四是无价。交朋友究竟有多少价值，那是无法用金钱来衡量的，所以"君子之交淡如水"，酒肉兄弟不可交。朋友无价，那是纯洁的友谊；朋友无价，那是心灵的共鸣。朋友之间互相平等没有贵贱尊卑之分，朋友之间互相帮助是不求回报的真心付出。

五是无疑。俗话说："疑人不用，用人不疑。"同理，疑人不交，交人不疑。因为怀疑别人就是怀疑自己，不相信别人就是缺乏自信。只要自己坦坦荡荡，就没有必要怀疑朋友，否则疑心生暗鬼，任何朋友都是无法相处下去的。

六是无止。是朋友就应当天长地久，不该现用现交，更不是一锤子买卖。

人生短暂，友谊长在。愿人与人之间都充满和谐友好，充满快乐幸福！

青春做伴好读书

第 **10** 课

十四岁——人生新起点

| 班会背景 |

十四岁，美好的岁月，飞扬的青春，正是人生观、世界观、价值观形成的关键时期。身体的成长，知识的积累，人格的自立，心理的成熟，让每一个花样的日子都变得越来越不同寻常。在这个人生理想及信念形成的关键时刻，非常有必要帮助学生回顾成长的点点滴滴，告诫他们要把握今天的黄金时光，努力学习，以创造美好的明天。

| 班会目标 |

1. 让学生充分认识到十四岁作为人生新起点的重要意义，引导他们树立正确的世界观、人生观和价值观。

2. 让学生好好把握青春年华，树立远大理想，并为之努力奋斗。

| 实施过程 |

一、情境导入

引导学生集体诵读梁启超《少年中国说》（节选），顺势导入班会主题。

今日之责任，不在他人，而全在我少年。少年智则国智，少年富则国富，少年强则国强，少年独立则国独立，少年自由则国自由，少年进步则国进步；少年胜于欧洲则国胜于欧洲，少年雄于地球则国雄于地球。红日初升，其道大光。河出伏流，一泻汪洋。潜龙腾渊，鳞爪飞扬。乳虎啸谷，百兽震惶。鹰隼试翼，风尘吸张。奇花初胎，矞矞皇皇。干将发硎，有作其芒。天戴其苍，地履其黄。纵有千古，横有八荒。前途似海，来日方长。美哉我少年中国，与天不老！壮哉我中国少年，与国无疆！

同学们，十四岁是美好的，是充满梦想的。十四岁是幸福的，是风采飞扬的。十四岁，多么亮丽的时光！十四岁，迈向青春第一步！十四岁，是人生新起点！

二、思维碰撞

材料一：

十四岁时遭巨变，淬炼领袖大格局

十四岁那年，经历家道中落、漂流异乡、少年失学、父亲过世等打击，骤变的人生淬炼出李嘉诚坚强、自律的领袖特质。

李嘉诚只有小学学历，但对于"知识可以改变命运"深信不疑，他的财富因此而来，他的人生因此而不同。他是一个知识主义者。

他自律惊人，除了《三国志》与《水浒传》，不看小说，不看"没有用"的书。没有学历、人脉、资金，想出人头地，自学是他唯一的武器。"没有上学对他来说是正面的，因为'不足感'缠绕在心里，他害怕自己不足，所以学习能力特别强。"友人这样评论李嘉诚。

李嘉诚

命运剥夺他的，他要靠自己抢回来。李嘉诚回忆道："十四岁那年，我们一家生活在战乱、父亲病故、贫穷三重合奏的悲歌中。抬头白云悠悠，前景一片黯愁，仰啸问天，人情茫如风影，四方没有回应。我唯一的信念是——建立更好的自己，才能建立更好的未来。"

少年的他，只要看到行人就想超越，养成后来走路比人快的习惯，"这是我好胜习惯使然。"他坦言。其后数年，他艰苦自学，虽然表面看起来，他是瘦削、安

静、孤独、不与人同餐也不与人同游的古怪少年，但他观察别人，心里知道，自己一天比一天进步，知识已经超越同龄者，这也让他内心隐隐感到骄傲。

在2013年三月《富比世》富豪排行前两百名的十二位华人富豪中，论学历、创业资源，就属李嘉诚最惨，但李嘉诚登上华人首富，证明学历高低与成就并无绝对关系。当我们问他是否同意"学历无用"时，他立刻回答："不！不！这是非常艰难的，事倍却功半。但是，我学到的东西，终身不忘。"

六十年后的今天，他仍自学不辍，回家仍必做两项功课：一项是晚饭后，看电视学英文，一项是就寝前的阅读。"非专业书籍，我抓重点看；如果跟我公司的专业有关，就算再难看，我也会把它看完。"

互动交流

李嘉诚人生辉煌，转折点却在十四岁。如换做你，能坚强面对李嘉诚十四岁时的人生遭遇吗？你觉得李嘉诚的成功之道有哪些？请将自己的感悟写一写。

材料二：

十四岁发表文章的小排字工——富兰克林（视频）

互动交流

十四岁的富兰克林有哪些值得赞扬的优秀品质？这与他日后成为美国国家领导人有必然关系吗？

材料三：

好少年，彰显担当与责任

无忧无虑本应是13岁少年的特质，而命运却没有给内蒙古包头市的赵文龙这样的机会。没有父亲的相伴，他每天扫地，做饭，照顾患有脊椎裂和尿毒症的妈妈。面对生活的艰难，他从不抱怨。他说他是个顶天立地的男子汉，要让妈妈的身体一天比一天好。

2015年9月14日，一个少年在地铁车厢内主动蹲下来为陌生人收拾地上呕吐物的照片在微博中被热转，很多网友为少年的行为所感动。

2016年夏天，在三门峡市第一高级中学，18岁的李鸿坤和坐在轮椅上的刘同宇被大学录取。李鸿坤被武汉体育学院体育教育专业录取，而身残志坚的刘同宇则被洛阳师范学院录取。刘同宇11岁时被确诊为进行性肌营养不良症，"好同桌"李鸿坤坚持7年背着"小伙伴"刘同宇上学。

互动交流

"只要人人献出一点爱，世界就会变成美好的人间。"我们应像材料中的好少年那样，用自己的担当与责任换取现实生活的美好。

对社会对家庭对自己，都要明确责任，敢于担当。你和你身边的同学、朋友有没有像好少年一样承担起自己应负的责任呢？

三、总结升华

有志不在年高，无志妄长百岁。每一个成功人士的背后，都有一个个废寝忘食、含辛茹苦的日子，都有一串串坚实而有力的脚印。不畏艰险勇于攀登的人才能看见绝美的风光，滴着血的手指才能弹出世间的绝唱。十三岁的周恩来喊出了"为中华之崛起而读书"的豪言壮语；十四岁的诸葛亮远离家乡，开始了人生新的苦旅。好多历史名人在年轻的时候就已经懂得了责任、自信。我们也应该明白：青春，不只意味着绿草如茵、鲜花掌声、音乐咖啡；她是老牛对千里黄土一滴一滴洒尽汗水默默无闻的奉献，她是渔民对茫茫大海一次次搏击风浪义无反顾的探寻，她是运动员们在赛场上对更高更快更强的奥林匹克精神的自我超越。相信我们每个人也能在十四岁这个新起点上，找到自己的人生航向。

四、成长体验

1. 见证成长（课前准备几组照片）

一声响亮的啼哭，迎来了一个美丽的天使。在父母的呵护中，我们一天天茁壮成长，在不知不觉中步入一个多梦的时节。下面，让我们一起来欣赏一些同学小时候的照片，让我们伴随这些美好的回忆，重温那无忧无虑的童年。

照片里一张张甜美幸福的笑脸让我们的心中充满了温情。我们的一切欢乐、幸福乃至生命都是父母给予的，他们为我们付出的实在太多太多。我相信，在十四年成长的历程中，父母一定做过很多让你感动落泪的事。下面就请同学们交流一下你们的亲身经历和感受。

2. 朗诵诗歌

十四岁的天空

合：操场上的红旗展开笑脸，仿佛要低头轻抚身边飞扬的秀发。

男：我们的速度谁与争锋？

女：我们的歌声让水波荡漾！

合：十四岁的他有时遇到艰险，

男：总会对自己说："你已经是一个男子汉，这点儿伤不算什么！"然后又天真地做着自己的英雄梦。

合：十四岁的天空无比地透明，

女：就像是一块巨大的蓝水晶，又像是十四岁的夏草的眼睛，

合：没有杂质，没有瑕疵，透过纯洁，透过清澈，

合：看见的是十四岁的心，是一片净土。

男：一只雄鹰从空中飞过，

合：它带着十四岁的梦飞向远方。

女：十四岁的天空即将消失，

合：就让我们用笔把它绘在火红的枫叶上，

合：夹入看过的小说内，永久保存。

3.畅想未来

青春无价，似水年华，让我们与青春同行，追寻阳光树立理想。觅一次人生的真谛，圆一个年轻的梦想。就让我们不负父母的养育，不负青春的智慧，说出自己的梦想，畅想自己的未来吧！

五、教师寄语

十四岁的我们，渐渐读懂了父母对我们的爱、老师对我们的期望，也渐渐懂得了用同样的爱去回报他们。许多事情都在我们这个年龄变得特别，我们开始学会用自己独特的眼光去品味生活中的点点滴滴。青春是海，博大美好，充满神奇的魅力，吸引我们扬帆远航；青春是海，惊涛骇浪，浅滩暗礁，随时威胁我们每一叶人生之舟。我衷心希望同学们都能认识到青春的宝贵，走出青春的困惑，飞扬青春的理想，展望美好未来。青春将永远属于你们，祖国的未来将属于你们！

拓展延伸

诫子书
诸葛亮

夫君子之行，静以修身，俭以养德。非淡泊无以明志，非宁静无以致远。夫学须静也，才须学也。非学无以广才，非志无以成学。淫慢则不能励精，险躁则不能冶性。年与时驰，意与日去，遂成枯落，多不接世，悲守穷庐，将复何及！

【译文】

君子的行为操守，靠静来修身，靠俭来养德。不抛开功名利禄就不能表明自己崇高的志向，不做到安静就不能高瞻远瞩。学习必须安静，才能来源于学习。不学习无法扩展才能，没有志向就不能在学习上有所成就。放纵懒散就不能振奋精神，急躁冒进就不能陶冶性情。年华和时光一同逝去了，意志和时间一同消失了，像枯枝败叶一样凋落，对社会没有任何贡献，晚年守着破房子痛惜过去，还怎么能来得及呢？

华罗庚巧解《孙子算经》

著名数学家华罗庚在学习中既肯下苦功，又善动脑筋。他十四岁的时候，数学老师王维克在课堂上给同学们出了这样一道题："今有物不知其数，三三数之剩二，五五数之剩三，七七数之剩二，问：物几何？"此题出自古代的《孙子算经》，意思是说：有一种东西，不知道数量，如果三个三个地去数它，最后剩二，五个五个地去数它，最后剩三，七个七个地去数它，最后剩二，问这种东西共有多少。

王老师刚把题读完，华罗庚的答案就脱口而出："二十三！"

"你看过《孙子算经》？"王老师惊诧地问。

华罗庚回答说："我不知道《孙子算经》这本书，更没有看过。"

"那你是怎么算出来的？"王老师又问。

华罗庚有板有眼地答道："我是这样想的，三个三个地数，余二，七个七个地数，余二，余数都是二，那么，总数就可能是三乘七加二，等于二十三，二十三用五去除，余数又正好是三，所以，二十三就是所求的数。"

"啊——"王老师简直惊呆了，"算得巧，算得巧！"

高士其不认识同桌

著名科学家高士其上小学的时候，是个守纪律、懂礼貌的好学生。同学们都爱和他在一起。可是有一天，他的同桌突然嘟着嘴，气呼呼地冲着高士其说："你到底认识我吗？"高士其莫名其妙地回答："咱俩是好朋友，我怎么会不认识你呢？""那你刚才上课的时候，为啥不理睬我呢？"高士其一听，笑了起来。原来，刚才上课的时候，他的同桌悄悄从作业本上撕下一张纸叠起青蛙来。叠了一阵子，他觉得一个人玩不带劲，就凑到高士其的耳朵边，轻轻地说："我们来玩斗青蛙吧！"高士其由于正专心听课，没有听见同桌的话。这位调皮的小同桌有些生气了，使劲拉了拉高士其的衣服。高士其这才歪过头来，并从同桌的手势上明白了他的意思。然而，他一点也没动心，狠狠地白了同桌一眼，又继续专心听课了。高士其没有想到，因为这件小事，竟得罪了要好的朋友。他诚恳地对同桌说："下课的时候，咱俩一起玩，是好朋友。可是上课的时候，我就不认识你了。"

第 **11** 课

人生是一张单程票

当今社会，由于竞争激烈，生活节奏加快，以及社会、家庭、自身的种种因素，加之心理承受能力，自我调控意识、方式、方法的不同，在学生中出现了一些不良现象：有的郁闷烦躁，有的情绪不稳，有的厌学逃学，有的孤独封闭，有的看待问题思路偏激，有的早恋暗恋不能自拔，有的沉溺于虚幻的网络等。这些现象必须引起关注，及时加以疏导。

卧龙美景

班会目标

1. 让学生懂得珍惜生命，努力使自己的人生丰富多彩。

2. 加强生命意义的教育，感染学生，使学生努力奋斗，健康成长。

实施过程

一、情境导入

欣赏歌曲《单程车票》（伍佰），顺势导入班会主题。

单程车票

朋友　为何悲伤

那阳光早已经洒落身上

前方的道路天气晴朗

浓雾啊　也已经烟消云散

可是你时常还是低头向下望

望向那空气里的一点茫然　我知道你怎么想

你说做个轰轰烈烈的事不是不能够

但是你就会离开父母家人还有你的老朋友

你说人生匆匆你也知道不要想太多

可是那距离越来越远夜深时候空虚不好受

人生是一张单程的车票

只需珍惜现在拥有的

它会一直往前跑

朋友　不要悲伤

那阳光燃烧着无穷希望

你说做个轰轰烈烈的事不是不能够

但是你就会离开父母家人还有你的老朋友

你说人生匆匆你也知道不要想太多

可是那距离越来越远夜深时候空虚不好受

人生是一张单程的车票

只需珍惜现在拥有的

它会一直往前跑

就像花开又谢雨水又来没有人停留

失去那花瓣枯萎干燥河流世界变得好不同

那张人生旅程单程车票人人都拥有

何不放胆地唱尽情地走还在等什么

朋友　尽情歌唱

那阳光早已经洒落身上

二、思维碰撞

（一）阅读思考

人生是一张单程车票

毕淑敏

最想放弃的时候，更要坚持

关于"遗憾"，我查过字典，字典里有各式各样的解释。我最喜欢的一个解释就是：我们能够去满足的心愿，却没有去完成，我们深感惋惜。

我年轻的时候，真的有一件万分遗憾的事情。

我记得大概在1971年，我们要去野营拉练，时间正好是寒冬腊月。我们要背着行李包，要背着红十字箱，要背上手枪，要背上手榴弹，还有几天的干粮，一共是60斤重。高原之上，寒冬腊月，滴水成冰，当时的温度大概是零下40摄氏度。

有一天凌晨3点钟，起床号就吹起了，上级要求我们今天要翻越无人区。无人区一共有120华里的路，中间不可以有任何的停留，要一鼓作气地走过去。因为那里条件特别恶劣，而且没有水，走啊走啊，在下午两三点的时候，我觉得十字背包的包带已经全部嵌到我的锁骨里面去了，勒得一句话都说不出来。喉头发咸发苦，我想我要吐一口的话，肯定是血。

我在想：这样的苦难何时才能结束呢？为什么我所有的神经末梢，都用来忍受这种非人的痛苦？当时我就做了一个决定：我今天一定要自杀，我不活了，这样的苦难我已经无法忍受。

做了这样的决定以后，我就开始寻找合适的机会。找啊找啊，终于找到了一个特别适合的地方。那地方往上看是峭壁高耸，往下看则是深不见底的悬崖。我想，我只要一松手掉下去，一定会死。但是在最后一刹那，我突然发现我后面的那个战友，他离得我太近了，我如果掉下去的话，我一定会把他也带下去的。我已经决定要死了，可是我不应该拖累了别人。

队伍在行进中，这样的机会是稍纵即逝的，之后地势又变得比较平坦，我再想找这么一个自杀的地方，就不容易了。这样走着走着，天就黑了，我们也走到了目的地。

120里路就这样走过去了，背上那60斤的负重一两都不少地被我背到了目的地。当时我站在雪原之上，把自己的全身都摸了一遍——每一个指关节，自己的膝盖，包括我的双脚，我确信在经历了这样的苦难之后，我的身体上连一根头发都没有少。

那一天给了我一个特别深刻的教育：当我们常常以为自己顶不住了的时候，其实这并不是最后的时刻，而是我们的精神崩溃了；只要你坚持精神的重振，坚持精神的出发，即使是万劫不复的时刻，也可以挺过去。

人生是一张单程车票

在我们的生活当中，会有各式各样的苦难。有时候一些家长会问我：您能告诉我一个方法，让我的孩子少受苦难吗？我说，我能告诉你的唯一可以确定的事情是，你的孩子必然会遭受苦难。

年轻的时候，我们的神经是那么敏感，我们的记忆是那么清晰，我们的感情是那么充沛，我们的每一道伤口都会流出热血。所以尽管有很多人告诉你们，年轻是一个人最美好的时代，我也想告诉你，年轻也是我们最痛苦的时候，我们会留下很多很多的遗憾，而最大的遗憾，就是断然结束自己的生命。我想这是对生命的大不敬。

以我个人的经历来讲，那一天我没有结束自己的生命，我坚持下来了，我才发现，原来最不可战胜的，并不是我们的遭遇，而是我们内心的脆弱。

日本有一位医生，他的工作是去照顾那些临终的病人。他和大约1000名临终病人交谈过，后来他总结出了25条人生的遗憾，其中包括：没有吃到美食，没有回过自己的故乡，自己的孩子没有结婚，等等。我和这位医生也深有同感，因为我曾经去过临终关怀医院，也陪伴过那些临终的人，跟他们有过很多倾心的交谈。

我曾经到过一间病房，那里面住着一位80岁的老人，连他的儿女们都不再陪伴在他的身边了。他的儿女们都在外面说，他们不忍心看到那最后一刻。我说我愿意进去陪伴他。

我走进那个房间，深深地吸了一口气，我觉得在那些空气里，有很多临终病人最后吐出的气息。我躺在那位老人的身边，摸着他的手，那老人轻轻地跟我说了一句话："我觉得我这一辈子，怎么好像没活过啊？"

我讲这个故事是想说，我们每一个人的生命，都是一张单程车票，我们每一个人都没有拿到回来的那张票，所以生命从我们出生那天开始，它就像箭一样射向远方，我们能够把握在自己手里的，就是此时此刻这无比宝贵的生命。

一个年轻的朋友给我写了一封邮件，他说我读过你的好多作品，给我印象最深的是这样一句话：我们都要思考死亡，一个人20岁的时候就想这件事情，和40岁的时候才想，是不一样的，等到了60岁那真的是你不想也得想，因为死亡就在不远处等着我们了。

我们能有如此宝贵的生命，我们能够掌握当下，那我们就不要给人生留下遗憾，因为人生不像我们想的那样漫长。

很多人说我确实有很多想法，可是我现在没有力量，只能把它存在那里，以后再去实现它。但我想说的是，如果你有一个理想，请立即用全副身心去实践它。把理想搁在那里，就如同把它当作一张画贴在墙上，常常去看，却没有行动，那么你的理想终有一天会变成画室，它看起来还在，但是再也没有青春的生命了，它再也不能够抽枝发芽，长成参天的大树了。

如果你有愿望，即刻去完成它吧

我一直有一个愿望，去非洲。如果我不抓紧去实现它的话，我会越来越老，身体也会慢慢出现更多的问题：眼睛不再那样明亮，看不了非洲的动物；也许我的思维也不再敏捷，对于那样灿烂的文化和悠远的历史，我理解起来、记忆起来，可能就会有困难；我还要翻山越岭，万一自己跑不动，被狮子追上了，是不是也有点危险……

我是学医的，对人我是特别有兴趣。我知道我们的心脏是什么样的，肝脏是什么样的……知道这些，人体在我眼中就不那么神秘了。但是在人体之内，除了这些结构，还居住着我们的精神、我们的灵魂。人的心理结构又是怎样的呢？我特别渴望去了解，这也是我的一个愿望，所以在我45岁的时候，我去了北京师范大学心理学院去学习心理学。

所以如果你也有愿望，如果你真的还有力量去实现它，我觉得一定要即刻就出发，去完成自己的愿望，让自己的人生少一些遗憾。人生是一个漫长的过程，完全不留遗憾，我觉得做不到。只是我们永远不要去做那些违背了美德的事情，那些违背了我们所挚爱的价值观的事情。

让我们的内心充满更多的光明和力量，让我们在能够满足自己理想的时候，努力去做，让我们的人生少留遗憾。人生是一个漫长的过程，年轻多么好，但是请你们记得：有很多的东西，当你不懂的时候，你还年轻；当你懂得了以后，你已年老。

请让我们的理想不要变成化石，让我们现在就行动起来，去实践我们的理想，让我们的人生少留遗憾！

互动交流

品读毕淑敏的《人生是一张单程车票》，你有怎样的感想？

（二）相声赏析

组织观看姜昆和李文华的相声《时间与青春》（视频）。

互动交流

从这段相声中，你领悟到了什么？

（三）心灵驿站

人生是一张单程票，一辈子不能白活

"人的一生应当这样度过：当回首往事时，不因虚度年华而悔恨，也不因碌碌无为而羞愧……"20世纪80年代初，读到当时最流行的苏联小说《钢铁是怎样炼成的》，十八九岁的华中科大电信系学生黄立内心翻腾。

穿越30年时空，小说情节逐渐模糊，"切勿虚度年华"的格言却始终清晰。翩翩少年已成著名企业家，他创立的高德红外市值过百亿，红外成像产品广泛应用于

卫星、飞机、导弹，他也以100亿个人资产成为胡润财富榜湖北省首富。

不久前，黄立再度翻开当年的这本枕边书，在新的时代和个人成就之下重读，别有一番思考。

高瘦、戴眼镜、白衬衫，黄立看起来像一位普通工程师。已届知天命之年，看起来却像四十出头，他偶尔也"炫耀"他的革命本钱："我的体能可以跟20多岁的小伙子比，羽毛球能打3个小时，跟我对打的小伙子得换好几拨。"

黄立

"人一辈子不能白活，我很庆幸当年没有偷懒。"3月30日，黄立做客《长江日报》传播研究院主办的"卓越企业家读书会"，分享《钢铁是怎样炼成的》读后感以及他的内心和事业是如何炼成的。

从英语考10分到学霸

6岁随父母从西安来到武汉，早前生活在农村，不会说武汉话，成绩也不好，经常被别的小孩歧视。第一次参加学校运动会，60米短跑跑了最后一名，自尊心受伤之后再也不参加运动会了。

童年时期遭遇"文革"，盛行"读书无用论"，到1975年小学毕业，我没有像样读过书。

为了让我获得更好的教育，父母主动要求调入华中工学院（华中科大前身）。他们原本在汉阳一个工厂工作，待遇好。调到华工，工资待遇下降。现在想起来，他们眼光长远。

转入华工附中第一年，第一次英语考试只得10分。班主任鼓励，只要努力就做得到。他的话让人受教，第二学期再考英语，及格了，第三学期97分，从此英语再没低过95分。

从浑噩状态中启蒙，我体会到，人一定要有生活的目标，不能白活。

后来，我以高分考入当时华工最好的专业电信系，大学期间我是标准的好学生，从不逃课。以全班第一名成绩毕业，并成为班上仅有的两名研究生之一。

大学期间，我第一次完整读完了《钢铁是怎样炼成的》，我们一定要像保尔那样有理想，有精神，不畏艰难。哪怕是玩，哪怕是谈一场恋爱，也要轰轰烈烈，像个样子。

从明确生活的目标方面，我第一次感到与保尔相通。

曾为科研4天不出实验室

人生是张单程车票，不要浪费每一分钟。

学生时代，除了读书，我每天花两三个小时在球场上，篮球、足球、羽毛球，什么球都打。强健的体魄为今后的人生打下基础。

研究生毕业后，到省电力局研究所工作，一干就是10多年。那时候为了完成实验，常常几天不出实验室，通宵更是常事。最长一次，4天寸步没有离开实验室，守着设备，记录实时温度。吃饭就请同事带个面包进来，就着水吃。

当时的国企没有奖金，干多干少都差不多，很多人笑我傻，但我积累了技术和操作经验。

直到今天，当遇到技术难题或是把握技术方向时，我仍亲自出手，很庆幸过去没有偷懒。毕业后的5到10年我要是没有好好实践，学习再好还停留在书本上，说不定早忘光了。

36岁下海创业

1999年，我跳出国企，用全部30万元积蓄注册了高德公司。

当时电力系统待遇好，房改时单位给我分配的房子就有160多平方米，36岁已经是中层干部。放弃优越待遇到外面折腾，就是受了"不能白活着"这句话的激励，觉得一辈子总得干成个什么事。

下海创业我早有"预谋"。读书时，我就有办企业的想法，很注意培养自己的社会交往、管理协调能力。现在许多大学生在这方面存在一些问题。有一些博士生，跟人一说话都脸红，有问题自己憋着，就是不肯去向比他早几年来的本科生请教，觉得丢面子。去客户那里，三四个人一站两个小时，没人愿意出头跟对方沟通。

我是工科男，但在大学组织过许多活动，担任过文艺委员、学生会主席，锻炼了人际交往能力。在电力研究所工作后期，我还担任过研究所创办的一个公司的总经理。

正式创业前，又做几个月"纸上谈兵"的工作，读了不少会计、法律管理方面的书，提前思考创业中可能遇到的各种困难，不打无准备之仗。

与西方技术同步

2003年非典爆发，高德从服务社会中找到了机会。

非典病人的症状是发热，当时在机场、火车站等场所用的还是测温枪，把枪顶在脑袋上测体温，不礼貌，效率低，数据不准确。当时我们的红外热成像技术已经成熟，把红外摄像机对着人群拍摄，隔着几百米，体温异常一下子就能发现。

非典时期，机场、海关等场所使用的测温设备99%来自高德公司，我意识到红外技术已经有了市场，剩下的就是标准化生产。

机会只垂青有准备的人，国外一直对这项技术进行封锁，我们一直都在这个领域做探索。当时的技术、资金都已经到位了，非典一来，我们的产品立马投入使用。

高德红外目前的技术水平与西方几乎同步。去年7月，习近平总书记考察湖北武汉时，参观了高德红外的产品。

互动交流

从黄立的演讲报告中，同学们受到了哪些教益？

（四）成长体验

1. 回顾自己的成长历程，有哪些精彩的人生记忆？又有哪些挫折和令你遗憾的事？

2. 故事大比拼：讲一讲你知道的珍爱生命、热爱生活的名人故事。

3. 畅想未来："不能白活着"给你什么启示？你的人生目标是什么？如何实现它？

三、教师寄语

生命对每个人来说只有一次，需要倍加珍惜和呵护。学会热爱生活、珍惜生命，要把握生命里的每一分钟。苦难是一笔财富，只有实实在在地体验苦难，体验失败，体验等待，人生才能真正变得充实起来，坚强起来。人生苦短，要做的事很多，不要任凭生命白白流逝，要珍惜青春，把握当下，把该属于我们的生命变得精彩绚烂！

拓展延伸

不向命运屈服的海伦·凯勒

美国盲聋女作家和残障教育家海伦·凯勒，1880年出生，在一岁半的时候因为一次猩红热而被夺去视力和听力，接着，她又丧失了语言表达能力。然而就在这黑暗而又寂寞的世界里，她借着导师安妮·沙利文的帮助，学会了读书和说话，成为一个学识渊博，掌握英、法、德、拉丁、希腊五种文字的著名作家和教育家。

生命的真谛

人来到这个世界上，从生到死，走完或完成了整个人生的过程，这就是人们常说的生命吧。一个人，无论种族国度，无论是男是女，无论生命的长短，无论其职位的高低，无论从事何等的职业，都将度过这一历程。

不同的人，对于生命的意义的理解，各有不同：有的人，把自己的生命视为一支蜡烛，一生为了燃烧自己，照亮别人，人们感谢他；有的人，把自己的生命视为一头奶牛，一生为了多挤出些牛奶，多创造些丰硕的果实，给人以力气与健康，人们感激他；有的人，把自己的生命视为一本书，一生辛勤耕耘，积累知识，吃尽了苦头，耗尽了自己的心血，为的是给别人增加营养和智慧，让别人活得轻松愉快，其作用不光是教育现代的人，而且还能教育和影响后来的人，人类记住他；而有另外一种人，他们把自己的生命与权力捆绑，为了权财的占有，不择手段，一生纷争，中饱私囊，损人利己，不管别人的死活，常常带给别人的是困惑，是人患，是灾难，是遗憾，是仇恨。这种人，无论对己还是对人，都是十分有害的，他们不仅在缩短自己的生命，同时也在伤害和践踏别人的生命。

其实，生命的真正意义是活得充实，活出自我。俄国著名作家奥斯特洛夫斯基说："人的一生应当这样度过：当回首往事的时候，他不会因虚度年华而悔恨，也不会因碌碌无为而羞愧；这样在临死的时候，他能够说：'我的整个生命和全部精力，都已经献给世界上最壮丽的事业——为人类的解放而斗争。'"他为人的生命赋予了为人类解放事业奋斗而献身的意义，对于我们当代的人们来说，同样具有重要的导向意义，那就是人的生命是不可虚度无为的。

生命由自己去主宰，不能主宰自己，将永远是一个奴隶。生命，如果能跟时代的崇高责任联系在一起，就会闪耀无限的荣光而永垂不朽。生命是一条艰险的峡谷，只有勇敢而正义的人才能通过。一个伟大的灵魂，在艰难的峡谷中就会强化自己的思想和生命的动力。

作为人，既然无可选择地到世上走这么一遭，就得好好珍惜生命存在的价值。珍惜生命，就要好好珍惜今天，向往明天，让生命绽放火花，回报社会。生命短暂，切不可猥琐褊狭。只有热爱生命的人，才是幸运而幸福的。

—————— 名人名言 ——————

能将自己的生命寄托在他人的记忆中，生命仿佛就加长了一些。

——〔法〕孟德斯鸠

世间的活动，缺点虽多，但仍是美好的。　　　——〔法〕罗丹

假如你觉得自己的日常生活很贫乏，不要去指责生活，而应该指责你自己。

——〔奥地利〕里尔克

生命是美好的，一切物质是美好的，智慧是美好的，爱是美好的！

——〔法〕杜伽尔

生命的意义在于奉献而不在于享受……只有这样，我们的生命才能开花结果。

——巴金

人生就像打橄榄球一样，不能犯规，也不要闪避球，而应向底线冲过去。

——〔美〕罗斯福

人生是要活的，必须活得兴致勃勃，充满好奇心，无论如何也绝不要背对着生活。

——〔美〕安娜·罗斯福

人生直作百岁翁，亦是万古一瞬中。　　　——〔唐〕杜牧

有理想、充满社会利益的、具有明确目的的生活是世界上最美好和最有意义的生活。

——〔苏〕加里宁

生命很快就过去了，一个时机从不会出现两次。必须当机立断，不然就永远别要。

——〔法〕罗曼·罗兰

业余生活要有意义，不要越轨。

——〔美〕华盛顿

生活是复杂的——这才令人感到兴味无穷，我们需要一种能把握它的复杂性的思维方式，以让我们根据生活的复杂性相应地确定我们的目标。

——〔美〕坎贝尔

如果有人只知道享受明媚的春光，而忘却春前严寒、春后有酷暑，那也不会真正懂得春天的乐趣。

——佚名

愿你们每天都愉快地过着生活，不要等到日子过去了才找出它们的可爱之点，也不要把所有特别合意的希望都放在未来。

——〔法〕居里夫人

谁也不会像老人那样热爱生活。

——〔古希腊〕索福克勒斯

即使断了一条弦，其余的三条弦还是要继续演奏，这就是人生。

——〔美〕爱默生

百日莫空过，青春不再来。

——〔法〕拜伦

漫步校园

第 12 课

冬季安全教育

▎班会背景▕

　　安全和健康是当今社会的两大教育主题。安全无小事，安全意识时刻不可松懈，要时刻保持警觉，防患于未然。入冬以来，冷空气频袭，雨雪冰冻、大雾等自然灾害，以及火灾、煤气中毒、溜冰溺水等人为事故多发，给学校安全工作带来诸多挑战。一些学生冬季自我保护的意识不够强，需要在这方面加强教育。为确保学生身心健康和生命财产安全，保障学生正常的学习和生活秩序，维护学校安全稳定的良好局面，特召开本次班会。

▎班会目标▕

　　1.帮助学生提高安全防范意识，增强安全观念，远离危险场所，防止安全事故的发生。

　　2.引导学生学习一些安全常识，逐步提高学生自护、自救能力，确保冬季安全。

实施过程

一、情境导入

当寒风携着枯黄的落叶迎面吹来、身上的着装慢慢变厚、墙角的蜡梅悄然绽放时，美丽的冬天已经来到了我们的身边。"北国风光，千里冰封，万里雪飘。""黄云万里动风色，白波九道流雪山。"在陶醉于冬天美景的同时，我们也要谨防冬天美丽的外表下处处隐藏着的安全隐患。

二、思维碰撞

材料一：

冬季溜冰危险多

大荔县的小学生明明（化名）在污水池面滑冰时因冰层破裂落水，同伴亮亮（化名）拉明明时也坠入冰窟。最后两人被村民发现救起，但明明已不幸失去生命。"当时从池里救出来两个娃，一个已经不行了。"附近村民王奶奶说。1月1日下午2时许，有村民路过时发现，池边停着一辆自行车，只见亮亮的头浮在水面上，村民四处找人救援，十余名村民闻讯赶来。

村民们将绳子抛至亮亮旁边，让他抓住，村民们往岸边拉。"一下把娃给拉到冰面底下了。"王奶奶说。村民将冰面一点点敲碎，才将亮亮拉了出来。"底下还有个娃"，听到亮亮的话，村民们赶紧在池子里找明明，近半小时后，明明被救起，但已没有了呼吸。在大荔县同洲医院，亮亮仍在接受治疗。他说，明明与自己是同学，都上六年级，12岁。事发当日下午，两人写了会儿作业，便骑自行车外出玩耍。走到污水池旁，明明要下去滑冰，亮亮去买东西。

"我买完东西回来，就看到明明沉入水里，只有胳膊在外面。"亮亮说，自己赶紧下去拉明明，没想到，冰层破裂，自己也掉了进去。

互动交流

我们身边是否也存在这种危险？今后我们应该注意些什么？

材料二：

冬季取暖勿忘安全

1. 一氧化碳中毒

1月25日和26日，110连续接报两起一氧化碳中毒致人死亡警情。民警提醒，市民利用煤炉等设备取暖时要谨防一氧化碳中毒。

1月25日早上，武进横林镇新东方村委西北湾群众发现，暂住在此地的贵州籍男子徐某家窗门紧闭，叫人无人答应，后立即拨打了110报警。民警到达现场发现有徐某和两名小孩躺在床上，其中徐某和其大孙子已无生命体征，而徐某的小孙子经医院抢救后，脱离生命危险，三人均是一氧化碳中毒。据悉，徐某点起了煤炉想为孙子取暖，没想到发生了意外。

相隔一天，1月26日晚上9点左右，暂住在武进遥观镇勤新华庄村的贵州籍女子杨某带着三个小孩在家用煤炉烧水取暖时也发生一氧化碳中毒。杨某趁自己还有意识，打电话向外面的丈夫潘某求救。潘某立即打电话通知了住在附近的亲戚。潘某的亲戚到达后发现门窗紧闭，立即破门而入。此时，杨某和三名小孩已经陷入昏迷状态，后经医院抢救，杨某及两个女儿脱离生命危险，而三个月大的男婴抢救无效死亡。

据介绍，武进110几乎每年冬天都会接到一氧化碳中毒的报警，然而悲剧却还以相同的形式不断上演。110民警提醒大家，从根本上提高自我预防意识，是减少一氧化碳中毒的重要因素，生火取暖一定要使空气流通，不在睡觉或醉酒后生火取暖，取暖时间不宜过长。一旦发现家人中毒以后，应立即打开门窗通风，对于已昏迷的患者要及时地转移到空气新鲜的地方，并解开领口，去枕平卧，保持呼吸道通畅，头偏向一侧，防止呕吐物误吸入呼吸道导致窒息；对于呼吸心脏骤停的病人，在转移到安全地点后，要立即进行心肺复苏，并及时拨打120急救电话。

2. 电热毯起火，烧了家具，害了住户

12月19日凌晨5点40分左右，健身北路旁的青山湾小区二楼的一户人家发生火灾。设置在该户窗边的二楼广告牌处，有一名30岁左右的男子，被困在上面下不来。消防队员赶到时，发现从该户人家的窗子里，不停有浓烟往外冒。男子正在着急地呼救。消防队员一边架设梯子，帮助男子及时下来，一边破门进入室内灭火，很快就将明火扑灭。

据该男子说，当时他正在屋里睡觉，突然听到外面有很大的流水声。他爬起来推开门一看，二楼室内一片浓烟，消防喷淋设备已经打开。他不敢穿越浓烟走楼梯，就立刻跑到阳台上呼救，并且躲在广告牌旁边等待救援。他说，18日下午他在沙发上睡觉时，开了新买的电热毯，结果起来后忘记关了，估计是电热毯起火造成了火灾。

另据多家媒体报道，12月18日上午9时许，南京市鼓楼区宁夏路三号一楼，一位94岁的老太太在家中使用电热毯取暖，不想引发了火灾，现场浓烟滚滚。由于发现较晚，当消防车、救护车赶到时，大火已烧了一段时间，老太太被发现时已经死亡。

互动交流

1. 自己家和学校里是否也存在类似的安全隐患？如何避免此类事件发生？

2. 如果发生煤气中毒或者火灾，我们应该怎么办？

三、总结升华

触目惊心的案例告诉我们，生活中处处有危险，防范胜于救灾，责任重于泰山。安全无小事，生命最宝贵。我们应树立防灾避灾意识，提高自救互救能力，确保我们能平安、健康地成长。

四、成长体验

1. 欣赏歌曲《校园安全之歌》

2. 情境体验

（1）在寒冷的冬季外出活动，常常冻得手脚发僵。手脚冻僵后，千万不要在炉火上烤或者在热水中浸泡，否则会形成冻疮甚至溃烂。正确的方法是什么呢？

（2）早晨起床后，发现夜里下了大雪。我们在上学的路上应该注意些什么？

（3）下雪后一些同学在校园里打雪仗，相互追逐，你想给他们说些什么？

3. 小调查

在冬季我们身边存在哪些安全隐患？请说出来提醒大家注意。

五、教师寄语

寒假即将到来，春节在向我们招手，希望大家时时刻刻注意安全，防止安全事故的发生。希望通过这次班会能进一步增强大家的安全意识，提高大家的自我保护能力。愿我们每个人都能拥有一个平安快乐的冬季，愿平安和幸福永远伴随大家！

▎拓展延伸 ▎

进入冬季我们需要注意的安全问题

一、交通安全

1. 出家门的时间要比平常提前，留出等车、堵车或其他意外情况所需的时间。遇到雨雪、雾天，同学们骑自行车时一定要更加小心：轮胎不要充气太足，以增加与地面的摩擦力，防止滑到；要走自行车道；精力集中，速度不要快，与前面的行人、车辆保持较大距离，以便应对突发情况；尽量穿颜色鲜艳的外套，以引起司机的注意；过路口时下车，推车过马路；选择雪层浅的平坦路面，不要急刹车、急拐弯，防止因惯性摔倒；在拐弯和横穿马路时要注意身边和身后的车辆，防止发生交通事故。

2. 不乘坐"三无"车辆。

二、防溺水，不滑冰

1. 防滑：由于长时间强降雪，地面积雪较厚，经过踩压后会形成一层光面。此时外出，要穿防滑鞋或在脚上绑根布条，手上不宜拿伞、棍等细长物品。

2. 防冻：外出时穿戴好保暖衣帽，耳、鼻、手不宜长时间暴露在外。

3. 防病：活动出汗后立刻到室内用干毛巾擦干汗水并脱掉湿衣服，换上干爽衣服，条件允许的可先洗个热水澡。每天保持室内通风半小时，防止感冒病毒滋生。

4. 做到"四不"承诺：不私自下水或滑冰；不擅自与同学结伴滑冰或打捞水中物品；不在无家长带领的情况下到河边游玩；不到危险地域、沟河湖渠中滑冰。

三、预防冬季火灾

冬季气候干燥，是火灾多发的季节，要预防火灾的发生。对此主要强调以下几点：

1. 任何同学不准携带火柴、火机等火种进学校。

2. 不得带烟花爆竹等进校园，走亲访友时也要远离这些危险物品。

3. 一旦发生火灾，要及时拨打火警电话119报警，报警时要向消防部门讲清着火的地点，还要讲清什么物品着火、火势怎么样。

4. 一旦身受火灾的威胁，千万不要惊慌，要冷静地想办法离开火场。

5. 逃生时，尽量采取保护措施，如用湿毛巾捂住口鼻、用湿衣物包裹身体等。

6. 严禁在森林等地玩火。

7. 人离开住处时，要切断各类电源。

8. 做饭时人不能离开，以免干锅引起火灾，出门时要关掉燃气阀。

四、防煤气中毒

1. 煤气中毒的季节和原因

（1）每年冬天，人们用煤炉取暖或用燃气热水器洗澡时稍不注意，就会发生煤气中毒的现象。

（2）因为天气的原因，关闭所有窗户，导致空气不流通引发煤气中毒。

（3）由于用户疏忽，没有关闭燃气阀门，从而引发煤气中毒。

2. 煤气中毒的症状

一氧化碳气体能与人体红细胞中的血红蛋白结合，使血红蛋白丧失携带氧气的能力而使人发生中毒。中毒前期出现的症状是头昏头痛、眼花心慌、恶心呕吐，此后上述症状加重，眩晕昏睡，脉搏细快而弱，血压下降，最后常常因为严重缺氧而窒息死亡。

3. 急救的方法

如果发现有人煤气中毒，首先应立即打开门窗，将患者移到空气新鲜、通风透气的地方，同时拨打120急救电话。

五、防止人身侵害（防暴力）

冬季白天时间短，要按时回家，不与陌生人接触；不携带、使用管制刀具，积极举报携带、使用管制刀具的行为；不做容易造成人身伤害的事情，不做有危险的游戏。

六、禁止私自燃放烟花爆竹

七、防止踩踏事故

（一）遇到拥挤的人群怎么办

1. 发觉拥挤的人群向着自己行走的方向拥来时，应该马上避到一旁，但不要奔跑，以免摔倒。

2. 遇到拥挤的人流时，一定不要采用体位前倾或低重心的姿势，即便鞋子被踩掉，也不要贸然弯腰拣鞋或提鞋。

3. 如有可能，抓住一样坚固牢靠的东西，例如路灯柱之类，待人群过去后，迅速而镇静地离开现场。

（二）出现混乱局面怎么办

1. 在拥挤的人群中要时刻保持警惕，当发现有人情绪不对或人群开始骚动时，要做好准备保护自己和他人。

2. 脚下要敏感些，千万不能被绊倒，避免自己成为拥挤踩踏事件的诱发因素。

3. 当发现前面有人摔倒时，应马上停下脚步，同时大声呼救，告知后面的人不要向前靠近。

4. 若被推倒，要设法靠近墙壁。面向墙壁，身体蜷成球状，双手在颈后紧扣，以保护身体最脆弱的部位。

八、注意防寒保暖

适时增加衣服，穿好棉鞋棉袜，戴好手套、帽子、围巾，防止冻坏身体、冻伤手脚，防止感冒。冬季室内外温差大，同学们为了防寒，往往长时间关闭门窗，这样容易使流感蔓延；所以冬季要经常打开门窗通风换气，防止流感蔓延。

卧龙校园冬景

第 **13** 课

让梦想在新学期绽放

▌班会背景▐

进入新学期，我们开始了新的学习生活，很多同学和家长对新学期有更高的期待。对于学生新学期的新打算、新规划、新目标，班主任要注意引导，让学生满腔热忱地投入到新学期的学习、生活中去。许多同学虽然树立了人生大目标，但往往忽略一个个具体目标，不重视从点滴做起、从小事做起、从每一节课做起。为帮助学生找到努力的方向，有必要对学生进行一次如何实现学期目标的专题教育。

▌班会目标▐

1. 让学生认识到目标对一个人的重要作用，激发学生追求梦想的强烈愿望。

2. 帮助学生确立新的奋斗目标，明确自己的努力方向，坚定为实现新目标而努力奋斗的决心。

▌实施过程▐

一、情境导入

欣赏歌曲《奔跑》，顺势导入班会主题。

"全力奔跑梦在彼岸，随风飞翔有梦做翅膀"，这里说到的"梦"就是梦想。

你是否还记得当初步入卧龙学校时的梦想？这个梦想你现在已经实现了多少？还有多大差距？新的学期开始了，就让梦想在新学期绽放吧！

起飞

二、思维碰撞

（一）畅想我的梦

"中国梦"

"中国梦"是党的十八大以来习近平总书记提出的重要指导思想和重要执政理念，正式提出于2012年11月29日。习总书记把"中国梦"定义为"实现中华民族伟大复兴，就是中华民族近代以来最伟大的梦想"，并且表示这个伟大梦想"一定能实现"。"中国梦"的核心目标可以概括为"两个一百年"的目标：到2021年中国共产党成立100周年和2049年中华人民共和国成立100周年时，逐步并最终顺利实现中华民族的伟大复兴。具体表现是国家富强、民族振兴、人民幸福；实现途径是走中国特色的社会主义道路，坚持中国特色社会主义理论体系，弘扬民族精神，凝聚中国力量；实施手段是政治、经济、文化、社会、生态文明五位一体建设。

新年新梦想

又是新的一年，又是新的一天。每当这个时候，我们会回首过去一年走过的路，我们会憧憬新的一年要圆的梦。

2017年你的愿望实现了吗？新的一年你有哪些新的目标？2018年，让我们共同努力，一起向着梦想出发。

互动交流

你对"中国梦"有哪些了解？新的一年开始了，请想一想自己的人生梦想是什么，新年伊始有哪些新感受，说出来与大家分享一下吧。

（二）梦想指引方向

哈佛大学25年跟踪调查

该项调查的对象是一群智力、学历、成长环境等条件都差不多的年轻人，调查结果发现：27%的人没有目标；60%的人目标模糊；10%的人有比较清晰的短期目标；3%的人有十分清晰的长期目标。

25年的跟踪调查发现，他们的生活状况十分有意思。

3%的人——25年来几乎都不曾更改过自己的人生目标，他们始终朝着同一个方向不懈地努力。25年后，他们几乎都成了社会各界顶尖的成功人士，他们中不乏行业领袖、社会精英。

10%的人——大都生活在社会的中上层。他们的共同特点是，那些短期目标不断地被实现，生活质量稳步上升。他们成为各行各业不可缺少的专业人士，如医生、律师、工程师、高级主管等。

60%的人——几乎都生活在社会的中下层。他们能安稳地生活与工作，但都没有什么特别的成绩。

27%的人——他们几乎都生活在社会的最底层。他们的生活都过得很不如意，常常失业，靠社会救济，并且常常抱怨他人，抱怨社会。

互动交流

读过这个材料你有什么感悟？理想、目标对你的人生将起到怎样的作用？

（三）心理测试

结合个人实际选出对应的项。

1. 对于团体的工作，你的态度是（　　　）。

　　A. 热心参加

　　B. 漠不关心

　　C. 十分厌烦

2. 当别人遇到困难时，你会（　　　）。

　　A. 首先判断对方遇到的是什么困难，如果有援助的必要，就立即伸出援手

B. 不问理由，尽力去助人

C. 认为这是别人的事，故采取袖手旁观的态度

3. 当自己逐渐长大时，你同时会（　　　）。

A. 学习更多的知识或者技能

B. 内心感到恐惧与不安

C. 毫无感觉，不予理会

4. 对于交朋友，你感觉到（　　　）。

A. 十分重要，因为在平时你就喜欢与人交往，注意礼貌，争取友谊

B. 友谊很平常，不必重视

C. 友谊无价值，不如孤独自处

5. 你对于报纸刊物的看法是（　　　）。

A. 有注意的必要，因此常选择性阅读，以了解世界大事，学习新知识

B. 当作是茶余饭后的消遣，可有可无

C. 不予注意，认为与其看报章，不如去看戏

6. 对于服装，你的态度是（　　　）。

A. 要求端庄整齐，不必奢华

B. 只要能保暖适体就行，不必讲究

C. "先敬罗衣后敬人"，对服装十分讲究

7. 你对学习的安排方式是（　　　）。

A. 拟定一学期的计划，在一学期之中又按月拟定具体的学习目标

B. 请他人为自己安排，或者依照他人的学习计划

C. 认为过一天算一天，不必做什么安排

8. 当自己有缺点的时候，你就（　　　）。

A. 承认自己的缺点，极力设法改正

B. 如果没有人发觉，就不予理会，也不自我检讨

C. 即或有人指点，也极力否认

9. 当遇到困难时，你就（　　　）。

A. 找出产生困难的原因，并且把遇到挫折当作一次经验和教训

B. 内心不安，设法找人来帮忙

C. 独自悲哀，感到消极，对前途感到无望

10. 当别人批评你时，你就（　　）。

　A. 冷静地考虑别人的意见，对的就予以接受，不当的也不随便发怒，只找机会辩白一下

　B. 不理会别人的批评，不做任何反应

　C. 一概表示不满，并且与人争吵

评分标准：

每题A项记5分，B项记2分，C项记0分。各题得分相加，统计总分。

答案解析：

40分以上，优等。说明你对生活和学业抱有崇高理想，能面对现实，遇见困难挫折能设法克服，能与人合作，共同进步。

20～39分，中等。说明你对生活和学业有一定想法，基本上能正视现实，对大部分困难和挫折能想方设法克服，但有时也会产生悲观消极的念头。

19分以下，说明你对各种问题的认识尚不清楚或抱有错误观念，对克服困难缺乏信心。你必须加紧锻炼自己，多多交友，以求不断进步。

（四）放飞梦想在行动

理想不是简单的幻想，切忌好高骛远。同学们可以实施小步计划，从目前最重要的事情入手，从一点一滴做起，最终实现自己的目标。

互动交流

1. 出示上学期各位同学的学习目标，看看你实现了吗。总结上学期各方面的表现，明白得失。

2. 进入新的学期，你准备好了吗？本学期的学习目标是什么？把自己的学习计划写出来吧。（从心态、行动和方法等角度）

3.齐唱《我的未来不是梦》。

三、教师寄语

成功在一开始仅仅是一个选择，你选择什么样的目标，就会有什么样的成就，就会有什么样的人生。新学期又是一个新的开始，成功就在不远处等着你。有梦想才能有行动，有行动才能够获得成功。同学们，努力吧，我们从这里扬帆起航，不久将达到成功的彼岸！

拓展延伸

如何实现梦想

大多数人距离他们的目标只缺少一个正确的决定，而且对大多数人来说，这个正确的决定就是下决心——对自己说："我决定展开行动，追求目标。"我认为这个世界上，没有一个人比一个决心达到目标的人更有力量。然而，在每个人下定决心之前，你必须先了解的是：首先，千万不要把如何实现梦想和梦想本身混为一谈。你的第一个决定应该非常具体、明确：我到底想要什么？我想成为什么样的人？做什么？拥有什么？排除什么？追求什么？获得什么？你应该将你的决定用很简单的句子表达出来："我想要_____。"在空格上填上任何你真心想要的东西，或想做的事情。从某个角度来说，这有点像是一个小孩得到妈妈的同意，带着十块钱在糖果店里，自由选择任何他想要的糖果。请自由地在空格中填入你的决定，不要给自己任何限制，你唯一需要确定的是：这真的是你想要的吗？这就是你立刻想要、一直想要而且非常想要的事物吗？如果答案是肯定的话，那么请排除所有你曾经自我设定的障碍，并且大胆直接地说："是的，我全心全意地想要_____。"其次，不要猜测你的梦想。当你专注于自己真心想做的事情时，你必须先将你以前所有说过的话、做过的事放在一边，切断你的后路，从现在开始只剩下你和你的梦想，你已经不能回头了。就像你刚抓着一根摇晃的蔓藤越过山谷一样，现在的你无路可退，你已经站在山谷的另一边，接下来要面对的是该如何完成梦想。如果你将"如何"完成你的梦想和"什么"是你的梦想混为一谈，那么你将永远一事无成。因为这个"如何"将会一直打击你并阻碍"什么"的完成，最后你将失去尝试的勇气而不愿意再跨出下一步。如果你开始臆测你的梦想是否会实现，那么你将失去追求梦想所需要的动力。许多人都在等待一个安全的环境，他们希望等所有的绿灯都亮了以后再出门。持这种想法的人，一辈子也无法走出家门。

我的梦想

莫言

最早发现我有一点文学才能的，是一个姓张的高个子老师。他教我们语文，是我们的班主任。他的脸上有很多粉刺，眼睛很大，脖子很长，很凶。他一瞪眼，我就想小便。有一次他在课堂上训我，我不知不觉中竟尿在教室里。他很生气，骂道："你这熊孩子，怎么能随地小便呢？"我哭着说："老师，我不是故意的……"

大约8岁的时候，我在村里小学读三年级，因为生活的自理能力很差，加之上学时年龄较小，母亲给我缝的还是开裆裤。为此，常遭到同学的嘲笑。张老师到我家去做家访，建议母亲给我缝上裤裆。我母亲不太情愿地接受了他的建议。缝上裤裆后，因为经常把腰带结成死疙瘩，出了不少笑话。后来，大哥把一条牙环坏了的洋腰带送我，结果出丑更多。一是，六一儿童节在全校大会上背诵课文时掉了裤子，引得众人大哗；二是，我到办公室去给张老师送作业，那个与张老师坐对面的姓尚的女老师非要我跟她打乒乓球，一打，裤子就掉了……

在我短暂的学校生活中，腰带和裤裆始终是个恼人的问题。大概是上四年级的时候，我写了一篇关于五一劳动节学校开运动会的作文，张老师大为赞赏。后来，我又写了许多作文，都被老师拿到课堂上念，有的还抄到学校的黑板报上，有一篇还被附近的中学拿去当作范文学习。有了这样的成绩，我的腰带和裤裆问题也就变成了一个可爱的问题。

后来我当了兵，提了干，探家时偶翻箱子，翻出了四年级时的作文簿。那上边有张老师用红笔写下的大段批语，很是感人。因为"文革"，我与张老师闹翻了脸。我被开除回家，碰到张老师就低头躲过，心里冷若冰霜。重读那些批语，心中感慨很多。那本作文簿被我的侄子擦了屁股，如果保留下来，没准还能被将来的什么馆收购了去呢。

11岁时，我辍学当了放牛娃后，经常回忆起作文的辉煌。村里有一个被遣返回家劳改的"右派"，他是山东师范学院中文系的毕业生，当过中学语文教师。我们是一个生产队，经常在一起劳动。他给我灌输了许多关于作家和小说的知识。什么神童作家初中的作文就被选进了高中教材啦，什么作家下乡自带高级水啦，什么作家读高中时就攒了稿费三万元啦，什么有一个大麻子作家坐在火车上见到他的情人在铁道边上行走，就奋不顾身地跳下去，结果把腿摔断了……他帮我编织着作家梦。

我问他："叔，只要能写出一本书，是不是就不用放牛了？"

他说："岂止是不用放牛！"然后，他就给我讲了丁玲的"一本书主义"，讲了那些名作家一天三顿吃饺子的事。大概从那时起，我就梦想着当一个作家了。别的不说，那一天三顿吃饺子，实在是太诱人了。

1973年，18岁的我就跟着村里人去昌邑县挖胶莱河。冰天雪地，三个县的几十万民工集合在一起，人山人海，红旗猎猎，指挥部的高音喇叭一遍遍播放着湖南民歌《浏阳河》，那情那景真让我心潮澎湃。夜里，躺在地窖里，就想写小说。

挖完河回家，脸上脱去一层皮，自觉有点脱胎换骨的意思。跟母亲要了五毛钱，去供销社买了一瓶墨水，一个笔记本，趴在炕上，就开始写。书名就叫《胶莱河畔》。第一行字是黑体，引用毛泽东的话：水利是农业的命脉。第一章的回目也紧跟着有了：元宵节支部开大会，老地主阴谋断马腿。故事是这样的：元宵节那天早晨，民兵连长赵红卫吃了两个地瓜，喝了两碗红黏粥，匆匆忙忙去大队部开会，研究挖胶莱河的问题。老支书宣布开会，首先学毛主席语录，然后传达公社革委关于挖河的决定。那部小说写了不到一章就扔下了，原因早已记不清。如果说我的小说处女作，这篇应该是。

1978年，我23岁，参军入伍成为一名光荣的战士。当了兵，吃饱了穿暖了，作家梦就愈做愈猖狂。我在黄县站岗时，写了一篇《妈妈的故事》，写一个地主的女儿（妈妈）爱上了八路军的武工队长，离家出走，最后带着队伍杀回来，打死了自己当汉奸的爹，但"文革"中"妈妈"却因为家庭出身为地主，被斗而死。这篇小说寄给《解放军文艺》，当我天天盼着稿费来了买手表时，稿子却被退了回来。后来又写了一个话剧《离婚》，写与"四人帮"斗争的事，又寄给《解放军文艺》。当我盼望着稿费来了买块手表时，稿子又被退了回来。但这次文艺社的编辑用钢笔给我写了退稿信，那潇洒的字体至今还在我的脑海里摇头摆尾。信的大意是：刊物版面有限，像这样的大型话剧，最好能寄给出版社或是剧院。信的落款处还盖上了一个鲜红的公章。我把这封信给教导员看了，他拍着我的肩膀说："行啊，小伙子，折腾得解放军文艺社都不敢发表了！"我至今也不知道他是讽刺我还是夸奖我。

后来，我调到保定，为了解决提干问题，当了政治教员。因基础太差，只好天天死背教科书。文学的事就暂时放下了。一年后，把那几本教材背熟溜了，上课不用拿讲稿了，文学梦便死灰复燃。我写了许多，专找那些地区级的小刊物投寄。终于，1981年秋天，我的小说《春夜雨霏霏》在保定市的《莲池》发表了。

美丽卧龙

第 **14** 课

勤劳为本　福运悠长

班会背景

民族精神，是维系中华民族团结和国家统一的精神纽带，也是促进中华民族与时俱进、不断走向兴盛繁荣和文明进步的重要精神动力。初中学生的人生观、价值观和文化观正处在不断形成和完善的过程中，一些学生对民族精神、传统美德、传统文化的认同感有所减弱。本次班会旨在让学生有所触动，有所感悟，增强学生对中华民族勤劳能干精神的理解和认同感，激发其爱国热情，引导他们自觉承担起践行和弘扬民族精神的责任和义务，做一名勤奋好学的当代中学生，做一名勤劳自强的中国人。

班会目标

1. 让学生了解中华民族勤劳能干的精神，培养学生勤奋为本的思想和脚踏实地的作风。

2. 增强学生的民族自信心和自豪感，引导学生争做一名勤奋学习的中学生。

实施过程

一、情境导入

朗诵《中华世纪坛序》。

中华世纪坛序

朱相远

大风泱泱，大潮滂滂。洪水图腾蛟龙，烈火涅槃凤凰。文明圣火，千古未绝者，唯我无双；和天地并存，与日月同光。

中华文化，源远流长；博大精深，卓越辉煌。信步三百米甬道，阅历五千年沧桑。社稷千秋，祖宗百世；几多荣辱沉浮，几度盛衰兴亡。圣贤典籍，浩如烟海；四大发明，寰球共享。缅怀漫漫岁月，凝聚缕缕遐想。

中华世纪坛

回首近代，百年三万六千日，饱尝民族苦难，历尽变革风霜。烽火硝烟，江山激昂。挽狂澜于既倒，撑大厦于断梁。春风又绿神州，华夏再沐朝阳。

登坛远望：前有古人，星光灿烂；后有来者，群英堂堂。看乾坤旋转：乾恒动，自强不息之精神；坤包容，厚德载物之气量。继往开来，浩浩荡荡。立民主，兴文明，求统一，图富强。中华民族伟大复兴，定将舒天昭晖，磅礴东方。

世纪交汇，万众景仰；共襄盛举，建坛流芳；昭示后代，永世莫忘。

探访人类文明的发祥地，那些曾经与中华文明相伴而行的古老文明，有的衰落了，有的消亡了，有的融入了其他文明。只有起源于黄河、长江流域的中华文明虽历经沧桑，却犹如浩浩荡荡的黄河、长江奔流不息，始终显示出顽强的生命力和无穷的魅力。中华民族历来把勤劳吃苦、勤俭节约视为优良品格。也正是这种精神奠定了中华民族的源远流长。好，我们就进入今天的班会，来探寻和感悟我们中华民族勤劳节俭的传统美德吧。

二、思维碰撞

材料一：

诗经·周南·芣苢

采采芣苢，薄言采之。

采采芣苢，薄言有之。

采采芣苢，薄言掇之。

采采芣苢，薄言捋之。

采采芣苢，薄言袺之。

采采芣苢，薄言襭之。

孔雀东南飞（选段）

十三能织素，十四学裁衣。十五弹箜篌，十六诵诗书。十七为君妇，心中常苦悲。君既为府吏，守节情不移。贱妾留空房，相见常日稀。鸡鸣入机织，夜夜不得息。三日断五匹，大人故嫌迟。非为织作迟，君家妇难为！妾不堪驱使，徒留无所施。便可白公姥，及时相遣归。

互动交流

1. 借助手中的工具书或通过小组讨论，读懂以上材料。

2. 勤劳自古以来就是中华民族的优良传统，你还了解哪些古人辛勤劳作或治学的故事？说给大家听听吧。

材料二：

回忆我的母亲

朱德

得到母亲去世的消息，我很悲痛。我爱我母亲，特别是她勤劳一生，很多事情是值得我永远回忆的。

我家是佃农。祖籍广东韶关，客籍人，在"湖广填四川"时迁移四川仪陇县马鞍场。世代为地主耕种，家境是贫苦的，和我们来往的朋友也都是老老实实的贫苦农民。

母亲一共生了十三个儿女。因为家境贫穷，无法全部养活，只留下了八个，以

后再生下的被迫溺死
了。这在母亲心里是
多么惨痛悲哀和无可
奈何的事情啊！母亲
把八个孩子一手养大
成人。可是她的时间
大半被家务和耕种占
去了，没法多照顾孩
子，只好让孩子们在
地里爬着。

朱德母亲钟太夫人

母亲是个好劳动。从我能记忆时起，总是天不亮就起床。全家二十多口人，妇女们轮班煮饭，轮到就煮一年。母亲把饭煮了，还要种田，种菜，喂猪，养蚕，纺棉花。因为她身体高大结实，还能挑水挑粪。

母亲这样地整日劳碌着。我到四五岁时就很自然地在旁边帮她的忙，到八九岁时就不但能挑能背，还会种地了。记得那时我从私塾回家，常见母亲在灶上汗流满面地烧饭，我就悄悄把书一放，挑水或放牛去了。有的季节里，我上午读书，下午种地；一到农忙，便整日在地里跟着母亲劳动。这个时期母亲教给我许多生产知识。

佃户家庭的生活自然是艰苦的，可是由于母亲的聪明能干，也勉强过得下去。我们用桐子榨油来点灯，吃的是豌豆饭、菜饭、红薯饭、杂粮饭，把菜籽榨出的油放在饭里做调料。这类地主富人家看也不看的饭食，母亲却能做得使一家人吃起来有滋味。赶上丰年，才能缝上一些新衣服，衣服也是自己生产出来的。母亲亲手纺出线，请人织成布，染了颜色，我们叫它"家织布"，有铜钱那样厚。一套衣服老大穿过了，老二老三接着穿还穿不烂。

勤劳的家庭是有规律有组织的。我的祖父是一个中国标本式的农民，到八九十岁还非耕田不可，不耕田就会害病，直到临死前不久还在地里劳动。祖母是家庭的组织者，一切生产事务由她管理分派，每年除夕就分派好一年的工作。每天天还没亮，母亲就第一个起身，接着听见祖父起来的声音，接着大家都离开床铺，喂猪的喂猪，砍柴的砍柴，挑水的挑水。母亲在家庭里极能任劳任怨。她性格和蔼，没有打骂过我们，也没有同任何人吵过架。因此，虽然在这样的大家庭里，长幼、伯叔、妯娌相处都很和睦。母亲同情贫苦的人——这是朴素的阶级意识，虽然自己不富裕，还周济和照顾比自己更穷的亲戚。她自己是很节省的。父亲有时吸点旱烟，喝点酒；母亲管束着我们，不允许我们染上一点。母亲那种勤劳俭朴的习惯，母亲那种宽厚仁慈的态度，至今还在我心中留有深刻的印象。

但是灾难不因为中国农民的和平就不降临到他们身上。庚子年（一九〇〇）前后，四川连年旱灾，很多的农民饥饿、破产，不得不成群结队地去"吃大户"。我亲眼见到，六七百穿得破破烂烂的农民和他们的妻子儿女被所谓官兵一阵凶杀毒打，血溅四五十里，哭声动天。在这样的年月里，我家也遭受更多的困难，仅仅吃些小菜叶、高粱，通年没吃过白米。特别是乙未（一八九五）那一年，地主欺压佃户，要在租种的地上加租子，因为办不到，就趁大年除夕，威胁着我家要退佃，逼着我们搬家。在悲惨的情况下，我们一家人哭泣着连夜分散。从此我家被迫分两处住下。人手少了，又遇天灾，庄稼没收成，这是我家最悲惨的一次遭遇。母亲没有灰心，她对穷苦农民的同情和对为富不仁者的反感却更强烈了。母亲沉痛的三言两语的诉说以及我亲眼见到的许多不平事实，启发了我幼年时期反抗压迫追求光明的思想，使我决心寻找新的生活。

我不久就离开母亲，因为我读书了。我是一个佃农家庭的子弟，本来是没有钱读书的。那时乡间豪绅地主的欺压，衙门差役的横蛮，逼得母亲和父亲决心节衣缩食培养出一个读书人来"支撑门户"。我念过私塾，光绪三十一年（一九〇五）考了科举，以后又到更远的顺庆和成都去读书。这个时候的学费都是东挪西借来的，总共用了二百多块钱，直到我后来当护国军旅长时才还清。

光绪三十四年（一九〇八）我从成都回来，在仪陇县办高等小学，一年回家两三次去看母亲。那时新旧思想冲突得很厉害。我们抱了科学民主的思想，想在家乡做点事情，守旧的豪绅们便出来反对我们。我决心瞒着母亲离开家乡，远走云南，参加新军和同盟会。我到云南后，从家信中知道，我母亲对我这一举动不但不反对，还给我许多慰勉。

从宣统元年（一九〇九）到现在，我再没有回过一次家，只在民国八年（一九一九）我曾经把父亲和母亲接出来。但是他俩劳动惯了，离开土地就不舒服，所以还是回了家。父亲就在回家途中死了。母亲回家继续劳动，一直到最后。

中国革命继续向前发展，我的思想也继续向前发展。当我发现了中国革命的正确道路时，我便加入了中国共产党。大革命失败了，我和家庭完全隔绝了。母亲就靠那三十亩地独立支持一家人的生活。抗战以后，我才能和家里通信。母亲知道我所做的事业，她期望着中国民族解放的成功。她知道我们党的困难，依然在家里过着勤苦的农妇生活。七年中间，我曾寄回几百元钱和几张自己的照片给母亲。母亲年老了，但她永远想念着我，如同我永远想念着她一样。去年收到侄儿的来信说："祖母今年已有八十五岁，精神不如昨年之健康，饮食起居亦不如前，甚望见你一面，聊叙别后情景。"但我献身于民族抗战事业，竟未能报答母亲的希望。

母亲最大的特点是一生不曾脱离过劳动。母亲生我前一分钟还在灶上煮饭。虽到老年，仍然热爱生产。去年另一封外甥的家信中说："外祖母大人因年老关系，今年不比往年健康，但仍不辍劳作，尤喜纺棉。"

我应该感谢母亲，她教给我与困难做斗争的经验。我在家庭中已经饱尝艰苦，这使我在三十多年的军事生活和革命生活中再没感到过困难，没被困难吓倒。母亲又给我一个强健的身体，一个勤劳的习惯，使我从来没感到过劳累。

我应该感谢母亲，她教给我生产的知识和革命的意志，鼓励我以后走上革命的道路。在这条路上，我一天比一天更加认识：只有这种知识，这种意志，才是世界上最可宝贵的财产。

母亲现在离我而去了，我将永不能再见她一面了，这个哀痛是无法补救的。母亲是一个平凡的人，她只是中国千百万劳动人民中的一员，但是，正是这千百万人创造了和创造着中国的历史。我用什么方法来报答母亲的深恩呢？我将继续尽忠于我们的民族和人民，尽忠于我们的民族和人民的希望——中国共产党，使和母亲同样生活着的人能够过快乐的生活。这是我能做到的，一定能做到的。

愿母亲在地下安息！

互动交流

《回忆我的母亲》是朱德同志深切悼念自己母亲的回忆性散文，写出了母亲—— 一位平凡而又伟大的劳动妇女——对自己的深刻影响，表达了对母亲深深的爱。讲一讲你的爷爷奶奶、爸爸妈妈勤俭持家的故事及对你产生的影响。

材料三：

钱学森勤劳为国

钱学森1911年出生在上海市，1934年毕业于上海交通大学。他为了更好地报效祖国，于1935年考取美国麻省理工学院进行深造学习，并于1936年转入加州理工学院继续学习，并拜著名的航空科学家冯·卡门为师，学习航空工程理论。钱学森学习十分努力，三年后便获得了博士学位并留校任教。在冯·卡门的指导下，钱学森对火箭技术产生了浓厚的兴趣，并在高速空气动力学和喷气推进研究领域中突飞猛进。不久，经冯·卡门的推荐，钱学森成了加州理工学院最年轻的终身教授。从1935年到1950年的15年间，钱学森在学术上取得了巨大的成就，生活上享有丰厚的待遇，但是他始终想念着自己的祖国。

经过努力，1955年10月18日，钱学森一家人终于回到阔别20年的祖国。一回到中国，钱学森就全身心地投入到新的工作中去，成为中国导弹计划的实际负责人。回国不到一年，钱学森提交了一份建议草案，提议发展中国自己的弹道导弹系统。建议很快被批准，1956年底，他被任命为该计划的首席主管。1958年，钱学森设计出东风系列导弹的蓝图，1964年成功进行了试射。后又研发了长征系列运载火箭。1999年，钱学森获"两弹一星"功勋奖章。1992年，中国开始实施载人航天计划，以钱学森研究的长征系列运载火箭为基础；2003年10月，中国发射了首个载人航天飞行器——神舟五号载人飞船。2001年，中科院紫金山天文台将发现的3763号小行星命名为"钱学森星"。勤奋成就了他。

"感动中国"组委会授予钱学森的颁奖词：在他心里，国为重，家为轻，科学最重，名利最轻。5年归国路，10年两弹成。开创祖国航天，他是先行人，披荆斩棘，把智慧锻造成阶梯，留给后来的攀登者。他是知识的宝藏，是科学的旗帜，是中华民族知识分子的典范。

互动交流

1. 当全世界人都看不起中国人的时候，钱学森却想方设法回到祖国母亲的怀抱。对此你有何感受？

2.钱学森取得了举世瞩目的科学成就，原因在哪里？

三、总结升华

生活需要勤劳，学习需要勤奋。勤劳是中华民族的传统美德，《诗经》中辛勤劳作的古人是勤劳，以钱学森为代表的老一辈科学家为了祖国的繁荣强大而忘我工作是勤劳，当代中学生靠努力学习改变命运是勤劳。中华文明延续不断、生生不息，成为唯一没有发生过断裂的文明。中华民族之所以能够自强不息，屹立于世界民族之林，其主要原因就是我们中华民族一直以来就是一个勤劳、勤奋的民族。希望我们广大青年不断弘扬中华民族的优秀品德，践行社会主义核心价值观，勤奋学习，将来为国家做出更大的贡献。

四、成长体验

1.品读感悟

陈有为：读书改变命运，勤劳结出硕果

大众网临沂2016年7月18日讯（记者 王巧） 12日下午，贵人道·2016系列活动之沂蒙优秀学子经验分享会第八站来到河东区。采访报道团队到河东优秀学子陈有为的家中，与他的父母和班主任老师一起畅聊他的高中学习和生活情况。陈有为是知识改变命运的范本，不足20平方米的职工宿舍就是陈有为的家，也就是在这样的困难情况下，陈有为奋发向上，高考取得678分的优异成绩。

毕业于临沂第二十四中学的理科生陈有为出生于1999年8月，今年高考成绩678分，报考上海交通大学。知识改变命运，陈有为就是一个很好的例子。陈有为认为，要想改变自己的命运，或许不只读书这一条路，但读书却是目前最好的出路。

陈有为的家，其实就是一间不足20平方米的职工宿舍。大众网记者看到，他和父母的床仅用一个布帘隔开，家里除了一个电磁炉，没有一件像样的家用电器。大众网记者了解到，陈有为老家在菏泽成武，2009年跟随父母到临沂上学，父母打工场所不断变换，陈有为辗转了许多学校。近两个月，陈有为的父亲严重过敏，几近丧失劳动能力，除了一个姐姐远在甘肃工作之外，所有的支出靠的是母亲每个月3000元的工资。

陈有为的班主任老师张建春告诉大众网记者，学校对于特困生是有补助的，三年的时间发放出去的补助金有30多份，但唯独没有陈有为的，因为陈有为从来就没有为自己申报过。当记者问及为什么不去申请补助金的时候，陈有为说，还过得去，没有必要。

不特殊对待，不给他增加压力，对陈有为采取"无为"的政策，是老师的一贯态度。在老师眼里，陈有为这样的学生很难得，他从来没有觉得学习是一件痛苦的事，而是享受其中的乐趣，他是一个天生就适合学习的学生。

陈有为说，每个人不可能一下子就提高自己，慢慢积累，厚积薄发，坚持下去总有一天你会发现自己早已经走了很远。

请谈谈你自己或身边同学刻苦学习的故事。

2. 诗朗诵

勤 劳

我知道，我还不够勤劳

没有尽情燃烧

我如火如荼的青春

在这片肥沃的土地上

我应该全心全意打拼

各种各样的感情

剪裁得当，认认真真

我知道，我应该勤劳

用劳动为自己壮骨强筋

我要向着成功

大踏步前进

不在乎风吹雨淋

每一次前进

都是幸福花开的声音

春风一吹，便带走了岁月的峥嵘

留给我们的是——一片忙碌

阳光肆意地在书桌上跳跃着

甚至，去亲吻疲倦的脸颊

挥不去——手上的疼痛，额上的汗珠

满书包的书本，并不是一张张纸

而是学生们的命运前途呵

可否有点空暇，抬头仰望

白云飘飘的季节

唯有勤劳才能令时间飞快

将青春留在课堂上，让峥嵘

成为春风的历史尘埃

五、教师寄语

中华民族的精神，是在五千年的历史长河中，在改造客观世界的实践活动中，形成的被本民族绝大多数成员所认同、所接受、所追求的思想品格、价值取向、道德规范。一个民族想要生存和发展，就要有一种昂扬向上的民族精神。人们要想生存发展，就必须以勤劳来获取生活来源。勤劳是生命延续的永恒主题。希望同学们了解中华民族的悠久历史，传承中华民族的优秀文化，增强我们的民族自尊心、自信心，以实际行动继承中华民族的文明精髓，弘扬和培育民族精神，做一名合格的中学生。

▌拓展延伸

侯宝林抄书

语言大师侯宝林只上过三年小学，由于他勤奋好学，终于成为著名的相声表演艺术家。有一次，他想买一部明代的笑话书《谑浪》，跑遍北京城的旧书摊也未能如愿。后来，他得知北京图书馆有这部书。时值冬日，他顶风冒雪，连续十八天跑到图书馆去抄书。一部十多万字的书，终于被他抄录到手。

名人名言

勇敢，事情必成；勤劳，幸福必到。 ——蒙古族谚语

人所缺乏的不是才干而是志向，不是成功的能力而是勤劳的意志。

——〔英〕部尔卫

时间给勤劳者留下串串的果实，而只给懒汉留下一头白发和空空的双手。

——〔苏〕高尔基

勤劳是穷人的财富，节俭是富人的智慧。 ——英国谚语

辛勤劳动的人，双手是万物的父亲。 ——哈萨克族谚语

勤劳致富是千古不变的真理。无论当学徒还是做老板，一样要拼、要搏、要奋斗。一件任务交给我，不管多么困难，我都要把它做好。工作是我最大的兴趣，勤劳是我创业的源头。 ——陈绍良

劳动一日，可得一夜的安眠；勤劳一生，可得幸福的长眠。

——〔意〕达·芬奇

"明天"，是勤劳的最危险的敌人。 ——〔苏〕苏霍姆林斯基

勤劳的家庭，饥饿过其门而不入。 ——〔美〕富兰克林

勤劳可以战胜一切困难。 ——日本谚语

出头露面的人是有福的。知道世人一定在瞧着他必须完成的事业，他从头到尾干得挺有劲儿。然而这样的人更值得尊敬，他默默无闻地躲在暗地里，在漫长的辛苦的日子里无报酬地劳动，得不到光荣也得不到表扬。只有一种思想鼓舞着他的勤劳：他的工作对大众是有益的。 ——〔俄〕克雷洛夫

世间没有一种具有真正价值的东西，可以不经过艰苦辛勤劳动而能够得到。

——〔美〕爱迪生

我觉得人生在世，只有勤劳，发奋图强，用自己的双手创造财富，为人类的解放事业——共产主义贡献自己的一切，这才是最幸福的。 ——雷锋

智慧、勤劳和天才，高于显贵和富有。 ——〔德〕贝多芬

不勤勉的人生便是罪过，无技艺的勤劳就是粗野。 ——〔英〕罗斯金

外貌的美是短暂的，表面的；精神的美才是内在的，永恒的。善良的心肠比美

丽的外衣更加重要，纯洁的灵魂比成套的高级家具更加可贵，勤劳的双手比金钱和地位更有价值。
　　　　　　　　　　　　　　　　　　　　　　　　　—— 陈玉蜀

　　伟大的成绩和辛勤劳动是成正比例的，有一分劳动就有一分收获，日积月累，从少到多，奇迹就可以创造出来。
　　　　　　　　　　　　　　　　　　　　　　　　　—— 鲁迅

　　肉体是精神居住的花园，意志则是这个花园的园丁。意志既能使肉体"贫瘠"下去，又能用勤劳使它"肥沃"起来。
　　　　　　　　　　　　　　　　　　　　　　　　　—— 佚名

　　成功是辛勤劳动的报酬。
　　　　　　　　　　　　　　　　　　　　　　　　　—— 希腊谚语

　　良机对于懒惰没有用，但勤劳可以使最平常的机遇变良机。
　　　　　　　　　　　　　　　　　　　　　　　—〔美〕马丁·路德

　　懒惰的人吊死在苹果树下，勤劳的人沙漠上可以种花。　　—— 中国民谚

　　社会主义制度的建立给我们开辟了一条到达理想境界的道路，而理想境界的实现还要靠我们的辛勤劳动。
　　　　　　　　　　　　　　　　　　　　　　　　　—— 毛泽东

　　冷天不冻下力汉，黄土不亏勤劳人。
　　　　　　　　　　　　　　　　　　　　　　　　　—— 佚名

　　勤劳工作、诚恳待人是迈向成功的唯一途径。这与没有尝过辛苦而获得成功的滋味迥然不同。不下功夫，却能成功，根本是不可能的事情。
　　　　　　　　　　　　　　　　　　　　　　　—〔日〕松下幸之助

躬耕

第 **15** 课

师恩难忘

班会背景

老师是红烛，燃烧自己照亮学生前进之路。这无私的奉献，令人永志不忘。尊师重教是中华民族的传统美德，古往今来，许多尊师重教的感人故事广泛流传。为激发学生对老师的感激之情，体会老师的爱与付出，培养学生的感恩之心，特召开本次班会。

班会目标

1. 引导学生感受老师的辛劳，理解老师的苦衷，发自内心地尊敬老师。

2. 增强感恩意识，以实际行动尊重老师，努力学习，做一名德智体美劳全面发展的好学生。

实施过程

一、情境导入

朗诵诗歌《老师，您好！》。

老师，您好！

男：在我们的心目中，您有写不完的故事，每一天都会有新的开头。

女：那没有结尾的结尾，总是回味无穷，有时虽然平淡，但平淡也是真，也是美，如遍布道旁的小花，清香怡人。

男：在我们的记忆中，您衣着很普通，不潇洒也不华丽，很难捕捉到流行的气息。

女：其实，您也在追求一种美，那是智慧与文明的芬芳。每当您的身姿出现在讲台，比将军还神气。

男：一抬手，一投足，都是那么富有感召力。您瞧，几十双眼睛把您注视。

高英华校长执教示范课

女：您抑扬顿挫的声音如同山间清泉，叮咚叮咚浸润每个人心田。

男：您和蔼可亲的笑容恰似严冬的暖流，带来人生的甜蜜。

合：踏遍千山万水，历经风风雨雨，不能忘记的就是您。

女：知识的海洋无边无际，您就像那老练的舵手，带领我们劈风斩浪驶向远方。

男：也许有一天，我们站在一起，我比您高，但我清楚地记得，是您把我高高擎起。

合：您就是我们敬爱的老师，学生心中永不落的太阳。

同学们，我们的老师平时指导我们学习，教导我们做人，像父母一样关心我们的生活，为我们奉献出无私的爱！我们该如何赞美老师呢？

二、思维碰撞

材料一：

张良拜师

张良常常出游外地，访贤求师。有一天，他走到一座桥旁边，看见桥头坐着一位胡子全白了的老人。

老人一条腿搭在另一条腿上，脚尖勾着鞋不停地晃动。张良觉得好笑，就多看了他几眼，老人见张良瞧自己，忽然一抬脚，把鞋甩到桥下面去了。老人对张良说："年轻人，你去，把我的鞋捡上来！"张良听了，心里很不高兴，可再一看，老人胡子、头发都白了，就忍住性子，把鞋捡了上来，送到老人跟前。谁知那老人又把脚往前一伸说："你给我穿上。"张良还是忍住性子，蹲下身来，替老人穿上了鞋。老人笑了笑，慢慢地站起来，什么也没说，大摇大摆地走了。张良望着老人的背影，觉得很奇怪。他刚转身要走，老人又回来了，对他说："你这个年轻人不错，我愿意教你学点儿本事。五天以后的早晨，你在这儿等我。"张良连忙答应了。第五天早晨，他刚上桥，就见老人已经站在桥上了。老人生气地说："你怎么让我老头子等你呀？这样可不行。要想学，再等五天吧！"又过了五天，张良一听鸡叫，就起身往桥上去，可老人又先到了。他只好认错。老人瞪了他一眼说："你要真想学，过五天再来。"说吧，拂袖而去。盼到第四天，到了晚上，张良连觉也没睡，半夜就到桥上等着。过了一会儿，老人一步一步地走过来了。张良迎上前去，施了见面礼。

老人高兴地说："年轻人要学本事，就得这样啊！"老人从怀中取出一卷兵书，递给张良说："你好好读这部书，将来准能成就大事业。"张良接过书，道了谢，还想再问些什么，老人转过身，头也不回地快步走远了。从此，张良专心致志地钻研这部兵书，最终成了一位有名的军事家。

材料二：

程门立雪

杨时从小就聪明伶俐，四岁入村学学习，七岁能写诗，八岁能作赋，人称神童。他十五岁时攻读经史，熙宁九年登进士榜。他一生立志著书立说，曾在许多地方讲学，备受欢迎。居家时，长期在含云寺和龟山书院，潜心攻读，写作教学。

有一年，杨时赴任浏阳县令途中，不辞劳苦，绕道洛阳，拜师程颐。有一天，杨时与他的学友游酢，因对某问题有不同看法，为了求得一个正确答案，一起去老师家请教。

时值隆冬，天寒地冻，浓云密布。他们行至半途，就下起了大雪。他们来到程颐家时，适逢先生坐在炉旁打坐养神。杨时二人不敢惊动打扰老师，就恭恭敬敬地侍立在门外，等候先生醒来。

过了良久，程颐一觉醒来，从窗口发现侍立在风雪中的杨时和游酢，赶忙起身迎他俩进屋。

后来，杨时学得程门的真谛，东南学者推杨时为"程学正宗"，世称"龟山先生"。"程门立雪"的故事也成了尊师重道的千古美谈。

材料三：

毛泽东尊师的故事

徐特立是毛泽东在湖南第一师范读书时的老师，比毛泽东长16岁。他只有六年半学历，靠自学而精通古文、历史、地理和数学等知识。他的生活作风和治学方法对毛泽东有很深的影响。后来，徐特立积极投身革命，加入了中国共产党，在中央苏区和延安一直从事革命教育工作，为无产阶级教育事业做出了重大贡献。毛泽东称徐老是他"最敬佩的老师"，对他敬如长辈。

1937年2月1日是徐特立60岁的生日。在延安各界为徐特立举行60寿辰庆祝大会的前一天，正忙于制定抗日救国大计的毛泽东，怀着对师长的尊敬之心，写了一封感情真挚的信给徐特立，为他祝寿。这封信充分肯定了徐特立"革命第一、工作第一、他人第一"的高尚品德。毛泽东说："你是我二十年前的先生，你现在仍然是我的先生，你将来必定还是我的先生。"这句话已成为尊师敬师的至理名言。

互动交流

在你学习成长的过程中，哪位教师的哪些事最令你难忘？说给大家听听吧。

三、总结升华

教师是我们的引路人，是文明的传播者，更是我们学习的榜样。我们的老师，没有华丽的舞台，一支支粉笔是他们耕耘的犁头，三尺讲台是他们奉献的阵地。他们起早贪黑，不辞辛劳，默默无闻，两袖清风，忍辱负重，甘于奉献，是我们永远也不能忘记的人。希望同学们真正地理解老师，发自内心地尊敬并感恩老师。

四、成长体验

1.感悟师恩

（1）观看视频《我们老师的一天》。让我们为辛勤培育我们的老师献上一句话，表达我们对老师的敬意。

（2）你身边是否出现过不尊重老师的现象？我们应该如何处理和老师的关系？

2. 欣赏歌曲《每当我走过老师的窗前》

3. 合唱歌曲《感恩的心》

刘方红老师执教公开课

五、教师寄语

感恩老师，并不需要我们去做什么惊天动地的大事，它表现在日常生活中的点点滴滴：课堂上，全神贯注的目光证明你在专心地听课，这便是感恩；下课后，在走廊里看到了老师，一抹淡淡的微笑，一声礼貌的问候，也是感恩；你优异的成绩、一点一滴的进步，更是对老师的感恩。希望同学们从小事做起，真正用实际行动回报老师。

▌拓展延伸▐

居里夫人感恩老师

居里夫人，是世界上最著名的女科学家，曾经两次获得诺贝尔奖。她在取得巨大的成就和受到世人的敬仰时，首先想到的是自己少年时代的欧班老师。居里夫人在家里热情接待了欧班老师，并亲自下厨房做菜，向老师祝酒。饭后又和老师紧紧挨在一起，亲切地谈心。她使欧班老师忘掉了一切拘束，忘掉了面前是一位诺贝尔奖的获得者。

习近平主席同北京师范大学师生代表座谈时的讲话（节选）

2014年9月9日

邓小平同志曾经指出："一个学校能不能为社会主义建设培养合格的人才，培养德智体全面发展、有社会主义觉悟的有文化的劳动者，关键在教师。"教师重要，就在于教师的工作是塑造灵魂、塑造生命、塑造人的工作。一个人遇到好老师是人生的幸运，一个学校拥有好老师是学校的光荣，一个民族源源不断涌现出一批又一批好老师则是民族的希望。……各级党委和政府要从战略高度来认识教师工作的极端重要性，把加强教师队伍建设作为基础工作来抓，满腔热情关心教师，改善教师待遇，关心教师健康，维护教师权益，充分信任、紧紧依靠广大教师，支持优秀人才长期从教、终身从教，使教师成为最受社会尊重的职业。……"三寸粉笔，三尺讲台系国运；一颗丹心，一生秉烛铸民魂。"今天的学生就是未来实现中华民族伟大复兴中国梦的主力军，广大教师就是打造这支中华民族"梦之队"的筑梦人。

名人名言

身教重于言传。 ——〔明末清初〕王夫之

要想学生好学，必须先生好学。唯有学而不厌的先生才能教出学而不厌的学生。 ——陶行知

教师的人格就是教育工作者的一切，只有健康的心灵才有健康的行为。

——〔俄〕乌申斯基

教师是人类灵魂的工程师。 ——〔苏〕斯大林

春蚕到死丝方尽，蜡炬成灰泪始干。 ——〔唐〕李商隐

经师易遇，人师难遭。 ——《资治通鉴》

古之圣王，未有不尊师者也。 ——〔秦〕吕不韦

举世不师，故道益离。 ——〔唐〕柳宗元

为学莫重于尊师。 ——〔清〕谭嗣同

古之学者必严其师，师严然后道尊。 ——〔宋〕欧阳修

教育者的关注和爱护在学生的心灵上会留下不可磨灭的印象。

——〔苏〕苏霍姆林斯基

第**16**课

谁不说俺家乡好

班会背景

三河纵贯,群山秀美;红色故土,美丽沂南;物华天宝,人杰地灵。一代智圣诸葛亮,鞠躬尽瘁美名扬;书法大家颜真卿,铮铮铁骨字如人。沂蒙山和井冈山、延安被称为三大革命圣地,曾经为新中国的诞生做出了巨大的贡献和牺牲。孟良崮上红旗飘,沂蒙精神代代传。革命前辈曾扎根沂南前赴后继,沂蒙子弟走遍全国无私奉献。作为沂南人,作为中学生,继承沂南传统文化,发扬红色革命精神,是历史的呼唤,是时代的要求。

让学生走近家乡,了解家乡的名胜古迹和名人,感受家乡的青山秀水、灿烂文化,从而激起学生心底的自豪感,提高其努力学习的自觉性以及将来建设家乡的责任感。

班会目标

1. 走进沂南,带领学生熟悉家乡的自然和红色历史,见证家乡的变化,增强学生对家乡的自豪感、荣誉感。

2. 激发学生爱家乡爱祖国的热情,努力学习,建设美丽家乡。

实施过程

一、情境导入

沂南县地处沂蒙根据地中心，革命战争年代，这里被誉为山东的"小延安"，山东省政府前身——山东省战时工作推行委员会成立于该县古镇青驼寺；这里是举世闻名的革命老区，涌现出了"红嫂"明德英、"沂蒙母亲"王换于等一大批先进英模人物……

人是故乡亲，月是故乡明。巍巍蒙山，滔滔沂水，养育了故乡人，养大了我和你。故乡是杜甫"烽火连三月，家书抵万金"的焦虑，故乡是岑参"故园东望路漫漫，双袖龙钟泪不干"的眺望，故乡是李白"举头望明月，低头思故乡"的思念。如今，我们的家乡沂南正处在一个和谐发展的时代，正全力向小康社会迈进。作为一名中学生，我们应该更多地了解我们的家乡，关注我们的家乡，为建设家乡而努力学习。

了解沂南红色历史，珍惜今天幸福生活，继承发扬优良传统，弘扬沂蒙革命精神，是历史的呼唤，也是时代的要求。

二、思维碰撞

（一）走近沂南名胜

孟良崮风景区

孟良崮位于临沂市蒙阴县垛庄乡境内，属蒙山山系，主峰海拔575.2米，面积1.5平方千米。相传宋朝杨家军将领孟良曾屯兵于此，故名。1947年5月，华东野战军在陈毅、粟裕的指挥下，于孟良崮一举歼灭了国民党的精锐部队整编七十四师及援军一部共32000余人，击毙该师师长张灵甫，孟良崮由此名扬海内外。孟良崮旅游区主要景点有孟良崮国家级森林公园、孟良崮战役纪念碑和孟良崮战役纪念馆。孟良崮国家级森林公园占地800公顷。孟良崮主峰上建有孟良崮战役纪念碑，山下建有孟良崮战役纪念馆，现为山东省爱国主义教育基地。

孟良崮战役纪念馆

蒙山彩蒙景区

蒙山彩蒙景区属蒙山四蒙之一，位于沂南县境内西南端，面积52平方千米。该景区是蒙山国家地质公园和蒙山国家4A级旅游区的组成部分。

彩蒙景区素称五彩山，五座山峰呈弧形做五指状排列，每逢雨后初晴，阳光折射到云雾缭绕的五座山峰上，呈现出五颜六色的画面，故得名五彩山。主峰彩蒙顶海拔762.8米，是沂南县最高峰。景区阳坡缓和，阴坡陡峭，峰峦叠嶂，沟壑纵横，有春樱、秋栗、夏瀑、冬雪四季美景。金蟾迎宾、仙女晾衣、青山叠瀑、龙潭戏水等众多景点，巧夺天工，远近闻名。景区内森林覆盖率达70%，林木面积3万多亩，有30多个珍贵树木品种。据中科院生态研究中心测定，这里空气负氧离子的含量为每立方厘米220万个，为近地空气平均值的4400倍，居全国之最，被誉为"天然氧吧""养生天堂"。

景区的土壤气候条件适宜樱桃生长，彩蒙樱桃色泽鲜艳，个大味美，闻名遐迩。黑山羊是五彩山的特产，以其肉嫩汤鲜吸引了大量食客。

景区内还有丰富的人文景观，抗战时期山东邮政局、大众日报旧址及国际友人汉斯·希伯牺牲地等红色景点坐落于此。

景区交通便利，距沂南县城30千米，距临沂市50千米，京沪、日东高速公路和205国道均在5千米之内，为休闲旅游提供了便利条件。

沂蒙红色影视基地

位于沂南县马牧池乡常山庄村，总占地1129亩，由"中国红嫂革命纪念馆""常山古村""沂州古县城""山乡梦影视服务中心"组成，总投资2.6亿元，是一处集红色旅游、影视拍摄、党性教育、餐饮娱乐等功能于一体的综合性休闲度假旅游景区。这里有用乳汁救伤员、被评为全国"双百"英模人物的"红嫂"原型明德英的故居，有创办"战地托儿所"养育革命后代的"沂蒙母亲"王换于的故居，有妇救会长李桂芳带领姐妹们为部队架起"火线桥"的旧址，有千万个推磨、碾米、烙煎饼、做军鞋、缝军衣拥军支前的姐妹们的先进事迹。这里是抗日根据地的中心，是百姓集体英雄主义纪念地，是沂蒙精神发源地。在不足10平方千米的范围内就有"小车队长"李家才故居、战邮会纪念馆、中共山东分局旧址、山东纵队司令部旧址、苏鲁豫皖边区省委旧址、山东抗日军政干部学校、抗大一分校旧址、北海银行旧址、火线桥旧址、战地托儿所旧址、战时总医院旧址、战时兵工厂旧址、战地供销社旧址等红色遗迹30余处，是典型的革命传统教育基地。

这里是"红嫂"乳汁救伤员的真实发生地，是当年沂蒙革命根据地中心，至今仍保留着抗战时期的古村风貌。

竹泉村

竹泉村位于沂南县北部，距县城12千米，400余口人，面积1800亩。元明时期叫泉上庄，清朝乾隆年间改名竹泉村。古村泉依山出，竹因泉生，村民绕泉而居，砌石为房，竹林隐茅舍，家家临清流，田园瓜果香，居者乐而寿，是中国北方少见的桃花源式的古式农村；古村背倚玉皇山，中有石龙山，左有凤凰岭，右有香山河，前有千顷田，是中国传统的风水宝地。村中有一泉，水边多竹，名竹泉。泉水四季恒温，富含人体必需的十几种微量元素，经鉴

沂南竹泉村风光

定符合国家饮用天然矿泉水标准，村人饮用此水多长寿，无恶疾。该村至少有四百年的历史，村民以高姓居多、赵姓次之。高氏族人明末兵部右侍郎高名衡、明末青州衡王府仪宾高炯都曾在此修建别墅，至今别墅屋基犹存。

互动交流

沂南原来在你的心目中是什么样子？你还知道沂南的哪些风景名胜？你对家乡沂南的变化有哪些感受？请为美丽的家乡沂南点赞吧！

（二）述说沂南文化

历史文化

诸葛文化：沂南古称阳都，是三国时期著名思想家、军事家诸葛亮的诞生地。在齐鲁文化的熏陶中，诸葛亮在这里度过了童年时代，14岁时随叔父客走南阳卧龙岗。两千年来，他死而后已的献身精神、勤奋爱民的道德操守、机敏巧思的高度智慧，激励、启迪了历代仁人志士，成为中华民族一笔宝贵的文化财富。为弘扬优秀民族文化，发展先进文化，临沂市委市政府与沂南县委县政府自2005年起共同举办了多届中国临沂诸葛亮文化旅游节。

北寨汉墓群：沂南县北寨汉代古画像石墓，俗称将军冢。位于沂南县界湖镇北寨村，是目前全国现存规模最大、保存最完整的大型汉画像石墓。1954年发掘，1977年被定为省级重点文物保护单位，2001年被定为国家级重点文物保护单位。

沂蒙红色文化

省战工会遗址：位于沂南县青驼镇的青驼寺。1940年7月至8月26日，山东省第一届各界人民代表联合大会在此召开，出席大会的有山东省初选国大代表和各地区、各人民团体的代表共300余人。大会主席团由范明枢、朱瑞、黎玉、李澄之等27人组成。1990年，山东省政府为纪念战工会成立五十周年，对旧址进行重修。纪念馆南北长13米，宽71米，由徐向前元帅题名的"山东抗日民主政权创建纪念碑"耸立院中，与仅存的一棵古银杏树交相辉映。该馆介绍了大会召开时的盛况，并陈列有会议通过的一些文件、照片，具有极为珍贵的历史价值。

沂蒙母亲纪念馆：沂蒙母亲王换于纪念馆位于她的家乡沂南县马牧池乡东辛庄。2003年9月19日隆重举行开馆仪式，原国家军委副主席、国防部长迟浩田亲笔题写了"沂蒙母亲王换于纪念馆"馆名。

互动交流

家乡沂南的红色文化你了解哪些？沂蒙精神的文化内涵是什么？这些红色文化对我们的现实生活有什么意义？

（三）寻访沂南名人

诸葛亮

诸葛亮（181—234），字孔明，号卧龙（也作伏龙），汉族，徐州琅琊阳都（今山东临沂市沂南县）人。三国时期蜀汉丞相，杰出的政治家、军事家、散文家、书法家、发明家。在世时被封为武乡侯，卒后追谥忠武侯，东晋政权因其军事才能特追封他为武兴王。其散文代表作有《出师表》《诫子书》等。曾发明木牛流马、孔明灯等，并改造连弩，可一弩十矢俱发。建兴十二年（234）在五丈原（今宝鸡岐山境内）逝世。

刘禅追谥其为忠武侯，故后世常以武侯、诸葛武侯尊称诸葛亮。诸葛亮一生鞠躬尽瘁，死而后已，是中国传统文化中忠臣与智者的代表人物。

诸葛亮塑像

高名衡

高名衡，1583年生于今沂南县大庄镇，卒于崇祯十五年（1642），明末河南巡抚，兵部右侍郎。万历四十六年（1618）中举，崇祯四年（1631）中进士。出任江苏如皋县令，后调任兴化县令。他督民治水，赈济难民，政绩突出。曾在给崇祯皇帝的奏疏中提出"选贤任能，不必循资论俸；整顿吏治，亟严逗怯之诛"，受到崇祯帝赞赏。

崇祯十二年（1639），出任河南巡按，弹劾贪官，严肃政纪，忠于职守。崇祯十四年（1641），李自成率农民起义军攻开封，高名衡率官兵固守。月底，农民起义军撤走。十二月，李自成率众再攻开封，不下。翌年五月，又攻开封。高名衡指挥官兵顽抗，后因粮草断绝，城内人口饿死大半。九月，他派人决黄河大堤，水淹农民起义军。农民起义军也决黄河大堤，以水灌城。因城墙坚固，未能奏效，农民起义军撤走。擢升兵部右侍郎。不久，因病归里。

崇祯十五年（1642）冬，清兵攻破沂水城，高名衡见明朝大势已去，与妻张氏自杀。清乾隆四十一年（1776），谥忠节。

"沂蒙母亲"王换于

精心照料烈士子女

1888年，王换于出生于沂南县岸堤镇圈里村一户贫穷的王姓家庭，直到出嫁也没有自己的名字。19岁嫁到马牧池乡东辛庄于家，她就被称为于王氏。

抗战爆发后，于王氏因性格直爽，办事干练，思想比较先进，被当地党组织培养成了抗日积极分子。据说于王氏嫁到婆家时，于家用了两斗谷子。于王氏入党时有个干部说，从王家嫁到于家，是用两斗谷子换的，就叫王换于吧。

入党不久，王换于被选为村妇救会会长和艾山乡副乡长，还担负起了抚养革命同志孩子的任务。当时，由于日寇疯狂"扫荡"，中共山东分局和八路军第一纵队机关首长徐向前、朱瑞来到了东辛庄。因为战乱，部队干部的孩子都很消瘦，王换于就向徐向前建议说："这样下去不行，得给孩子找奶娘。既能照料好孩子，打起仗来也好掩护。"

在当地党组织协助下，王换于办起了战时部队机关托儿所，第一批转来了27个孩子。这些孩子中最大的七八岁，最小的生下来才三天，其中有徐向前的女儿小何（乳名），罗荣桓的女儿罗琳，陈沂、马楠夫妇的女儿陈小聪等。

那时候，大人们都吃不饱，也没有多少奶水喂孩子，许多孩子体质很差。王换于就挨村挨户打听，谁家孩子夭折了，就动员哺乳期的妇女不要把奶退回去，把需要哺乳的孩子送过去抚养。

对战时托儿所里的每一个孩子，王换于都细心呵护。有一次，王换于去西辛庄看望寄养的革命后代，发现孩子瘦得不像样，非常心疼，就将孩子抱回家。当时，王换于的儿媳正在哺乳期，在抚养自己孩子的同时还要喂养这些孩子，奶水不够。她对儿媳说："这些孩子有些是烈士的后代，让咱的孩子吃粗粮，把奶给这些孩子喝吧。咱的孩子没了，还可以再生，咱可不能让烈士断了根呀。"抗战期间，王换于先后有四个孙子夭折。在王换于及其儿女们的精心呵护下，托儿所的孩子个个都健康成长。新中国成立后，遍布全国的王换于的"儿女"们，纷纷来看望这位革命母亲。

机智保护干部名册

1940年夏，山东各界代表冲破敌人封锁，在沂南县青驼寺召开了山东省各界代表联合会，选举成立了山东省战时工作推行委员会。会后，出版了长约20万字的《山东省联合大会会刊》，集中登载了山东省行政机关和群众团体所有领导成员名单。

在日寇"扫荡"最疯狂的时期，有一天，山东省参议会副参议长马保三把《山东省联合大会会刊》这本书交给了王换于，对她说："现在把这本书交给您保管，要比掩护一个战士或干部还要重要。您要千方百计保存好，等战争胜利了我们再来取。"

王换于用一块印花棉布把书包好，有时候在家里挖个地洞放进去，有时候又把它转移到山洞里，当敌人"扫荡"危急的时候就把书揣在怀里。抗战时期，王换于凭着多年的斗争经验，用生命保护着这本书。抗战胜利了，国民党又发动了内战，这本书让王换于再一次处于生死边缘。

1947年冬的一天中午，国民党还乡团到解放区抢掠，王换于带上这本书准备转移。突然，还乡团闯进她家，端着明晃晃的刺刀恶狠狠地问道："你叫王换于吗？听说你给'共军'藏过东西。现在还有什么？快交出来！"

"俺听不懂你们的话。过去打鬼子的，到俺家不过是喝水、吃饭，俺没见过什么东西。"一个还乡团匪徒打了她两个耳光，并把刺刀架到她脖子上威胁说："要是交不出东西，就要你这条老命！"

王换于虽然摆出一副满不在乎的样子，可心里扑通扑通直跳。这本书正放在她的棉裤腰里，要是他们搜身怎么办？恰巧这时，有个还乡团匪徒捣了她一枪托子，她疼得猛一缩肚子，那本书就滑到裤筒里去了。她双腿缠着腿带子，这本书反而安全了。

在搜身时，王换于急中生智大叫："你们想干什么？我一个老妈子都60多岁了，日本鬼子都没能把我怎么样，你们想怎么样？你们是不是爹妈生的？"说着，解开大襟扣子，接着做出要解裤腰带的样子。还乡团灰溜溜地走了。

就这样，王换于机智地救了自己，也保住了这本书上的党员干部。直到1978年，王换于见没人来取，便把这本书交给了当地有关部门。随后，这本书被征调到山东省档案馆，填补了关于山东省第一次各界人士代表联合大会资料的空白。

悉心救助抗日干部

1941年11月，日寇对沂蒙山区进行"铁壁合围"式"扫荡"。有一天下午，依汶村的王洪山推着独轮小车，把一名伤员送到王换于家里。伤员浑身血肉模糊，前胸、后背和四肢的皮肉都像烙熟了一样，看不出什么样，就剩下一口气了。

王换于和儿媳抱着一丝希望，对伤员立即进行抢救。她们一人撬开伤员的嘴，一人用匙子慢慢给他喂红糖水。经过数天细心照料，伤员终于睁开了眼。这时，她们才知道这名伤员是以前曾在这里住过的大众日报社的毕铁华（后改名白铁华）。

原来，当年11月留田突围时，大部分敌人被罗荣桓的部队"牵着鼻子"离开了根据地。有一天下午，毕铁华、王雁南等同志回到依汶村，查看大众日报社埋藏的印刷材料和其他物资。不料，这天敌人突然包围了依汶村。毕铁华被捕后，日寇对他严刑拷打，用点燃的香在他身上一点一点地烧，并用烧红了的铁锨烙他的身体，但没有从他嘴中得到任何东西。后来，敌人误认为毕铁华死了，就把他扔到野外，结果他又苏醒了过来。

为了给他治伤，刚开始用蜂蜜抹得跟琉璃似的，但不见好转。后来，王换于听说獾油拌头发灰能治烙伤，就找到一家猎户托他打了一只獾，王换于把自己的长发剪下来烧成灰，给他搽敷。后来又听说"老鼠油"是专治烧伤的特效药，她又想法弄来。除了这些土法子，还找来蛤蟆草啊、车折子啊等中草药，给他熬水喝，给他洗伤口。一直到第二年夏天，毕铁华才好得差不多了。

在抗日战争艰苦的岁月中，王换于多次冒着生命危险，掩护并救治了一大批八路军伤员。每当附近有战斗时，战斗一结束她便和儿媳去收容掉队的干部战士，为他们化装，送他们归队。

1947年，中国妇女运动的先驱蔡畅在第一次世界妇女代表大会上，代表中国妇女做了王换于事迹的专题报告，王换于的名字从此名扬中外。

2003年，在王换于去世14年后，当地政府修建的"沂蒙母亲王换于纪念馆"正式开馆。来自当年战地托儿所的"孩子们"跪在王换于铜像前，一声声呼喊"妈妈"，个个泪流满面。如今，王换于纪念馆每天都有熙熙攘攘的游人，人们缅怀这位伟大的母亲，感受战争年代的军民鱼水情。

"沂蒙红嫂"明德英

明德英（1911—1995），抗日英雄模范，女，汉族，山东省沂南县人。明德英也被公认为"沂蒙红嫂"的生活原型，赢得了人们的敬重和爱戴。新中国建立后，她先后把儿子、女儿、孙子等送入子弟兵行列，体现了爱党爱军的沂蒙精神。明德英老人于1995年与世长辞，享年84岁。

明德英出生于贫苦农民家庭，两岁时因病致哑。全国抗战爆发后，她在家乡目睹了共产党八路军坚持抗战、一切为了民众的实际行动，从而对共产党八路军怀有深厚感情。1941年冬，大批日伪军包围了驻沂南马牧池村的八路军山东纵队司令部。11月4日，八路军一名小战士在反"扫荡"突围中身负重伤，被明德英机智勇敢地救下。当搜捕的日军走后，伤员因失血过多，缺水休克，在周围没有水源的情况下，正在哺乳期的明德英毅然用乳汁救活了伤员。随后，她又和丈夫李开田倾其所有，收养伤员半个多月，使其康复归队。1943年，她又从日军的枪林弹雨中抢救出八路军山东纵队军医处香炉石分所13岁的看护员庄新民。明德英救护八路军战士的情节，后被写入小说《红嫂》，编入京剧《红云岗》、舞剧《沂蒙颂》。"沂蒙红嫂"用乳汁救伤员的故事随之传遍全国，明德英被公认为"沂蒙红嫂"的生活原型，赢得了人们的敬重和爱戴。国防部原部长迟浩田上将在探望她时，特为她题词："蒙山高，沂水长；好红嫂，永难忘。"

互动交流

走近沂南历史名人，你从中受到什么启示？有什么感悟？

（四）欣赏歌曲《把根留住》

把根留住

演唱：童安格

多少脸孔

茫然随波逐流

他们在追寻什么

为了生活

人们四处奔波

却在命运中交错

多少岁月

凝聚成这一刻

期待着旧梦重圆

万涓成水

终究汇流成河

像一首澎湃的歌

一年过了一年

啊——一生只为这一天

让血脉再相连

擦干心中的血和泪痕

留住我们的根

多少岁月

凝聚成这一刻

期待着旧梦重圆

万涓成水

终究汇流成河

像一首澎湃的歌

一年过了一年

啊——一生只为这一天

让血脉再相连

擦干心中的血和泪痕

留住我们的根

一年过了一年

啊——一生只为这一天

让血脉再相连

擦干心中的血和泪痕

留住我们的根

（五）爱我家乡，建设家乡

沂南县正在加快推进新型城镇化建设，积极打造"富强沂南、生态沂南、宜居沂南、文化沂南、和谐沂南"，不断加快城市建设步伐。作为新时代的中学生，我们应该怎样为家乡做贡献？

三、总结升华

可爱的家乡沂南，是一片多情的土地，哺育了我们；是一片肥沃的土地，滋养了我们；是一片文化的土地，教育了我们！"沂蒙红嫂"明德英、"沂蒙母亲"王换于，是千万沂南人民的代表。拥军爱军的光荣传统将在我们这一代发扬光大！

四、教师寄语

我们的家乡沂南被称为革命战争年代的"山东小延安"，陈毅、徐向前等老一辈无产阶级革命家曾在这里战斗过，生活过。革命战争年代，滔滔汶河水见证了"沂蒙红嫂"和"沂蒙母亲"的伟大壮举，巍巍沂蒙山铭记了沂南民工们用小推车支前的光荣历史。曾经的辉煌激励了一代代勤劳善良的乡亲们，今天的沂南人正在为建设一个美丽富饶、宜居宜游的新家乡努力奋斗。美丽的竹泉村被评为中国十大最美乡村之一，沂蒙红色影视基地声名远播，独具特色的乡村自然景观旅游红红火火。让我们努力学习，为了家乡更好更快地发展做出自己的贡献吧！

拓展延伸

沂蒙精神

吃苦耐劳　勇往直前　永不服输　敢于胜利

爱党爱军　开拓奋进　艰苦创业　无私奉献

沂南历史

沂南县隶属于山东临沂。总面积1706平方千米，辖16个乡镇（街道）、1个省级经济开发区，572个行政村，人口90万（2008年）。

境内有"三高一铁"（京沪高速公路、日兰高速公路、长深高速公路和胶新铁路）及两条国道、三条省道，交通便利；距临沂机场30千米，距日照港80千米，区位优势明显。沂南县是"第七批国家级生态示范区""全国科技先进县""全国计生协会工作先进县""全国体育工作先进县""全国首批健康养殖示范县""全国粮食生产先进县""全省双拥模范县""平安山东建设先进县"。

沂南是革命老区。革命战争年代，沂南是沂蒙山革命根据地的中心、沂蒙精神的重要发源地之一。

沂南是文化旅游新县。这里有蒙山彩蒙景区、孟良崮国家森林公园等。

沂南县著名风景区

1. 山东智圣汤泉旅游度假村，占地370亩，建筑面积5.5万平方米，按国家AAAA级旅游景区标准精心打造，集温泉沐浴、休闲养生、生态旅游于一体，是国内一流温泉旅游度假景区。度假村共分为客房接待中心、餐饮中心、会议中心、温泉中心和温泉剧场五大主题。

2. 竹泉村旅游度假区位于沂南县铜井镇，景区以竹泉古村为依托，是一处以生态观光、休闲度假、商务会议为核心，集观光、休闲、住宿、餐饮、会议、度假、娱乐、拓展于一体的综合性旅游度假区。在这里您可以欣赏到竹林、泉水、古村落的美景，您可以入住星级装修标准的生态民居套房，您可以品尝到蒙山全羊、蒙山全蝎、沂蒙光棍鸡等富有特色的地方美食，您可以体验滑草、漂流、采摘等户外项目的乐趣。来到竹泉村融入山水之中，可体验真正的回归自然。

3. 孟良崮国家森林公园位于"诸葛故里，红嫂家乡"——沂南县孙祖镇孟良崮林场，总面积658.8公顷，占整个孟良崮战役遗址旅游区的87%，是驰名中外的孟良崮战役主战场和战役主要发生地。孟良崮为历代兵家必争之地，北宋抗金将领孟良曾在此安营扎寨，故名。孟良崮旅游区山险、石奇、洞幽、林翠，自然风光秀美，生态环境宜人，其自然生态资源、历史人文资源及红色资源相结合相统一，在现有旅游资源中是较为完美和独特的。

4. 诸葛亮文化旅游区是国家AAA级旅游区，位于沂南县城区西侧。

5. 沂南汉墓博物馆位于沂南县城西三千米的北寨村，是在沂南北寨墓群基础上修建的一座专题性博物馆，主要向人们展示北寨墓群墓葬文化及出土遗物，传播汉代民族文化。

6. 蒙山彩蒙景区，又称五彩山，临沂市十大景观之一。位于蒙山山脉东端的沂南西南部双堠镇，距县城驻地30千米，南面与费县交界，西面紧临蒙阴，总面积21平方千米。主峰彩蒙顶海拔762.8米，是沂南县最高峰。景区阳坡缓和，阴坡陡峭，峰峦叠嶂，沟壑纵横，有春樱、秋栗、夏瀑、冬雪四季美景。金蟾迎宾、仙女晾衣、青山叠瀑、龙潭戏水等众多景点，巧夺天工，远近闻名。景区内森林覆盖率达70%，林木面积3万多亩，有30多个珍贵树木品种。

7. 诸葛亮故里位于沂南县砖埠乡的阳都故城。诸葛亮，字孔明，号卧龙先生，是三国时期著名的政治家、军事家，公元181年出生于阳都故城。

8. 沂蒙母亲王换于纪念馆位于她的家乡沂南县马牧池乡东辛庄。王换于是当时著名的沂蒙"四大娘"之一，其家是著名的抗日堡垒户。

9. 沂蒙红色影视（党性教育）基地位于马牧池乡常山村，由山东沂蒙红色影视基地旅游开发公司投资开发，聘请山东省旅游规划设计院规划设计。基地共由"红嫂纪念馆""古山村""古县城""山乡梦度假村"四部分组成。

沂蒙山风光

第 **17** 课

保护环境，共建美好家园

班会背景

当前，我国环境状况总体恶化的趋势尚未得到根本遏制，环境问题已成为威胁人体健康、公共安全和社会稳定的重要因素。为坚定不移地推进生态文明建设，推动美丽中国建设，让绿色发展理念深入人心，特召开本次主题班会。

班会目标

1. 引导学生认识到现在环境的破坏程度，激发学生的环保责任感和使命感。

2. 普及环境保护的知识，掌握一定的保护自然环境的方法，养成良好的环保习惯，为保护环境、美化家园做出自己的贡献。

实施过程

一、情境导入

组织观看视频《美丽地球的过去和现在》和《保护我们的地球吧》，顺势导入班会主题。

二、思维碰撞

（一）环保调查

农村环境污染调查报告

人类生存的自然环境日益恶劣，保护自然环境、维持生态平衡，已是一个摆在全人类面前的重大课题。在我的记忆中，乡村生活总是保持着一种恬静、优美、安谧的状态，总能给人带去一份宁静，带去一份淡雅。而现在又是什么样的呢？

1.令人窒息的臭味

臭气来自养鸭场的鸭粪便，平时气味就很大，如遇到高温，臭气浓度会增加几倍。尽管政府规定畜禽粪便要干湿分离，不准冲洗，但很多养鸭场主不管不顾，照样用水冲，结果严重污染了周围河流，损坏了庄稼。

2.地下水不能喝了

好多村庄，当年都是到河里取水喝，或者每个村里都有井，喝的就是浅层地下水。如今，河里的水早就不能喝了，井水也不能喝了，连镇上供应的自来水也几乎不能喝了。河水不能喝是沿河工业尤其是屠宰业、工厂化养殖业造成的，河水已严重污染，成了劣五类水；浅层地下水不能喝是农业污染惹的祸，农民为图省事，减少向土地上投入，使用大量的化肥、除草剂等农药，导致赖以为生的地下水受到了污染。原本喝水不要钱的农民，今天尝到了花钱买水喝的苦头。

3.害虫越杀越多

农民每年都要向地里打多遍农药，加上播种期用农药拌种，使用农药四五次属于正常，如果种植果树，每年打药20多次。现在的农田充满了杀机，害虫几乎都是经过农药洗礼的，农药越用越多，而害虫似乎也越战越勇。在过去一百多年的人虫大战中，化学对抗的胜者似乎是害虫而不是人类——医院里癌症病人越来越多，而害虫繁殖速度依然成倍增长。

4.河流变成臭水沟

过去，河就是炎热夏季天然的避暑地，鱼虾成群。今天，不少河流已经严重变臭，水里的鱼虾没有了，沿河的芦苇荡没有了。河流每天都要负重将各种污染物搬运到下游去，再经过沿线的城市，最终流向大海。

5. 垃圾包围农村

倒退三四十年，乡村是很少有垃圾的。那个时候没有塑料袋，也没有农膜，主要是动物和人的排泄物。如今，人和动物的粪便比过去明显减少了，增多的是各种垃圾。首先是农田的地膜残留物，其次是各种农药、化肥的包装物，第三是各种食品的包装物，第四是各种塑料袋，第五是村民的各种生活垃圾。

6. 得癌症的多了

40年前，癌症对于村民完全是新名词。如今，村民们因病去世的多了，更多的病是在医院里查出的癌症。"癌"这个字里有三个口字，病从口入，癌症也多是吃出来喝出来的。空气中致癌物通过呼吸进入人体，也成为病变的一大诱因。村民们得肺癌、食道癌、肠道癌的多，就很可能与空气、水和食物污染有很大的关系。村民们告诉我说："打除草剂的时候连窗户都不敢开，气味很难闻；打农药时有时浑身红肿，洗澡都不管用。"他们在田间地头焚烧地膜时，点着火走了，但生成的致癌物却进入大气。对于这一点，村民是不知晓的。

互动交流

你所居住的村子里或是社区里还存在哪些污染？给人们带来哪些危害？

（二）环保知识

环境污染的种类与危害

一、环境污染物按性质可分为化学污染、物理污染和生物污染

1. 化学污染

（1）燃料的污染；（2）烹调油烟的污染；（3）吸烟烟雾的污染；（4）建筑材料的污染（放射性污染，石棉的污染，涂料、填充料及溶剂所含挥发性有机化合物的污染）；（5）装饰材料的污染；（6）家用化学品的污染；（7）VOC的污染；（8）室外污染对室内空气质量的影响；（9）其他污染物的影响；（10）臭氧的污染。

2. 物理污染

（1）噪声的污染；（2）电磁波的污染；（3）光污染。

3. 生物污染

（1）尘螨的污染；（2）宠物的污染。

二、各种污染物与人体的健康

1. 甲醛的污染

甲醛无色易溶，有强烈的刺激性气味，是重要的化工原料。居室中的甲醛主要是由建筑人造板或胶黏剂中挥发出来的。当室内空气中甲醛浓度为0.1毫克/立方米时，就有异味和不适感；浓度再高时，将引起咽喉不适、恶心、呕吐、咳嗽和肺气肿；当空气中甲醛含量达到30毫克/立方米时，便能致人死亡。人们长期低剂量吸入，会引起慢性呼吸道疾病，还会使妇女月经紊乱，影响生育并引起新生儿体质下降和染色体异常，甚至可诱发鼻咽癌。1987年，美国环保局将它列入可致癌的有机物。

2. 挥发性有机物

挥发性有机物主要包括卤化物溶剂、芳香烃化合物等。其中苯、二甲苯、芳香烃化合物已被现代医学确认对人体有害。它们广泛存在于建筑涂料、地面覆盖材料、墙面装饰材料、空调管道衬套材料及胶黏剂中，在施工过程中大量挥发，在使用过程中缓慢释放，是室内挥发性有机物的主要来源之一。这些物质类别很多，对人体的危害因品种、接触浓度的不同而不同。

3. 重金属铅

铅在自然界中分布很广，土壤中含铅0.17~108ppm，工业污染区可达534~1240ppm，许多建材中都含有铅。在房屋拆修或油漆烤铲过程中，有大量含铅粉尘逸散。铅的毒性对神经系统、造血系统、心血管系统、生殖系统等均有明显影响。尤其值得注意的是，它可通过胎盘、乳汁影响后代。婴幼儿由于血脑屏障发育未完善，对铅的毒性更敏感。美国波士顿对某幼儿园进行追踪调查发现，3岁儿童若血中铅浓度超过30微克/毫升，到7岁时将会呈现明显的智力及行为缺陷。据英国某室内卫生调查组织的调查，住宅内尘埃平均含铅量可达1300ppm，比公园土壤高出一倍。这对经常在室内地上活动的幼童威胁很大。由于铅的毒性，一些国家的绿色建材中标明不得含有铅及其化合物。

4. 氡气

氡气是土壤及岩石中的铀、镭、钍等放射性元素的衰变产物，是一种无色、无味的放射性气体。某些含铀系元素高的建筑材料，如砖、花岗岩、混凝土，会散发出氡气。氡气是一种无色、无味、看不到、摸不着的气体，它会从房屋的地基、土壤、墙壁和天花板中溢出，并在室内积聚。世界卫生组织、国际辐射防护委员会、联合国原子能辐射效应科学委员会等国际团体一致认为，长期在氡浓度高的环境中生活，会导致肺癌发病率增加以及其他病症的产生。据科学家统计，在英国每年约有1.4万人死于氡气导致的肺癌，其死亡率在各种危害因素中仅次于车祸，占第二位；在瑞典，每年约有1100人死于因氡气导致的肺癌，占瑞典肺癌死亡人数的30%。世界卫生组织已将氡气列为使人致癌的19种物质之一。

5. 噪声

噪声主要来源于交通运输、工业机械、城市建筑、家用电器等。强的噪声可以引起耳部的不适，如耳鸣、耳痛、听力损伤，使工作效率降低。噪声是心血管疾病的危险因子，噪声会加速心脏衰老，增加心脏病的发病率。医学专家经人体和动物实验证明，长期接触噪声可使体内肾上腺分泌增加，从而使血压上升。在平均70分贝的噪声中长期生活的人，其心肌梗塞发病率会增加30%左右，特别是夜间噪音会使发病率更高。噪声还可以引起神经系统功能紊乱、精神障碍、内分泌紊乱。噪声对儿童身心健康危害更大。噪声对视力也有损害。实验表明：当噪声强度达到95分贝时，有40%的人瞳孔放大，视模糊；当噪声达到115分贝时，多数人的眼球对光亮度的适应有不同程度的减弱。

6. 噪光

所谓噪光是指对人体心理和生理健康产生一定影响及危害的光线。噪光污染主要指白光污染和人工白昼。噪光污染可引起人的失眠，造成神经衰弱，工作效率降低。

7. 电磁辐射

电磁辐射人们既看不见也听不着，但确实存在。打开收音机能听到声音，打开电视机能看见图像，就是因为空中有电磁波存在。随着现代技术的发展，大功率高频电磁场和微波在广播、医学、国防、工业以及家用电器中，得到越来越广泛的应用，为人们的生活带来了方便，同时也给生活环境造成了电磁辐射污染。电磁波具有一定的生物效应，长期接触会使肌体组织温度上升，继而引起蛋白质性变、酶活性改变、记忆力减退等症状。长期受低强度的电磁辐射，中枢神经系统会受到影响，继而产生许多不良生理反应，如头晕、嗜睡、无力、记忆力减退等，还可能对心血管系统造成有害影响。

8. 颗粒物

颗粒物对人体健康的危害与颗粒物的粒径大小和化学组成以及在呼吸道中沉积的部位有密切关系。粒径大的降尘很少能进入呼吸道，故对人体健康危害较小。而粒径较小的可吸入颗粒物，可随人的呼吸进入人体呼吸道中，对人体健康产生较大的危害。

9. 臭氧污染

臭氧是无色气体，具有刺激性气味，并具有强氧化性。负离子发生器和复印机的使用，可使室内产生臭氧。负离子发生器主要是采用电晕放电的原理产生大量的负离子以提高室内空气新鲜成分，但电晕放电的同时也产生臭氧。这类产品在出厂前必须严格把关，以确保消费者人身安全。复印机也是采用高压放电的方式，同样会产生臭氧。高浓度的臭氧可使人出现头晕、恶心等症状。

10. 尘螨

粉尘螨和屋尘螨属于麦食螨科，它们不仅是储藏物螨类，而且是重要的医学螨类。粉尘螨和屋尘螨不仅危害各种储藏的粮食和其他储藏物品，也是居室的害螨。尘螨很小，肉眼不易见，但其分布几乎遍及全世界。尘螨是人类过敏性哮喘病的一种过敏原，尘螨变态反应已被国际公认为全球的保健问题之一。日本调查证实，哮喘病患者约占日本人口的1%。美国旧金山市华人居住区的居室调查发现，在老的建筑物中有较多的尘螨，影响了人们的健康。

互动交流

来自我们身边的污染有哪些？

（三）世界声音和中国态度

2009年12月7日至18日，《联合国气候变化框架公约》第15次缔约方会议暨《京都议定书》第5次缔约方会议在丹麦首都哥本哈根召开。经过13天马拉松式的艰难谈判，最终以大会决定的形式发表了《哥本哈根协议》，国际社会在应对气候变化的长期目标、资金和技术支持、透明度等焦点问题上达成了广泛共识。

出席本次大会的中国代表团团长解振华说，中国推动本次会议取得进展的一个最重要举措，就是提出了控制单位国内生产总值（GDP）二氧化碳排放行动目标。中国政府宣布了2020年单位GDP二氧化碳排放比2005年下降40%～45%的目标。温家宝总理在出席哥本哈根会议会见有关国家领导人时指出，中国历来言必信、行必果，我们将克服一切困难，努力实现控制温室气体排放的目标，中国愿在信息公开方面开展国际交流、对话与合作。

中国共产党十八届三中全会提出："紧紧围绕建设美丽中国深化生态文明体制改革，加快建立生态文明制度，健全国土空间开发、资源节约利用、生态环境保护的体制机制，推动形成人与自然和谐发展的现代化建设新格局。"这充分体现了我们党对人类社会发展规律认识的不断深化，体现了我们党对生态文明基本特征的准确把握，体现了我们党大力推进生态文明建设的决心。

互动交流

1. 哥本哈根国际会议上的中国声音说明了什么？

2. 为了实现2020年单位国内生产总值二氧化碳排放比2005年下降40%～45%的目标，我国必须怎么做？

3. 我们中学生可以为应对全球气候变化做些什么？

三、总结升华

地球，是我们人类赖以生存的家园。如果我们不保护她，无节制地向她索取，她还会像母亲一样养育我们吗？现在，随着人们生活水平的快速提高，环境污染这个严峻的事实已经真真切切地摆在我们面前了。我们一定要明白保护环境的重要性，要采取切实措施推进环境的可持续发展。

四、成长体验

1. 我们身边的美丽

环境与我们的生活密切相关。作为全球性的问题，环境保护不能空谈，要从我们做起，从我们身边做起。

我们的校园绿树成荫，鲜花争艳，教室里窗明几净。同学们在如此美好的校园里学习、生活，心情是多么舒畅。

（1）我们的学校有哪些环保措施？

（2）我们的家庭有哪些环保措施？

（3）我们所居住的城市或乡村采取了哪些环保措施？

2. 建设美丽家园

第2001只黑嘴鸥

他是全世界第一个报道黑嘴鸥繁殖地的记者，他是全世界第一个为黑嘴鸥成立保护组织的环保人士，他是盘锦第一个获得"地球奖"的记者……与濒危鸟类黑嘴鸥结缘16年，刘德天为这种可爱的小鸟奔走呼号，全力以赴。刘德天不是科学工作者，但他刻苦钻研；尽管工资微薄，但他将自己的钱不断投入到保护黑嘴鸥的事业中。刘德天通过自己的努力让大家意识到，保护行动本身就是一种对物种的挽救。其撰写的大量报道和科普文章也让人们了解到黑嘴鸥的价值，为普及生态保护常识、保护环境价值链起到了积极的作用。

中国环保艺术第一人

舒勇，1990年开始创作大地环保作品，1993、1994年举办环保大地行为艺术活动"两块变味的土地"，1998年创作人体行为艺术作品《地球在流血》。《地球在流血》描述了这样的场景：四周墙壁贴满大自然报复人类的资料图片，间杂着"我们只有一个地球""爱护环境，人人有责"的纸条，长发散乱披肩的舒勇赤裸上身，手臂贴着同样的纸带，牛仔裤沾满红绿色油彩，打着赤脚，地板和沙发也被白布覆盖。舒勇左手拿着装满绿色油彩的塑料瓶，右手执长长的画笔，顷刻间三名模特的裸体被绿色覆盖，又拿起红色油彩兜头浇在两名模特头戴的地球仪上，原本浑绿的躯体很快被猩红浸噬……其后，舒勇再次推出行为艺术作品《十万个为什么》。在这个作品中，舒勇将自己安置在布满问号的箱子里，苍凉地大声独白："为什么动物的种类在减少？为什么森林大面积被吞没？为什么臭氧层越来越稀薄？为什么沙漠的面积在扩大？为什么天空越来越灰暗？"

治沙英雄石光银、米启旺

陕北汉子石光银为拔掉穷根，锁住黄沙，几乎卖光了所有家当，爱子也不幸遇难。但他仍坚守着"生命不息，治沙不止"的信念，带领乡亲在人迹罕至的荒沙滩里植树种草，带领全家治沙造林3.7万亩，用汗水和泪水浇灌出一片大漠绿洲。在鄂尔多斯高原的西南端、毛乌素沙漠的边沿，有一个叫麻黄套的村庄。村子里有一位普通的农民叫米启旺，因为治沙造林生活陷入困顿，惊动了市、自治区和国务院的领导，成为鄂托克草原上家喻户晓的治沙英雄。

梁从诚的绿色人生

"宁可少一个历史学家，也要多一个自然之子。"这是大师季羡林生前对梁从诚的评价。自从1994年他创建中国第一个民间环保团体"自然之友"起，他就和环保结下不解之缘，并被誉为"中国民间环保第一人"。关于长江流域生态保护补偿机制的建议、首钢部分迁出的建议等，都是通过政协委员梁从诚的提案渠道得以提交的。另外，"自然之友"募集善款捐建了"地震灾区绿色学校"。

互动交流

读了以上环保人物的感人事迹，你最大的感受是什么？为保护我们的地球家园，你应做出怎样的贡献？

四、教师寄语

"原以为你是那么宽广，不在乎带走一片阴凉。原以为你是那么坚强，没想到你的眼泪在流淌。地球，我们唯一的家园，让我们爱你到地久天长！地球，我们的母亲，让我们尽情沐浴你的阳光。"同学们，为了我们共同的绿色世界，让我们小手拉小手，小手拉大手，从我做起，从现在做起，带动身边的人共同保护我们的地球，保护我们的校园。

▎拓展延伸▏

全球环境状况报告

1. 大气污染日益严重是人类面临的第一个挑战。由于工业迅速发展，排放到大气中的硫氧化物、氮氧化物等与日俱增，致使大气污染日益严重。酸雨发生的频率和范围越来越大，已成为超越国境的公害。酸雨损害人体健康，腐蚀建筑物和金属设备，使数万个湖泊酸化，鱼类减少或灭绝，污染了土地和地下水，破坏了生态系统的结构与功能。

2. 淡水资源不足，水污染加剧，供需矛盾尖锐，世界范围内的饮用水水荒和水污染疾病蔓延，呈现全球性淡水危机，这是人类面临的第二个严峻挑战。据报道，目前全世界每年约有4200多亿立方米的污水排入江河湖海，污染55000亿立方米的淡水，这相当于全球径流总量的14%以上。淡水资源本已不足，水污染又进一步加剧其紧张的程度，使得因水量分配不均，争抢水资源及转嫁污染造成的矛盾日益尖锐化。

3. 自然资源破坏和生态环境继续恶化是人类面临的第三个严峻挑战。森林资源继续减少，覆盖率不断下降。森林资源的减少和覆盖率下降会直接带来水土流失及沙漠化。粗略估计，世界耕地的表土流失量每年大约为230亿吨。土壤过度流失的直接后果是土层变薄，肥力下降，土地的生产能力降低。侵蚀的表土被冲入河流、湖泊、水库，淤塞河道、港口，降低水库的蓄水能力，增加洪水的危害。全球大约有29%的陆地发生沙漠化，其中6%属于严重沙漠化地区，亚洲、非洲和南美洲最为严重。全世界每年有600万公顷具有生产力的土地变成沙漠，平均每分钟有10公顷土地变为沙漠。

4. 自然灾害增加、重大环境污染事故增多给人类生存和发展带来巨大威胁，这是人类面临的第四个严峻挑战。近几年来，自然灾害的增多与生态环境遭到破坏有直接关系。这些灾害是大自然对人类行动违背自然规律的报复。

5. 物种正以前所未有的速度从地球上消失。估计每年有数千种动植物灭绝，到2020年地球上10%～20%的动植物（50万到100万种）将消失。这样大规模的物种灭绝，在人类历史上将是空前的。

承担中国责任　贡献中国智慧

2015年11月30日，国家主席习近平出席气候变化巴黎大会开幕式，发表题为《携手构建合作共赢、公平合理的气候变化治理机制》的讲话，全面阐述了中国对于推进全球气候治理的主张和意见。

习主席在讲话当中重申了中国将积极地为应对气候变化做出贡献，宣布："到2030年左右使二氧化碳排放达到峰值并争取尽早实现，2030年单位国内生产总值二氧化碳排放比2005年下降60%～65%，非化石能源占一次能源消费比重达到20%左右，森林蓄积量比2005年增加45亿立方米左右。"

继9月份提出中国宣布设立200亿元人民币的中国气候变化南南合作基金，又提出了"10、100、1000"，就是援助发展中国家建设10个低碳示范区、100个减缓和适应气候变化项目及1000个应对气候变化培训名额的合作项目。

习主席在讲话中强调，中国是从人类命运共同体的高度来认识此次大会的。无论如何，中国都将坚定不移地推进生态文明建设和走绿色发展之路，为全球治理承担中国责任，贡献中国智慧。

第**18**课

做一个严谨细心的人

▌班会背景▌

　　每做完一次练习或考过一次试，与同学们交流起来，总能听到一些同学说"自己粗心了，做题马虎，当时没注意，其实这道题我会做"等等，但是细想一下，这个问题又不那么简单。对于"小马虎"来说，出现在考试过程中的本应答对的种种失误，不仅带给他们非常遗憾的分数和沮丧的心情，而且大大打击了他们学习的积极性。这样的孩子步入社会，其一点一滴的粗心马虎造成的损失可能是无可估量的。细节决定成败，我们必须重视学生的细节教育，从小培养学生严谨细心的优秀品质。

▌班会目标▌

1. 让学生认识到严谨细心对一个人成长的重要性。

2. 引导学生在日常学习生活中把握细节，做一名严谨细心的中学生。

▌实施过程▌

一、情境导入

　　密斯·凡·德罗是20世纪世界伟大的建筑师，他在用一句最概括的话来描述他成功的原因时，只说了五个字——"魔鬼在细节"。他反复强调的是，不管你的建筑设计方案如何恢宏大气，如果对细节的把握不到位，就不能称之为一件好作品。

细节的准确可以成就一件伟大的作品，细节的疏忽会毁坏一个宏伟的规划。可见严谨细心、准确把握细节的重要性。

二、思维碰撞

材料一：

一枚马掌钉的故事

英国有一个家喻户晓的传奇故事：1485年，国王查理三世在决定由谁来统治英国的关键一役——波斯沃司战役中被击败，而导致这次失败的根本原因竟然是少了一枚小小的马掌钉。战斗进行的当天上午，查理派一名马夫给自己准备战马。这个马夫在给战马钉马掌时，第四个马掌少了一枚马掌钉。结果，两军交锋时，这匹战马在半途中掉了一只马掌，查理国王被掀翻在地，成了叛军的俘虏。因此，从那时起，人们就说：少了一枚铁钉，丢了一个马掌；丢了一个马掌，跑了一匹战马；跑了一匹战马，败了一场战役；败了一场战役，失去一个国家。

互动交流

请按下面的句式写下自己的心得体会，然后在班内交流。

一个马虎的厨师，他会＿＿＿＿＿＿＿＿＿＿＿＿＿＿＿＿＿＿＿＿＿＿＿＿＿＿。

一个马虎的医生，他会＿＿＿＿＿＿＿＿＿＿＿＿＿＿＿＿＿＿＿＿＿＿＿＿＿＿。

一个马虎的同学，他会＿＿＿＿＿＿＿＿＿＿＿＿＿＿＿＿＿＿＿＿＿＿＿＿＿＿。

材料二：

一个小数点的悲剧

1967年8月23日，苏联著名宇航员费拉迪米尔·科马洛夫独自一人驾驶联盟一号宇宙飞船飞行一昼夜，完成了任务，胜利返航。此刻，全国的电视观众都在收看宇宙飞船的返航实况。飞船返回大气层后，当准备打开降落伞以减慢飞船速度时，科马洛夫发现无论用什么方法也打不开降落伞了。地面指挥中心采取了一切可能的救助措施帮助排除故障，都无济于事，经研究决定将实况向全国公民公布。当时播音员以沉重的语调宣布："联盟一号宇宙飞船由于无法排除障碍，不能减速，两小时后将在着陆基地附近坠毁，我们将目睹民族英雄科马洛夫殉难。"

在人生的最后两小时，科马洛夫没有沉浸在悲伤和绝望中，而是十分从容地用了大部分时间向上级汇报工作，然后再向他的母亲、妻子和女儿做最后的诀别。他对泣不成声的12岁的女儿说："爸爸就要走了，告诉爸爸你长大了要干什么。"

"像爸爸一样，当宇航员！"

"你真好！可我要告诉你，也告诉全国的小朋友，请你们学习时，认真对待每一个小数点、每一个标点符号。联盟一号今天发生的一切，就因为地面检查时，忽略了一个'小数点'，这场悲剧也可以叫作'对一个小数点的疏忽'。同学们，记住它吧！"

7分钟后，"轰隆"一声爆炸，整个苏联一片寂静，人们纷纷走向街头，向着飞船坠毁的方向默默地致哀……

互动交流

一枚马掌钉、一个小数点，虽然看似微不足道，却带来了如此严重的后果。如果你是查理国王，你是科马洛夫的孩子，你最想告诉我们什么？

材料三：

一页作品改了39次

美国当代小说家、诺贝尔文学奖获得者海明威，写作态度极其严肃，十分重视作品的修改。他的长篇小说《永别了，武器》，初稿写了 6 个月，修改花了 5 个月，清样出来后还在改，最后一页共改了 39 次才满意。

材料四：

只写第一行

福楼拜是19世纪法国批判现实主义作家。一天，莫泊桑带着一篇新作去请教福楼拜。他看到福楼拜桌上放着厚厚一堆文稿，翻开一看，却见每一页都只写一行，其余九行都是空白。莫泊桑不解地问："先生，您这样写，不是太浪费了吗？"福楼拜笑了笑说："亲爱的，我早已养成了这种习惯：一张十行的稿纸，只写一行，其余九行是留着修改用的。"莫泊桑听了立即告辞，赶紧回家修改自己的小说去了。

福楼拜是一位对作品要求严格的作家。他曾经说："我们无论描写什么事物，要表现它唯有一个名词；要表现它的运动，唯有一个动词；要表现它的性质，唯有一个形容词。我们必须反复思索而不能用类似的词语敷衍了事。"

材料五：

严谨不苟终成学问大家

鲁迅先生不仅是一位热情的战士，也是一位冷静的学者。他的治学精神和他的战士精神一样，黑白分得很清楚。他在学问上也是绝不妥协的。他如果要研究什么，便紧紧把握住它，丝毫不肯放松。自从介绍了新艺术的理论到中国来以后，从根本上介绍得最多最好的只有他一个人。他有许多出版的书籍，自校对到封面的装帧，全部是出于自己之手。他校对时，一个一个字地细校，绝不苟且，绝不马虎放过，绝不肯有半点放松。不马虎，不苟且，从根本上下功夫，这便是他的治学精神。

材料六：

从细节中寻找机会

王永庆早年因家贫读不起书，只好去做买卖。1932年，16岁的王永庆从老家来到嘉义开一家米店。当时，小小的嘉义已有米店近30家，竞争非常激烈。当时仅有200元资金的王永庆，只能在一条偏僻的巷子里承租了一个很小的铺面。他的米店开办最晚，规模最小，更谈不上知名度了，没有任何优势。在新开张的那段日子里，生意冷冷清清，门可罗雀。

当时，一些老字号的米店分别占据了周围大的市场，而王永庆的米店因规模

王永庆

小、资金少，没法做大宗买卖；那些地点好的老字号米店在经营批发的同时也兼做零售，没有人愿意到他这一地角偏僻的米店买货。王永庆曾背着米挨家挨户去推销，但效果不太好。仔细思考之后，王永庆很快从提高米的质量和服务上找到了突破口。

20世纪30年代的台湾，农村还处在手工作业状态，稻谷收割与加工的技术很落后，稻谷收割后都是铺放在马路上晒干，然后脱粒，沙子、小石子之

类的杂物很容易掺杂在里面。用户在做米饭之前，都要经过一道淘米的程序，用起来很不方便，但买卖双方对此都习以为常，见怪不怪。

王永庆却从这一司空见惯的现象中找到了切入点。他带领两个弟弟一齐动手，不辞辛苦，不怕麻烦，一点一点地将夹杂在米里的秕糠、沙石之类的杂物拣出来，然后再出售。这样，王永庆米店卖的米质量就要高一个档次，因而深受顾客好评，米店的生意也日渐红火起来。

在提高米质见到效果的同时，王永庆在服务上也更进一步。当时，用户都是自己前来买米，自己运送回家。这对于年轻人来说不算什么，但对于一些上了年纪的老年人就是一个大大的不便了；而当时年轻人整天忙于生计，且工作时间很长，不方便前来买米，买米的任务只能由老年人来承担。王永庆注意到这一细节，于是超出常规，主动送货上门。这一方便顾客的服务措施，大受顾客欢迎。当时还没有送货上门一说，增加这一服务项目等于是一项创举。

送货上门也有很多细节工作要做。那么，王永庆是怎样做的呢？

王永庆给顾客送米，并非送到了事，还要帮人家将米倒进米缸里。如果米缸里还有米，他就将旧米倒出来，将米缸擦干净，然后将新米倒进去，将旧米放在上层，这样，陈米就不至于因存放过久而变质。王永庆这一精细的服务令不少顾客深受感动。

每次给新顾客送米，王永庆就细心记下这户人家米缸的容量，并且问明这家有多少人吃饭，有多少大人、多少小孩，每人饭量如何，据此估计该户人家下次买米的大概时间并记在本子上。到时候，不等顾客上门，他就主动将相应数量的米送到客户家里。

不仅如此，在送米的过程中，王永庆还了解到，当地居民大多数家庭都以打工为生，生活并不富裕，许多家庭还未到发薪日，就已经囊中羞涩。由于王永庆是主动送货上门的，要货到收款，有时碰上顾客手头紧，一时拿不出钱的，会弄得大家很尴尬。为解决这一问题，王永庆采取按时送米，不即时收钱，而是约定到发薪之日再上门收钱的办法，解决了即时收款中可能会因对方手头紧而出现尴尬的问题，极大地方便了顾客。那些接受服务的客户都成了王永庆的忠实客户。王永庆的米店，也随之生意兴隆，蒸蒸日上。就这样，王永庆从小小的米店生意开始了他后来问鼎台湾首富的事业。

互动交流

　　海明威、福楼拜、鲁迅、王永庆成功的秘密在哪里？这些事例对我们的学习和生活有什么指导意义？

三、总结升华

　　"千里之堤，溃于蚁穴。"一个小数点使大家的努力功亏一篑，一个马掌钉丢掉了一个国家，王永庆从细节中找到创新的机会，这些都告诉我们培养严谨细心的作风是多么重要。严谨是严密、谨慎的意思，这是对人、对事、对己极其负责任的态度和作风。细心，是一种良好的品质，常成为决定工作质量的关键因素。在求知治学方面，严谨更是不可缺少的。做一个严谨细心的人，不仅要在学习及生活上严格要求，更要有执着的追求精神。紧紧地抓住每一个细节，认认真真地做好每一个细节，只有这样才能激起生命的美丽浪花。

　　希望大家都记住：细心是一笔让你一辈子取之不尽、用之不竭的财富，它会让你受益无穷！

四、成长体验

　　如果司机能多一点细心，就不会让一些家庭破碎；如果医生能多一点细心，就能让更多的病人早日脱离病痛；如果法官能多一点细心，就能多一些法律的公正严明，少一些冤案；如果在平时上课、作业和考试中，我们能多一点细心，就会少一些遗憾；如果能多一点细心，我们的生活就会多出很多欢乐与收获……

　　1. 在自己或者同学身上可能也存在着一些不严谨、不细心的现象，请说出来提醒大家一起注意吧。

　　2. 谁是你心目中最细心最认真的同学？他在哪些方面值得你学习？

3.结合自己在学习生活方面的得与失，谈一谈今后将怎样做一个严谨细心的人。

五、教师寄语

没有严谨细心的好习惯，考场上就会丢三落四，成绩就会停滞不前。我们要注重培养严谨细心的好习惯，做生活的有心人，用细心留住美好的生活瞬间。细心作为，耐心行动，让严谨细心成为我们的行为习惯。我们要坚决向粗心大意宣战，真正把严谨细心的好习惯融进内心，使之成为我们的自觉行为。

让细心陪伴我们成长，让严谨展示我们的精彩人生！

▍拓展延伸▏

"马虎"一词的来历

相传在宋朝，京城汴梁有一个画家，此人画画很不认真，粗心得很。有一天，他画老虎，刚画完一个虎头，就听一个人说"请给我画一匹马吧"，于是他就在虎头下面画了一个马身子。那人说："你画的是马还是老虎？"这位画家说："管它呢，马马虎虎吧。""马虎"这个词就这么出现了。那位请他画马的人很生气地说："这么凑合哪行，我不要了。"于是生气地转身走了。可画家不在意，还把这张画挂在自家的墙上。他的大儿子问："您画的是什么？"他漫不经心地回答道："是老虎。"二儿子问他："您画的是什么"？他随口说："是马。"儿子们没有见过老虎、真马，于是信以为真，并牢牢地记在脑子里。有一天，大儿子到城外打猎，遇到一匹好马，误以为是老虎，上去一箭就把它射死了，画家只好给马的主人赔偿损失。他的二儿子在野外碰见了老虎，误以为是马，想上前观看，结果葬身虎口。画家痛恨自己办事不认真、太马虎，生气地把那幅虎头马身的画给烧了。为了让后人吸取教训，他沉痛地写了一首打油诗："马虎图，马虎图，似马又似虎。大儿仿图射死了马，二儿仿图喂了虎。草堂焚毁马虎图，奉劝诸君莫学吾。"

严谨的德国人

上海地铁一号线是由德国人设计的，二号线是我们自己设计的。直到上海地铁二号线投入运营，我们才发现由德国人设计的一号线有那么多的细节被我们忽略了。上海地处华东，地势平均高出海平面就那么有限的一点点，一到夏天，雨水经常会使一些建筑物受困。德国的设计师就注意到了这一细节，所以在地铁一号线的每一个室外出口都设计了三级台阶。要进入地铁口，必须踏上三级台阶，然后再往下进入地铁站。这简单的三级台阶，在下雨天可以阻挡雨水倒灌，从而减轻地铁的防洪压力。事实上，一号线内的那些防汛设施几乎从来没有动用过；而地铁二号线就因为缺了这几级台阶，曾在大雨天被淹，造成巨大的经济损失。再譬如，德国设计师在靠近站台约50厘米内铺上了金属装饰线，又用黑色大理石嵌了一条边，这样，当乘客走近站台边时，就会有了"警惕"，会停在安全线以内；而二号线地面全部用同一色的瓷砖，乘客很难意识到已经靠近了轨道，地铁公司不得不安排专人来提醒乘客注意安全。恰恰是诸如此类的细节，决定了二号线运营成本远远高于一号线，至今尚未实现收支平衡。我们常常觉得德国人办事严谨得有些呆板，但正是在严谨认真、一丝不苟的工作态度和工作习惯下，细节才会被重视。一号线近乎完美的设计，正是基于德国设计人员细心的观察、科学的算计、周密的推理，尤其是对于细节与全局关系准确把握的一种理性和自觉。

—— 名人名言 ——

应当细心地观察，为的是理解；应当努力地理解，为的是行动。

—— 〔法〕罗曼·罗兰

欲要看究竟，处处细留心。 —— 宋帆

细节在于观察，成功在于积累。 —— 〔美〕爱默生

对微小事物的仔细观察，就是事业、艺术、科学及生命各方面的成功秘诀。

—— 〔英〕史迈尔

观察与经验和谐地应用到生活上就是智慧。 —— 〔俄〕冈察洛夫

有关严谨细心的成语

★细致入微：指描写、表演非常细腻，细小之处也充分表现出来。也指对人体贴关心无微不至。比喻看问题非常全面，连很细小的问题都考虑到了。

★无微不至：没有一处细微的地方不照顾到。形容关怀、照顾得非常细心周到。

★体贴入微：形容对人照顾或关怀非常细心、周到。

★明察秋毫：明察，看清；秋毫，秋天鸟兽身上新长的细毛。原形容人目光敏锐，任何细小的事物都能看得很清楚。后多形容人能洞察事理。

★洞若观火：洞，透彻。清楚得就像看火一样。形容观察事物明白透彻。

红梅争春

第 **19** 课

做一个有教养的人

班会背景

　　教养是一个人最亮丽的名片。荀子云："人无礼则不生，事无礼则不成，国无礼则不宁。"一个人的举手投足、音容笑貌，无不体现一个人的气质与素养。对个人来说，教养是一个人的思想道德水平、文化修养、交际能力的外在表现。在现实生活中，缺乏教养的行为深深地影响和刺激着每个中国人的心。

升旗仪式

在我们校园里，会经常见到有些同学随手乱扔垃圾、口吐脏言、顶撞老师、在公共场所大声喧哗、随意剩饭菜、打饭不排队等等不文明的现象。这些现象都是没有教养的体现，影响了自己，更影响了学校的形象。我们要大兴文明礼仪之风，坚决抵制不文明行为，更好地展示我们的精神风貌，做一个有素质有教养的人。

班会目标

1. 让学生认识到教养对一个人的重要意义，认识到没有教养是丑陋无比的。

2. 引导学生不断提升自我形象，做一个有教养的人。

实施过程

一、情境导入

品读文章，顺势导入。

车厢里请用短信聊天

草予

国内本科结束之后，我来到日本东京外国语大学，继续我的研究生学业。由于对东京不熟悉，我一直很少出校门，我的大部分时间都跟一个叫羽田的东京女孩在一起，我觉得她可以帮助我更好地学习日语并能更快地了解东京。

第一次坐公车是去高尾山看樱花，羽田充当我的导游。我们搭上了去高尾山的公车，虽然是周末时间，但是车上一点也不拥挤。由于没有相连的空位子，我和羽田挑了两个前后相隔三排的位子坐了下来。车子刚一发动，我就忍不住向外张望。前后左右忙不迭地扫视着，干净而整洁的街道以及在国内从未见过的标志和建筑，惹痒了我的"话引子"。

我开口向羽田问道，高尾山的樱花和富士山的樱花有什么不同，这个时候看到的樱花是什么颜色的，偏深还是偏浅。因为声音并不算大，我没有觉得有什么不妥。然而没想到的是，一向开朗的羽田并没有立刻回答我的问话。只见她掏出手机，低下了头。

不一会儿，我的手机响了，羽田的短信：高尾山的樱花有很多种，品种不同，颜色也不一样，这个时候有雪白色的，还有寒娇樱，火红的颜色，大山樱则是紫色的。还没看完，短信又来了，还是羽田的：把手机调成振动吧，你的手机声有些长。我好奇地问羽田："为什么还要发短信呢？要收费的呢。"

羽田在短信里解释说："没有人会在日本的公车上大声说话的，不信你看看。"这个时候，我才意识到我们是在公车上，环视一番，车上的人都安静极了，坐在羽田旁边的大叔，翻看报纸的时候，动作温柔极了，一丝声音也没有。我前排的一对情侣，女孩靠在男孩的肩上，两人一直在欣赏着窗外的风景，也没有语言的交流。剩下的，有的在看书，有的在把玩着手机，还有的在闭目养神。车上静得像没有人似的，没有说话声，没有在车上吃零食撕拆包装袋的声音，甚至车上都没有车载电视，没有那吵人的广告。我甚至感觉空气有些紧张，我可以清晰地听见自己的呼吸声。

"你可以表达，可以大笑，但是不能打扰别人。所以在公车上，安静是最好的选择，日本人把安静的习惯养成了，带到了各个公共场所，即便那里可能空无一人，即便时间可能正是午夜。"羽田在短信里接着说。

你经历过类似的事情吗？你是怎么做的？

二、思维碰撞

材料一：

乱扔垃圾让爱国情感大打折扣

2014年10月1日，11万人来到天安门广场冒雨看升旗。升旗仪式结束后，天安门广场遍地垃圾，最密集处甚至露不出地面。初步估计，清扫的垃圾多达5吨。这极不光彩的一幕给国庆抹黑，更让国人深感耻辱、蒙羞。

一些人刚刚唱着国歌，流着眼泪，目睹鲜艳的五星红旗冉冉升起，内心充盈着身为中国人的自豪感、责任感，然而一转身就把食品袋、瓜果皮、废纸片等垃圾随手乱扔，全然不顾这样做会给其他人和环卫工人带来多大的麻烦，会给天安门广场造成多严重的污染。

这种不文明行为尽管不能说完全抹杀了爱国情感，却势必使爱国情感大打折扣。一屋不扫，何以扫天下？自己手中的垃圾都不能扔进垃圾箱或带走，养不成良好的卫生习惯，又如何做一个合格、守法、负责任的现代公民？如何做一个勇于奉献、敢于担当、有教养的爱国者？

互动交流

1. 看了上述材料，你的感受有哪些？

2. 在生活中，你还发现有哪些缺少教养的做法？

材料二：

致那些，我们缺乏已久的教养

贵族精神代表的是教养和修养，有钱和有权只是基础性的东西，贵族精神意味着合理、文明地使用金钱和权力，尤其是在承担社会责任方面，贵族应当承担主要的责任。

近日，很多朋友讨论并总结了一些周围人会让他们觉得温暖的处事细节。

这些细节包括说话的时候直视他人的眼睛、保持微笑，或是尊重别人的隐私、不品头论足；也包括一些不经意间的小动作，比如出商场门的时候帮别人挡住门，或是下雨天减慢车速。这些处事细节体现了一个人基本的教养，而现在我们身边很多人都缺乏这种意识。

仔细想想，我们离文明真的还很远。

为什么英国人不废除君主制？为什么要有女王？我并不知道其中的全部原因，可是我想女王如此优雅，的确可以作为英国文明的象征，她是一个榜样，她有教养，她优雅，她高贵，所有的英国国民都会不自觉地向她学习。而我们呢？

在这里，我整理了一些日常的体现教养的处事细节，希望大家能够有则改之，无则加勉。

1. 认真接过路上兼职人员发的传单。如果有特殊原因不能接受，也报以微笑，表示感谢。

2. 上菜时对服务员或付款时对收银员说谢谢。

3. 进出公寓和公共场合的大门，帮别人扶住门，方便他们进出，尤其是带小孩的和手里拿着东西的路人。

4. 推门、按电梯门时让别人先出去。

5. 挂电话时，等对方先挂断。

6. 过马路认真等红绿灯；开车堵的话让出人行道；吃饭不吧唧嘴，不翻菜，不剩米粒。

7. 对门房、迎宾有礼貌，起码点头笑一下，他们往往是最容易被忽视的。

8. 遛狗时，打扫宠物的屎。

9. 不说脏话。

10. 在宿舍等公共场所，注意自己说话的声音或动作有没有影响到别人。

11. 不打听同事的私事。

12. 控制得了自己的情绪。碰上事儿了，不马上扔狠话，冷静。为人低调，沉得住气。

13. 即使是热汤也不会喝出声来。

14. 在下雨天开车减慢车速，或者因车前面有老人、小孩、宠物而放慢车速。

15. 轻声关门；让座。

16. 离开图书馆时轻轻把椅子放回原位。

17. 递剪刀、刀子等物品时把尖锐的一边朝向自己。

18. 女生在公共场合坐着把腿并起来，或是翘起来偏向一旁。

19. 走马路什么的走外边，让别人靠里走。尤其是男生，过马路时把女孩护在里侧。

20. 戴着耳机的时候不和别人说话，说话的时候拿掉耳机。

21. 上下楼梯脚步轻；敲门一次敲2~3下，停十秒再敲第二下。

22. 给女生递瓶装水或饮料的时候，把瓶盖拧松。

23. 停车的时候给车和人留出通道。

24. 遛狗的时候牵绳，永远别说"我家狗不咬人，所以不用狗绳"。

25. 说话看着别人的眼睛；对视的时候微笑。

26. 去超市推购物车时，注意不要撞到、蹭到人或者压到别人的脚，经过小朋友身边时伸手护一下。

27. 咳嗽、打喷嚏时捂起嘴巴。

28. 不随便评论别人，尊重别人的不同甚至让你觉得难以理解的地方。

29. 地铁人多的时候，把双肩包取下来。

30. 坐手扶梯，除非赶时间，否则自觉靠右。

31. 克制优越感，即便有资本。

32. 不乱动别人东西，尊重别人隐私；开玩笑适度。

33. 不在公共场合问别人工资。

…………

近日，因为脚伤，出入都需要坐轮椅，所以深深地体验了身边人的教养。有人会主动地帮忙按电梯门，有人会在看到地面不平的时候过来扶一把……也有人会在身后急促地按车喇叭，也有人会报以轻视与嘲笑……有很多温暖瞬间，也有很多意想不到的失望瞬间。

中国本是礼仪之邦，国外的礼仪都是来中国学习的，我们本应是最有教养的民族。靠日常的点滴，靠以身作则，我们一定能够复兴中华民族的传统礼仪和教养。

互动交流

1.对照自己的言行，这33条你做到了哪些？还有哪些需要改变、提升和完善？

2.除了这33条，你觉得还可以补充些什么使内容更丰富？

材料三：

我们的教养从何而来

一个现代公民，首先要培养一种心智健全的完整人格；一个"礼仪之邦"，尤其应该懂得"教养"之于现代中国的意义。

这几天，两则与考生有关、与高考"无关"的新闻，激起人们心底的波澜：

一是高考前20分钟，在四川宜宾一中考点，一女生因痛经在考场内昏迷，同一考场的黄子恒发现后，立即抱起这名同学往校外跑，找到警察将女生送医。

一是江苏宿迁高三女孩陈瑾，在目睹妈妈闯红灯并对交警出言过激后，给交警写了一封致歉信。高考结束后，当地交警特意登门看望了这位女孩。

"中国好考生""提前的满分作文""向致歉女孩致敬"……在今天，这样的故事之所以感人，不仅因为它隐含着"小孩可以成为大人老师"的逻辑，还在于新闻的主角是争分夺秒、心无旁骛的高考生。

在人的一生中，改变命运的高考也许只有一次。倘若沿着"有用没用"的功利思路，秉持"成大事者不拘小节"的成功哲学，两位考生的选择，也许显得"涉世未深"。但恰恰是关键时刻的这些举动，带给人们意料之外的感动，同时告诉我们：成才之外，还有成人；成功之外，还有教养。

太多时候，我们过于痴迷"成功"了。如今市面上，有关成功学的书籍可谓汗牛充栋，然而对于成功的定义，却往往千篇一律，不是财气袭人，便是高人一等。反过来，在赢者通吃的逻辑下，成功又仿佛可以为一切价值正名：电影里，创业成功了，一切不合理的情节，顿时顺理成章；生活中，成名成家了，许多修养缺陷变得无足轻重，甚至还闪耀起了"个性""品位"的光芒。

然而，事实果真如此吗？

几年前，一位市长在大学演讲中曾说："不少中国人受到过教育，但没有教养……有教养比拿到文凭更重要。"话虽刺耳，却非无中生有：我们有多少人，一定要有人干涉才会自觉排队；有多少人，在公交地铁上撞了别人连句"对不起"都不会说；有多少人，闯了红灯还振振有词"要你管我"……更重要的是，有多少人意识到了隐含在这些"小事"中的意义和价值？

今天，物质生活日渐丰裕的中国人，正面临"有了钱又怎样"这样一个问题。比如，当我们拥有了智能手机以后，是否能优雅地使用它，而不用它偷拍乱拍、惊扰他人？当我们以车代步后，是否会文明地驾驶它，而非无视规则、横冲直撞？当我们出国旅游时，是否会注意形象，而不是随心所欲、大声喧哗？这些问题看似简单，却反映着一个人的文明素养，也检验着一个国家的内在品质。

在这个意义上，做一个有教养的中国人，比做一个有钱的中国人更为重要。有了教养，学生即便不能成为国之栋梁，至少也能心地善良；有了教养，无论成功与否，国民都会有"谦虚而不自卑，自信而不傲慢"的气度；有了教养，国家自能保持一分优雅从容，成为一个被人欢迎、受人尊敬的大国。

中国人向来不乏学习的能力。每年高考后，都会涌现一股"状元热"。许多学校和机构都邀请"高考状元"分享学习心得、成才经验。其实，不管成绩如何，黄子恒、陈瑾这两位考生同样值得邀请，讲讲什么是勇敢、什么是尊重、什么是一个人的基本素养。或许，听课的还应该包括许多大人和成功人士。一个现代公民，首先要培养一种心智健全的完整人格；一个"礼仪之邦"，尤其应该懂得"教养"之于现代中国的意义。

互动交流

有教养比拿到文凭更重要。一个现代公民，首先要培养一种心智健全的完整人格；一个"礼仪之邦"，尤其应该懂得"教养"之于现代中国的意义。请思考：教养对现代中国有什么意义？

三、总结升华

一个民族一个国家的真正强大，不单靠经济、国防，还要靠全民素质教养的提升。作为中国的公民，我们的一句话、一个举止既反映了个人的素质和教养，也反映了一所学校乃至一个国家的教育质量。作为一名卧龙学校的学生，有教养可以让别人看到我们个人未来发展的希望，看到学校教育发展的希望。让我们从身边的小事做起，从现在做起，培养良好的文明习惯，让教养伴随我们终生，成就我们一生！

四、成长体验

同学们，我们从入校的第一天起就知道"厚德崇礼"是卧龙学校的育人目标之一。然而，在我们的校园中依然时时有许多不文明、不道德、缺教养的现象。让我们静下心来仔细想一想，反思我们自己，反思我们的同学、朋友、家人，反思我们的校园、社会……我们还有哪些地方做得不够文明，缺少教养。

1. 勇敢地解剖自己：缺少教养的行为有哪些？家人做得不够的地方有哪些？

2. 我是小小观察员：我们的班级、校园、社会有哪些缺少教养的现象？我如何以此为戒？

3. 身边的榜样：推荐班级的"教养之星"。

同学们，你给别人一个微笑，别人给你一个春天；你给别人一份温暖，别人给你快乐无限；你给别人一份谦让，别人给你敬重万千；你给别人一份真诚，别人给你温馨的思念。让我们大家共同推荐我们班级的"教养之星"，并宣读你的推荐词。

4. 主持家庭文明会：每位同学回家后组织一次"有教养家庭""有教养社会"的动员会。

五、教师寄语

教养，是一种美丽的高贵。她表现在与人交谈时，理智而不乏幽默，自信而不显张狂；与人交往时，优雅地说声"请""谢谢""对不起"；面对无礼的非难时，宽容地付之一笑；无论成功还是失败，得意淡然，失意坦然，淡淡地对自己一笑。有教养的人不会在别人需要宁静时旁若无人地喧哗，不会在美丽的校园里随手丢弃垃圾，不会在狭窄的甬道里拥挤，不会拿别人的痛苦开心，不会为鸡毛蒜皮的小事斤斤计较。有教养的人会有独立的见解，会衷心地为别人的成功送上赞美，会微笑着向老师、同学问好。作为卧龙学子，我们当以先行者的姿态，昂首阔步，走在文明的前列，做一个文明的中国人！

拓展延伸

有教养的人的十大特征

1. 守时：无论是开会、赴约，有教养的人从不迟到。他们懂得，即使是无意迟到，对其他准时到场的人来说，也是不尊重的表现。

2. 谈吐：从不随便打断别人的谈话，总是先听完对方的发言，然后再去反驳或者补充对方的看法和意见。

3. 态度和蔼：在同别人谈话的时候，总是望着对方的眼睛，保持注意力集中，而不是翻东西、看书报，显出一副无所谓的样子。

4. 语气中肯：避免高声喧哗，在待人接物上，心平气和，以理服人，往往能取得满意的效果。扯开嗓子说话，既不能达到预期目的，反而会影响周围的人，甚至使人讨厌。

5. 注意交谈技巧：尊重他人的观点和看法，即使自己不能接受或明确同意，也不当着他人的面指责对方是"瞎说""废话""胡说八道"等，而是陈述己见，分析事物，讲清道理。

6. 不自傲：在与人交往相处时，从不强调个人特殊的一面，也不有意表现自己的优越感。

7. 信守诺言：即使遇到某种困难也不食言。自己谈出来的话，要竭尽全力去完成。身体力行是最好的诺言。

8. 关怀他人：不论何时何地，对妇女、儿童及老人，总是表示出关心并给予最大的照顾和方便。

9. 大度：与人相处胸襟开阔，不会为一点小事情而和朋友、同事闹意见，甚至断绝来往。

10. 富有同情心：在他人遇到某种不幸时，尽量给予同情和支持。

赵小兰：母亲让我懂得我们来自有教养的家庭

现年63岁的赵小兰曾在小布什政府担任劳工部长，是美国历史上第一位进入内阁的华裔，同时也是内阁中的第一位亚裔妇女。

祖籍中国上海的赵小兰，出生于中国台湾，八岁时随父母移居美国，曾在哈佛大学和麻省理工学院学习。

她创造了美国历史上华裔的多个第一：首位华裔内阁成员，首位亚裔女性内阁成员，首位二度入阁的华裔。

赵小兰和她的父母亲

赵小兰家有六姊妹，个个不让须眉，学有专长，跻身主流，各有建树。

六个女儿全都出自美国名校，其中有四个毕业于哈佛大学，小女儿安吉仅用三年时间就以特优成绩从这所世界著名大学毕业。

二妹赵小琴是威廉和玛丽学院的硕士；三妹赵小美出任过纽约州消费者保护厅厅长；四妹赵小甫获得哥伦比亚大学法学博士学位，是一位律师；五妹赵小亭也是哈佛大学商学院硕士，如今是大学教授；六妹赵安吉，用三年时间读完哈佛学士学位，在获得企业管理硕士后，回到父亲的福茂航运公司挑大梁。

她们的父亲赵锡成说："我这个做爸爸的一天到晚在外面忙，女儿管得好，都是妈咪的功劳。"

她们的母亲叫朱木兰，是安徽滁州来安人。她将六个女儿都培养成才，一生以先生、孩子为自己的事业。

她常说："我们给女儿的嫁妆不是金钱，而是教育。"

"母亲让我们清楚地懂得，我们来自一个有教养的家庭，要仪态端庄，举止正确。"

赵小兰在题为《平凡与伟大——献给我的母亲朱木兰》的文章里写道："从我呱呱落地的那一刻起，她就成了我的母亲，我幸运地成为她的大女儿。许多年之后，她又相继成为我们姐妹六人的母亲。我叫小兰，就是源于母亲的名字。我是她的一部分，将传承她的血脉和精神，直至终生。"

母爱是什么？从赵小兰多次回忆母亲的口气中，大概可以说是：父亲赵锡成为女儿构建了一所遮蔽风雨的房子，母亲朱木兰就是房子的基石，它不显露，但支撑、呵护着6个女儿的成长。

赵小兰在台北的家，父亲赵锡成一年有九个月出海在外，在船上服务。家里的大小事，全靠母亲朱木兰一人打理。虽然赵先生的薪金比别人优厚一些，还得靠太太勤俭节约过日子，包括使用不易起火的煤球烧火煮饭。

特别是来到异国他乡的创始期，朱木兰是操持家务的一把手。怎样把有限的美元变成全家丰衣足食的日子，她从来不说，以免扰乱全家大小苦苦挣扎的宁静。

赵小兰的记忆里，母亲总是那样从容不迫，为全家准备可口的三餐，家里干干净净，被营造出一种舒适温馨的氛围。

赵小兰赴美一年后，入境随俗，想举办一次自己的生日派对。妈妈完全赞成女儿的这个愿望。

于是赵小兰邀请了许多同学，并和妈妈做了精心准备。

可是那天晚上只来了两个同学，小女主人公的失望之情可想而知。

母亲的心灵感应着女儿的心灵，她不动声色，照样举办生日派对，照样切生日蛋糕，照样唱生日快乐歌。

朱木兰女士就这样用自己的言行，向孩子灌输处变不惊、不卑不亢、自尊自重的生活方式。

赵小兰概括母亲对自己的言传身教："母亲让我们爱惜自己，尊重自己，保持尊严，让我们保持自己的价值观，知道要为更美好的事物奋斗。因此，面对男孩子或者其他什么人，我们都不会示弱。我们要自重，言行得体，不做让自己感到难堪的事情。母亲让我们清楚地懂得，我们来自一个有教养的家庭，要仪态端庄，举止正确。"

沿袭中国传统，取中西方教育之精华

赵小兰出任美国劳工部长职位后，对母亲说的一席话令人回味："妈妈，也许现在别人对我的看法不一样，但我觉得没有什么不同，我还是原来的我。相反，我认为还有许多优秀的人才，只不过是我运气比较好而已。"

当了部长，赵小兰认为自己还是原来的赵小兰，这就是母亲的影响。

朱木兰的教女有方，传到了老布什总统的耳朵里。有一次，老布什在白宫接见赵锡成夫妇和他们的六个女儿，特地对夫人芭芭拉·布什提起，要她向朱木兰学习。

朱木兰取中西方科学教育之精华，在中西文化和人生交叉的坐标中选择最佳点，中西合璧，因材施教。

朱木兰治家，基本上沿袭中国的传统，并不洋派。她自我总结说："我对孩子是严而不苛。规定的事，一定要做到，尤其要以身作则。比如说她们年幼时，晚饭后，父亲在处理公务，我就让她们做功课，大家都不可以看电视，父母也一样。后来家庭富裕了，家中人多，请了个佣人，但我要孩子们必须自己洗衣服，整理房间，年轻人不能太早就受人伺候。由俭入奢易，由奢入俭难。要各自分担家务。"每逢周末，还要求女儿们一起做家务事，包括整理园中花草、清理游泳池，甚至家门口那条宽36米长120米的柏油车道，都是由小兰的父亲带领几个女儿一尺一寸铺设而成的。

在母亲的管教下，每个女儿的内务，自己管理，从小临睡前，自己拨好闹钟，准时起床，赶校车上学。

有一条不成文的家规，父母请客，女儿们不上桌，但一定出来见客，并为客人上菜添饭。

朱木兰说："人生并不是'读书'便足够的。在招呼客人的同时，其实也是一种训练，可以让孩子从中学到许多待人处事的道理。"

"我的先生常对女儿说，人生做事好像开车，不是只能直走的，有时候必须左转右转。不要把伺候客人当作辛苦事。当你们读书读累了，招呼招呼客人，不也是一种休息吗？"

教育子女概括为两个字：一个是爱，一个是严

对女儿爱而不娇，严而不苛。既注重传统中国"忠孝节义"的儒家思想的教育和中国固有文化与价值观念的培养，也注重通过西方民主的沟通方式和孩子们获得

共识，使孩子遵守与父母间的协议和共识，渐趋智慧和成熟。

1986年10月，赵锡成夫妇参加三女儿赵小美的婚礼。

三女儿赵小美结婚，晚上亲友们到赵府吃夜宵，赵小兰亲自为大家盛饭。她的大姨父张祥霈先生打趣道："今天这碗饭价值连城，真不敢当，有劳副部长（当时任联邦政府运输部副部长）来端饭。"

家规如山，持续至今。

还有一条家规，女孩子在外面的花费要拿收据回家报账。

赵小兰念大学的学费，曾向政府贷款，暑假时打工赚点生活费。父母常对女儿说："我们主张俭省，但如果你们要学东西，绝对不省。只是既然要学，就有责任学好。"

这种方式的家教，目前在海内外的华人世界已很少见，朱木兰始终肯定它的作用。

对女儿的教育，朱木兰总结了两个字：一个是爱，一个是严。做到这两点而不偏离，谈何容易。

朱木兰很注重培养孩子们从小学习做事锲而不舍的精神。

小兰在台湾读小学时，所住的小区停电，朱木兰为女儿点上蜡烛，像平时一样看着小兰完成当天作业才休息。第二天，全班只小兰一人交得出作业。

甚至是在赴美时，下午从台北赶车到高雄，上午小兰照旧背着书包按时到校读书。

她从小培养每个女儿对家庭的责任感和使命感；从不直接告诉女儿什么是"是"与"不是"，总是循循善诱加以启发，让女儿们自己做出判断和结论；也不以封建家长的高压姿态面对女儿的不同观点，而是和她们展开民主的辩论，让各自在辩论中明白事理。

比如在教育小女儿赵安吉上，朱木兰女士并没有因为她最小而多开绿灯。

安吉四年级时不愿像姐姐们那样学习钢琴而迷上法国号，于是向父母提出请求。朱木兰严肃地提出"不能半途而废，一旦开始至少坚持一年"的要求之后，满足了她的请求。但是对于当时才十岁的小女孩来说，这个同她一般高的金属乐器显然是一个庞然大物，搬动起来都很不容易，更别说吹响它了。面对这一切问题，朱木兰都要求女儿自己想办法解决。迫于当初的承诺，小女孩欲罢不能，只能每星期独自搬到学校参加三次训练，这种"小人背大号"的滑稽局面直到熬满当初约定的一年时间才结束。

朱木兰正是以这种独特的教育方式让女儿学到珍贵的哲理。

言传身教，身体力行，50岁上大学拿学位

朱木兰性格温和，但又有主见。

50岁那年，女儿们都已长大成人，朱木兰决心要上大学拿学位。她说："跟二三十岁的年轻人坐在一个教室，到同一个饭厅去吃饭，那种返老还童的感觉真好！"

这不是一个简单的决定。她选的是纽约圣约翰大学亚洲研究所的硕士班，期限两年。两年的时间，朱木兰像个年轻的学生，从没有误过一堂课，甚至从未迟到过。

有一次纽约大风雪，朱木兰仍然从纽约上州威彻斯特郡家中开车到纽约市内的大学上学，最后发现课堂中只有教授和她两个人。

小女儿赵安吉看见妈妈常常在晚上学习，努力应付考试，劝妈妈不要太辛苦，考不好没关系。朱木兰马上对女儿说："那不是我的个性，要读书就要深解，做事求学都要认真。"

认真，可以说是赵家全家的个性。赵锡成认真，朱木兰认真，才有赵小兰和她五个妹妹的认真。赵氏家族这一个性的熏陶，是赵小兰及其妹妹们走向成功之路的重要精神因素。

朱木兰怎样看待她50岁那年开始的就读生涯呢？"那两年是我一生中最快乐的时光，女儿们都能照顾自己了，我完成了最大的读书心愿，交出了一张漂亮的成绩单。"

朱木兰不赞成"女子无才便是德"的古训。在这一点上，她却认同女子要独立自强的开放理念，鼓励女儿们"要与人争，更要与自己争，争平等，争独立，不放弃，不退让。男人能做的事，女士也一定能做到，而且要做得更好"。

相夫有道，伉俪情深

朱木兰晚年罹患淋巴癌七年，在这长达七年的时间里，丈夫赵锡成对妻子照顾得细致入微，常常在清晨下楼亲自热一杯牛奶，端到妻子的床前。

每次去医院，赵锡成总是提着沉重的公务包，里面装的都是病例。

看完病回家之后，他将药分别装好，并按时间及先后顺序制成表格，每吃完一种就在表上划去，免得弄错。每天20多种大小药，他计时计量，让妻子服用。

他为妻子的病情所做的记录，厚到可以写一本书。

每晚忙完工作，他一定先到床前去看望妻子。而朱木兰明知丈夫在床前注视着自己，却总是装作熟睡的样子，既是不想让丈夫担心，更是不愿耽误丈夫的睡眠时间。

这段浪漫曲折、美丽动人的爱情佳话还要追溯到60多年前。

1953年初，朱木兰携小兰探访当时在"慈云"轮上担任大副的赵锡成。

赵小兰的祖上世居上海嘉定马陆。祖父赵以仁老先生毕生在故乡从事乡村教育，长期任本乡西封小学校长。父亲赵锡成中学毕业后，考入吴淞商船学校驾驶系。

朱木兰，出生于安徽省一个具有孔孟遗风的书香门第家庭。父亲朱维谦学识渊博，有"安徽才子"之称；母亲田慧英，出自田营望族。

1948年冬，经友人介绍，赵锡成认识了来嘉定县中学借读的女生朱木兰。她秀丽端庄，娴静大方，大家闺秀的气质深深地吸引了赵锡成。朱木兰对聪明好学、阳光帅气的赵锡成也颇有好感。他们一见钟情。

然而因战争频繁和时局变迁，1949年朱木兰举家迁往台湾，这对恋人也断了音信。但永不言弃和用情至深的赵锡成不管希望多么渺茫，都在持之以恒地等待和寻找心中日思夜想的姑娘。

功夫不负有心人，历尽艰辛与煎熬之后，赵锡成终于在一次航船停靠基隆港口时，从报纸上刊登的应届高中毕业生考取的名单中看到了朱木兰的名字。朱木兰被赵锡成的真情和执着深深打动。1951年，他们在台北永结鸾俦。

朱木兰女士勤俭持家，任劳任怨，是贤妻良母的典范。她始终给予丈夫最充分的信任、温暖、支持与憧憬，兢兢业业协助丈夫为事业打拼。

早年丈夫从事海上航运工作，一年有九个月在船上，很少有时间待在家里陪她，丈夫对此深感愧疚。可每一次，她都认认真真地说："我们俩早有约定，你在外做事，我管家，不以儿女私情来影响你的前途。"

赵锡成因为出海而无法守护头胎女儿的降生，朱木兰特意"罚"他为女儿起个名字。赵锡成成竹在胸地说："就叫赵小兰吧！希望她长大后，有花木兰的忠勇、爱国情操，以及代父从军的孝行。同时也要学习母亲的贤淑、包容和善良的美德。"

赵小兰果然不负父母的厚望。

1983年，赵小兰成为13名"白宫实习生"中唯一的一名亚裔人士，三年后正式从政，出任联邦政府交通部航运署副署长。

1988年，又相继担任联邦政府海事委员会主席及交通部副部长等职。

2001年，出任劳工部长。

就在女儿被提名为劳工部长的那个令人兴奋的时刻，朱木兰却被确认身患癌症。但是这位坚毅而从容面对人生的母亲，却乐观豁达地说："一个家庭，总会有人生病的。你们都有事业，都很忙，若必须如此，还是我来生病更为合适。"

2007年8月2日，朱木兰因病在纽约去世。布什总统在唁函中称赞她"是一位非凡的女性和心中充满深爱的母亲。她的精神和宽容给孩子们和知道她的人树立了一个很好的榜样"。

赵小兰曾深情地说："我母亲极能启发人性，鼓舞人心；她积极乐观，并深信无论性别，教育在造就世界领导人方面至关重要。在我们成长的过程中，我母亲总是向我们强调，我们担负着为社会做出贡献的责任，而且要对人仁慈慷慨。"

阳光体育万米长跑活动

第**20**课

花开有时　青春有约

班会背景

正处于花季中的少男少女，生理和心理都在发生很大的变化，生理上呈现出成熟的势头，与此同时，他们的情感开始萌发。随着与父母相隔两地，友谊成为中学生新的情感寄托。纯洁的友谊具有激励、补偿作用，但是如果不能很好地把握友谊和爱情的界限，在感情上不能理智地把握分寸，就容易陷入早恋的旋涡，严重影响自己的学业。如何引导他们把精力转移到学习上来，为更高的理想而奋斗，是一个十分重要的问题。

班会目标

1. 引导学生明白早恋的危害性，树立与异性交往的健康观念，自觉拒绝早恋。

2. 帮助学生认清自己的主要任务，意识到学习的重要性，树立远大的理想并为之努力奋斗。

|实施过程|

一、情境导入

在青春的季节里，总有一种关怀让我们心存感激，总有一种诱惑让我们难以割舍，总有一种放弃让我们泪流满面。早恋是青春航程中的礁石，我们要小心越过；早恋是一枚青苹果，谁采摘了就只能品尝生活的苦涩。错过了今天所谓的爱情，还会有明天的芳草；但是辜负了青春，我们将会抱憾终生。不去采摘青苹果，正是为了等待它的成熟，要知道，等待也是一种美。

欣赏小虎队歌曲《青苹果乐园》。

二、思维碰撞

材料一：

关于早恋——最经典的父子对话

故事是从爱情开始的。

每一份爱情的来临都不是无缘无故的。作为这所美国人开办的私立学校中最为优秀的男生，男孩有理由得到情窦初开的少女的追求——他长相俊秀，气质儒雅，拉得一手漂亮的手风琴，而且，英语口语在学生中无人能及。当然，向他示爱的女生也并非平庸之辈。那位名叫依丝米忒的少女是伊斯坦布尔赫赫有名的皮草大王的女儿，貌若天仙，伶俐可爱。

依丝米忒常常在校园拦截他，有时会送给他一些小物件，比如手表、瑞士军刀、皮带什么的，都是男孩喜欢的东西，有时只为了和他说几句话。说实话，这样漂亮多情而又率性热忱的女孩子几乎没人能够抗拒。所以，他也不知不觉地陷进了依丝米忒用温柔和热情织出的情网。

他的变化被父亲看在眼里。处在莽撞毛躁的少年期的儿子一度显示出了异常举动，多数时间心事重重，神游身外，其间伴随有间歇性的傻笑。作为过来人，这位一直受西方思想熏陶的大个子葡萄酒商人，敏锐地察觉儿子一定是有了心上人。可是，儿子还是如此稚嫩孱弱，虽然个头已经快和自己差不多，但是，他除了会学习，其他什么也不会，甚至连衣服都不会洗。沉醉初恋不知归路的儿子是在携带着美好情愫走可怕的感情钢丝啊！他决定和儿子好好谈一谈。父子间的谈话是在一次晚餐时进行的。父亲直言不讳地问儿子："奥罕，告诉爸爸，那个入你眼中的女孩子叫什么？"

他因意外，显得非常吃惊。只是怔了片刻，随即垂着头轻声告诉了父亲。他不敢抬头直视父亲，等着父亲大发雷霆。

父亲说："还是到此为止吧，听爸爸的话。"

他见父亲态度温和，胆子渐渐壮了起来。他为自己辩解："爸爸，是她主动的。况且，她的条件的确不错呀！"他觉得更像是在为他们的那份感情辩护，心底有一股豪气油然升腾。

父亲轻轻摇摇头："奥罕，你还太小。"

"太小？爸爸，我已经19岁了，是一个男子汉了。而你，当年只有17岁不就和妈妈好上了？"他自认为抓住了父亲的话柄，情绪越发激动起来。

他说的确是实情。他等着父亲妥协。

可是，他听见依然和蔼的父亲说了这样一番话："你说的没错。可是，你知道吗，我17岁的时候已经在葡萄酒作坊当酿酒师傅了，每个月能拿2000万里拉。我是说，我当时已经能够自食其力，有一定的经济实力为爱情埋单。你呢，一个里拉都挣不到，你凭什么心安理得地钟爱自己心仪的女孩？"

他桀骜的心被父亲的话征服了，埋头扒饭，一声不吭。

父亲又语重心长地安慰他："奥罕，不是爸爸古董封建。你想想看，一个男人，如果没有经济基础，不能为他的爱人提供必要的物质保证，如果你是女子，你会怎么看待这样的男人？儿子，我告诉你，我一直都认为，一个男人，如果没有一份赚钱的工作，不能自食其力，哪怕他40岁甚至50岁，都不配谈恋爱，谈了，就是早恋；相反，只要他有立业挣钱养家的本事，15岁恋爱也不算早恋！"

父亲的一番话，是他闻所未闻的逻辑，但又是那么入情入理，无懈可击。一语惊醒梦中人，经过思想斗争，他做出了从依丝米忒身边安静地离开、从这段虚幻缥缈的无根之爱中抽身而退的决定，尽管为此他承受了半年的痛苦。

牢记着父亲的嘱咐，他知道自己涉足感情还为时过早，于是在学业上全力以赴，最终一举考上伊斯坦布尔科技大学——土耳其最好的大学，并在这里牢固地奠定了日后事业的基础。

他就是奥罕·帕慕克，2006年度诺贝尔文学奖获得者。

荣获巨奖之后，奥罕·帕慕克曾在重要场合多次提到这件鲜为人知的早年趣事，坦言自己感激父亲当年"温柔地扼杀了一件愚蠢而羞赧的情绪"，让自己避免了蹉跎年华。土耳其国家级大报《自由之声》的一位资深评论员发表评论，说奥罕·帕慕克父子当年的交谈"是人类文化史上绝无仅有的经典细节"。

互动交流

土耳其国家级大报《自由之声》为什么说奥罕·帕慕克父子当年的交谈"是人类文化史上绝无仅有的经典细节"？ 奥罕·帕慕克的人生经历对你有什么启示？

材料二：

生命之花为何过早凋谢

据《江南时报》报道：2月14日情人节那天，在锡城某中等学校上学的一16岁男学生像所有的求爱者一样，拿着玫瑰花向自己的意中人求爱。谁知，他遭到对方的拒绝。经过一夜的思考，他还是想不通为什么会被拒绝，于是第二天便在校园内拔刀自杀，5天后，因抢救无效而永远闭上了双眼。男孩的父母得知这一噩耗后哭得死去活来，母亲当场晕厥。但是，这一切都太晚了，直到儿子离开人世，他们才意识到儿子的心理太脆弱了，这一点点挫折就夺走了儿子那宝贵的生命。

无独有偶，近日锡城某中学一名年仅14岁的中学生也同样因为情感困扰多时，无奈之下，他竟选择了跳楼自杀，结果当场身亡。在一周时间内，锡城竟有两名青少年因情感问题得不到解决而选择了自杀这一极端行为。

互动交流

这两名中学生在情感受挫的情况下采取自杀的方式结束生命，你认为值得吗？怎样才能避免同类悲剧的发生？

材料三：

爱情是什么

爱情是一种勇气

爱上一个人必须接受受伤的洗礼　爱得越多伤得越深

要有勇气面对给你带来的一切　也要有勇气去放弃一切

不是不爱　只是不想爱　不是不想爱　只是不敢爱

不是不敢爱　只是爱不起　不是爱不起　只是给不起

要是没有它谁愿意让受伤的心扉再捅上一刀

爱情是一种力量

是一种非常强大的力量　可以使人看到绝望中的希望

同时也可以让人从希望中跌入绝望

明知前面有个坑　还是往里跳一个两个……

明知不可能的事硬是想要去发现个奇迹

但是没有这种力量的驱使　无法走到结局　不管这结局是喜还是悲

爱情是一种承诺

没有承诺的爱情是孤独的

承诺的背后可能有太多美丽的谎言来编织的梦

不管它的真假　毕竟是真实存在的

不管用意是什么　但也是曾经许下的

谎言始终是谎言　毕竟也是精心安排的

是见证一段感情的开始和一段感情的结束

爱情是一种责任

是一种永远不能逃避的责任　是一种与生俱来的责任

是一步一个脚印走出来的责任　更不要存在有捷径的幻想

人的一生有太多的无奈　有太多的感慨　但没有太多的时间

上帝没有给予选择的权利　人生也就能走一次　不会有第二个春天

不管肩膀是结实还是脆弱　不管你面对的是什么样的压力

没有人会去怜惜你　像个爷们扛起来Everything forever

给不了承诺的就不要说爱　给不了责任的就不要去爱

让我们静静听，慢慢感悟。同学们现在所理解的爱情是什么？

材料四：

窗　外

原唱：李琛

歌词：今夜我又来到你窗外，窗帘上你的影子多么可爱。悄悄地爱过你这么多年，明天我就要离开。多少回我来到你的窗外，也曾想敲敲门叫你出来。想一想你的美丽、我的平凡，一次次默默走开。再见了心爱的梦中女孩，我将要去远方寻找未来。假如我有一天荣归故里，再到你窗外诉说情怀。再见了心爱的梦中女孩，对着你的影子说声珍重。假如我永远不再回来，就让月亮守在你窗外。

分析：这首歌中的男孩用他特殊的方法表达了他对女孩的喜爱，他把这份爱埋在心底，每天为她祝福。"多少回我来到你的窗外，想一想你的美丽、我的平凡，一次次默默走开……再见了心爱的梦中女孩，对着你的影子说声珍重。"是啊，爱是要承担责任的，爱是份沉重的感情。作为中学生，我们没有任何经济基础，更没有用自己的一生去守候去承担的能力，所以将爱深藏心底，努力创造未来，当为最理性、明智的选择。

如果你是歌曲中的男主人公，你会如何面对心中的这份感情？

三、总结升华

要想让爱情走向美好的归宿，只有浪漫是不行的，它还需要履行责任，要经受生活实际的各种考验，还要承受得住时间的洗礼。处在人生的春季，我们要树立远大的理想，在知识的土地上播种，只有这样，我们才能在夏季挥洒汗水耕耘在事业的田野里，才能在秋季收获事业和爱情，才能在冬季享受人生的幸福。如果我们在这个阶段早恋，不仅会分散精力，影响学习，而且易于造成身心伤害等不好的结果。这就如同在春季采摘秋天才能成熟的果实，品尝的只能是苦涩和痛苦。

心中有爱不轻易地去爱，要守住那份青春的纯真，这才无悔青春。把握好这青春时光，做我们这个年龄该做的事，不断积累自己爱的资本，为获得真正的感情和幸福的人生而努力。

四、成长体验

1. 虽说爱情是美丽的，但是早恋却是丑陋的。它像恶魔一样伤害了无数天真的少男少女，让他们陷入感情的泥潭不能自拔，让他们输掉大段美丽的人生。

你身边有没有早恋的同学？他们有什么共同的特点？

2. 有时早恋像苍蝇，它随时可能干扰我们的正常生活。在你不经意间，早恋会披着美丽的外衣来到你的面前。请同学们阅读材料并讨论：小丽该怎么做才合适呢？

有一天，小丽在课本中发现了一位同班男同学写给她的纸条，大意是说他很喜欢她，愿意和她做个好朋友。看到它，小丽既兴奋又害怕，她的心如揣了小鹿，怦怦乱跳，脸上像火烤一样。她的眼前立刻浮现出男孩儿的笑容、眼神……这一切让她并不讨厌。可一想到平日里老师和家长关于严禁早恋的三令五申，又怕……她不知所措了。

五、教师寄语

一直以来，我都不敢底气十足地把这个话题拿到讲台上。一是怕伤害学生脆弱的心灵，二是怕自己措辞不当，有损师长尊严。但我又常常在想该如何面对这个问题，因为我不止一次地看到过这样的事实，我观察到个别同学的言行也已经触及早恋的红线。我苦苦地思索着，寻找着出路。终于，借这次班会，我把我想说的想做的都说了做了。我的想法是，让早恋了的不再早恋，让想早恋的打消这个念头，让所有的同学都专注于学业，专注于个人的能力发展。

请同学们一起朗诵诗歌：

所有的日子依旧美好

世间万物各有时节，过早地成熟，就会过早地凋谢。

我们既然是在春天，就不要去做秋天的事。

不要以为我细小的手指可以抹平你心中的创伤。

不，它能承受的只是拿书的力量。

我脆弱的心灵载不动你的款款深情，驶向海洋。

我不想让自己的小船过早地搁浅，

所以，请收回你热烈的目光。

请原谅我的沉默，丢失我，你并不等于失去一切。

如果真的如此不幸，只能说你还太幼稚。

把我连同你青春的心事一块儿，尘封进那粉红色的记忆吧。

那时，你会发觉阳光依然灿烂，所有的日子依旧美好。

┃拓展延伸┃

忠于爱情　富不易妻

春秋时，齐景公想把爱女嫁给晏婴。一次，景公在晏婴家饮酒，酒兴正浓时，景公见到晏婴的妻子趁机问他："这是你的妻子吗？"当晏婴回答后，景公就说："是个又老又丑的妻子呀！我有个女儿，又年轻又漂亮，让她做你的夫人吧！"晏婴离席回答说："我的妻子又老又丑，是因为和我生活时间太长的缘故，原来她也是又年轻又漂亮啊！人都要由年轻变衰老，由漂亮变丑陋。我妻子的变化，是我亲身经历的，难道我能抛弃老伴接受您的恩赐吗？能再娶个年轻而漂亮的公主吗？"晏婴谢绝了景公的恩赐，与老妻白头偕老。

刑场上的婚礼

党的好儿女周文雍和陈铁军在1928年3月举行了世界上最"特殊的婚礼"——刑场上的婚礼。面对敌人的枪口和周围的群众，陈铁军把身上的围巾深情地披在重伤的周文雍身上，激动地说："同胞们，过去为了革命的需要，党派我和周文雍同志在同一个机关，我们合作得很好，两人的感情也很深。但为了革命利益，我们还顾不上来谈私人的爱情，因此保持着纯洁的同志关系，没有结婚。今天，我要向大家宣布：当我们就要把自己的青春和生命献给党的时候，我们举行婚礼。让反动派的枪声，来作为我们结婚的礼炮吧！"

同欲爱河　共渡难关

我国著名科学家童第周，十年"文革"期间被打成反动学术权威，有人要他夫人叶毓芬同他划清界限，叶毓芬回答说："我了解他，他不是你们说的那种人！"粉碎"四人帮"后，有人曾问童教授："你是怎么挺过来的？"他笑着回答："相信党相信群众是最大的动力，但在家里，爱人信任我，也给了我力量。"

著名剧作家吴祖光和新凤霞的爱情生活也是如此。反右斗争中，吴祖光戴着"右派"帽子"充军"到北大荒。当时，有人要新凤霞做出"离婚"的实际行动。新凤霞没有见风使舵，而是斩钉截铁地回答："吴祖光是好人，我要等他回来……"

患难与共　忠贞不渝

燕妮出身于普鲁士的名门望族，才华出众，又漂亮动人。燕妮父母希望找一个门当户对的豪门公子式的女婿。然而燕妮却爱上了少年时代的朋友、出身于普通律师家庭的志向高远的马克思。她的父母极力反对，但是燕妮为爱情宁死也不放弃她的恋人。当马克思于1843年受反动政府迫害，被解除《莱茵报》主编职务被迫流亡国外时，燕妮毅然同马克思结婚了。婚后，过着极端困难的流亡生活，政治上也面临严峻的考验，但她与丈夫始终患难与共。马克思的女儿曾回忆道："如果我说没有燕妮，那么卡尔·马克思也就不成其为马克思，这绝不是夸大。"

你是人间四月天

1931年，梁思成从外地回来，林徽因很沮丧地告诉他："我苦恼极了，因为我同时爱上了两个人，不知道怎么办才好。"梁思成第二天告诉林徽因："你是自由的，如果你选择了老金，我祝愿你们永远幸福。"林徽因后来又将这些话转述给了金岳霖，金岳霖回答："看来思成是真正爱你的，我不能伤害一个真正爱你的人，我应该退出。"于是从此三人终身为友。50年代后期，林徽因已经去世，梁思成也已经另娶了他的学生林洙。金岳霖有一天却突然把老朋友都请到北京饭店，没讲任何理由，让收到通知的老朋友都纳闷。饭吃到一半时，金岳霖站起来说："今天是林徽因的生日。"闻听此言，有些老朋友望着这位终身不娶的老先生，偷偷地掉了眼泪。

半碗粥

一天，一个男孩对一个女孩说："如果我只有一碗粥，我会把一半给我的母亲，另一半给你。"小女孩喜欢上了小男孩。那一年他12岁，她10岁。过了10年，他们村子被洪水淹没了，他不停地救人，有老人，有孩子，有认识的，有不认识的，唯独没有亲自去救她。当她被别人救出后，有人问他："你既然喜欢她，为什么不救她？"他轻轻地说："正是因为我爱她，我才先去救别人。她死了，我也不会独活。"于是他们在那一年结了婚。那一年他22岁，她20岁。

后来，全国闹饥荒，他们同样穷得揭不开锅，最后只剩下一点点面了，做了一碗汤面。他舍不得吃，让她吃；她舍不得吃，让他吃。三天后，那碗汤面发霉了。当时，他42岁，她40岁。因为祖父曾是地主，他受到了批斗。在那段年月里，"组织上"让她"划清界限，分清是非"，她说："我不知道谁是人民内部的敌人，但是我知道，他是好人，他爱我，我也爱他，这就够了。"这一年，她50岁。许多年过去了，他和她为了锻炼身体一起学习气功。这时他们调到了城里，每天早上乘公共汽车去市中心的公园，当一个青年人给他们让座时，他们都不愿坐下而让对方站着。于是两人靠在一起手里抓着扶手，脸上都带着满足的微笑，车上的人竟不由自主地全都站了起来。那一年，他72岁，她70岁。她说："10年后如果我们都已死了，我一定变成他，他一定变成我，然后他再来喝我送他的半碗粥！"

中学生早恋的危害性

中学生不要过早开启爱情之门。当然谈恋爱的年龄早晚，并没有一个统一的标准。就现在我国的实际情况来说，是否早恋要以下面两个特点来划定：其一是生活上的自立程度。一些少年，稚气十足，他们在经济上尚未独立，他们的生活还不能完全自立，离开了父母就无法生活，还是一个100%的消费者，还处在学习文化技能的阶段，就迫不及待地谈恋爱，可谓为时过早。其二，他们的年龄还离法定的最低婚龄相差很远，他们的生理和心理还没有真正成熟。对于身心都正在成长中的孩子来说，过早的恋爱常常会酿出苦果，造成以下几个方面的影响：

1. 影响学习，磨灭理想。每个中学生都有远大的理想、宏伟的抱负，都渴望成为社会的有用之材，甚至是栋梁之材；任何理想、抱负的实现都离不开勤奋努力学习知识。中学阶段，正是为各方面的成长、发展奠定基础的黄金时代。这个时期，充满了青春活力，精力旺盛，思想活跃，记忆力强，对于新生事物极为敏感，是学习科学知识、提高各种能力的最佳时期。因此，每个青少年都应该全力以赴、专心致志地刻苦学习，为将来打下坚实的基础；应该树立远大的人生理想，努力培养和磨炼自己的意志，塑造美好的心灵，为最大限度地实现自己的人生价值，做好一切准备。如果这个时期被恋爱问题纠缠，必定分散学习精力，浪费大好时光，这无异于置一生远大前途于不顾。这种所谓的爱情，极可能葬送青少年的才能、事业和前途，待到以后会追悔莫及。

2. 影响身心，有害健康。由于中学生生理和心理还没有真正成熟，如果早恋，自知会受家长和社会上其他人的责备和议论，因而就要躲躲藏藏，远离人群，长此以往就会影响与同学、家人的关系。同时，他们的思想上会产生很多负担，影响心理的正常发展。有的甚至会改变性格，本来活泼、天真的学生可能会变得孤僻、冷淡，在心理上出现超年龄的现象。由于中学生涉世不深，阅历不足，生活经验欠缺，对社会缺乏足够的了解，感情胜过理智；因此，在辨别人和事、处理人际关系时，往往草率行事，会一时感情冲动就与异性确立爱情关系。以后伴随着心理上的变化、发展、成熟，可能会对对方产生不满，进而冷却或是中断彼此间的感情。这种情况，会引起青少年失望的情绪，使之消沉甚至形成心理障碍，从而影响其精神生活的健康发展。

3. 影响他人，亵渎爱情。中学生的恋情大多是由于感情的冲动或是出于对异性的神秘感和好奇心而引起的。这种神秘感、好奇心使他们盲目地效仿成人。当强烈的好奇心和感情上的冲动构成合力时，十分脆弱的理智防线就会被冲垮。在这种情况下，往往会出现越轨行为，甚至造成不可弥补的损失，造成自己或者对方身体和心灵上的创伤。你要知道爱有时候会变成一种伤害，就像我们喜欢一朵花儿，因为爱它，就会产生一种占有的欲望，把花儿从树上摘下来，促使它过早地凋零、枯萎，这时候爱就变成了一种伤害。

爱情之花是圣洁的，只有到了一定年龄、能正确理解并珍惜它的人，才能栽培并使之永远盛开。对于青少年来说，在爱情生长的土壤还不具备的时候，最明智的办法是筑好防线，拒绝接受和传播爱情的种子。

第 *21* 课

做情绪的主人

| 班会背景 |

做情绪的主人是指要学会主动调节和控制自己的情绪，而不是听任自己情绪的摆布，成为情绪的奴隶。中学生的情绪是丰富、强烈而多变的。这多变的情绪常使他们不能专心致志、善始善终地做事，学习、生活也因此而受到干扰。那些自控力较弱的学生，很容易成为不良情绪的俘虏。有的学生就是因为不能摆脱不良情绪的干扰，严重影响了自己的精神状态和身心健康。可见，"做情绪的主人"是多么重要，正如马卡连柯所说："不会抑制自己的人，就是一台被损坏的机器。"如何做情绪的主人是人生的大课题，不仅仅是学生，成年人也面临着保持情绪稳定的问题。

| 班会目标 |

1. 让学生懂得调控自己的情绪对于个人行为和生活的重要性，进而时刻保持自己情绪的稳定。

2. 掌握一些情绪调节的有效方法，形成自我调适、自我控制的能力，学会合理宣泄不良情绪，保持积极、乐观、向上的情绪状态。

实施过程

一、情境导入

俄国诗人普希金有一首小诗——《假如生活欺骗了你》，请大家一起大声背诵出来吧！

假如生活欺骗了你

假如生活欺骗了你，

不要悲伤，不要心急！

忧郁的日子里需要镇静：

相信吧，快乐的日子将会来临！

心儿永远向往着未来，

现在却常是忧郁：

一切都是瞬息，一切都将会过去；

而那过去了的，就会成为亲切的怀恋。

是啊，生活中谁没有酸甜苦辣呢？谁没有成长的烦恼呢？走出失望的情绪，走出郁闷的心境，坚强地面对生活的种种，生命才有了色彩，人生才有了希望。

二、思维碰撞

（一）体验情绪

牙疼的化学家

有一天，德国著名的化学家奥斯特瓦尔德由于牙病，疼痛难忍，情绪很坏。他拿起一位不知名的青年寄来的稿件粗粗看了一下，觉得满纸都是奇谈怪论，顺手就把这篇论文丢进了纸篓。几天以后，他的牙痛好了，情绪也好多了，那篇论文中的一些奇谈怪论又在他在脑海中闪现。于是，他急忙从纸篓里把它拣出来重读了一遍，结果发现那篇论文很有科学价值。他马上写信给一家科学杂志加以推荐。这篇论文发表后轰动了学术界，该论文的作者后来获得了诺贝尔奖。

可以想象，如果奥斯特瓦尔德的情绪没有很快好转，那篇闪光的科学论文的命运就将在纸篓里结束了。

老奶奶的忧愁

从前，一位老奶奶有两个儿子，大儿子卖雨伞，小儿子开洗染店。天一下雨，老奶奶就发愁地说："哎！我小儿子洗的衣服到哪里去晒呢？要是干不了，顾客就该找他麻烦了……"天晴了，太阳出来了，可老奶奶还是发愁："哎！看这大晴天，哪还有人来买我大儿子的伞呀！"就这样，老奶奶一天到晚，愁眉不展，吃不下饭，睡不着觉。邻居见她一天天衰老下去，便对她说："老奶奶，你好福气呀！一到下雨天，您大儿子的雨伞就卖得特别好，天一晴您小儿子的店里顾客盈门，真让人羡慕呀！"老奶奶一想："对呀！我原来怎么就没想到呢！"从此以后老奶奶不再愁了，她吃得香，睡得香，整天乐呵呵的，大家都说她好像变了一个人。

互动交流

为什么会出现这种情况？你有没有类似的体验？你是如何调节的？

【小结】境由心造，情绪与个人的心态紧密相关。积极的情绪，兴奋喜悦，促使人积极地行动；消极的情绪，抑郁悲伤，削弱人的活动能力。

（二）坏情绪的杀伤力

既生瑜何生亮

三国时期，吴国都督周瑜具有大将之才，年仅24岁就率军破曹，取得赤壁大战的辉煌胜利。然而，他气量狭小，总想高人一筹，对才能胜过自己的诸葛亮始终耿耿于怀，屡次设计暗害，但偏偏事与愿违，害人不成反害己。在诸葛亮三气之下，周瑜金疮破裂，含恨而死。

徐力杀母

17岁的徐力是浙江省金华市第四中学高二学生，母亲吴凤仙是食品公司职工。由于徐力的父亲长期在外地工作，徐力基本上是在母亲的照料下成长的。

吴凤仙虽然收入不高，但望子成龙的她省吃俭用，把家里事情全包揽下来，一心想让孩子读好书。初中升高中时，徐力考进了学校的重点班，但高一上半学期成绩排名全班倒数第二。通过努力，高一下半学期，徐力一跃到了第10名。吴凤仙喜出望外，要儿子以后每次期中、期末考试都排在班级前10名。去年11月底，吴凤仙参加家长会议时得知，徐力期中考试的成绩排在班级第18名。回家后，备感失望的吴凤仙把儿子狠狠地打了一顿，并对喜欢踢足球的徐力说："以后你再去踢足球，我就把你的腿打断。"徐力感到非常委屈和压抑，母亲管得太严，生活没有乐趣。

今年1月17日中午，徐力放学回家吃完中饭后，想看会儿电视。吴凤仙不让儿子看电视，并说："期末考试你一定要考前10名。"徐力顶撞说："很难考的，不可能考得到。"母子之间再次为学习争执起来。感到绝望的徐力从门口拿起一把木柄榔头朝正在绣花的母亲后脑砸去，将母亲活活砸死。

兰兰的数学试卷

兰兰拿着刚下发的数学试卷，一看得了87分，有一道选择题她答对了，老师却给她漏掉了3分，兰兰很生气，她觉得数学老师是故意的，就是不让她到90分。看到同桌丽丽高兴的神情，兰兰更生气了，心想："有什么了不起，不就是考了65分吗？不是我平时帮助你，你能及格吗？"放学了，丽丽邀兰兰一同回家，丽丽安慰兰兰说："没关系，下次肯定能考90分以上。"兰兰冷冷地说："你聪明，每次都考60多分，我笨，好不容易能上90，那个老师硬是给我扣下来，让我永世不得翻身。"丽丽还想再劝说，兰兰不耐烦了，吼道："你给我走开，少在这里猫哭耗子假慈悲！"第二天，兰兰的考卷没让家长签名，她见了数学老师避开走，上数学课时故意看小说，作业也随便应付，她觉得周围的人都跟她过不去。

互动交流

1. 周瑜、徐力、兰兰的这种心理情绪对他们产生了怎样的影响？内在的原因是什么？

2. 从以上的故事中，你感悟出了什么道理？

（三）走出情绪的怪圈

林肯调节情绪趣事

一天，陆军部长斯坦顿来到林肯那里，气呼呼地对他说，一位少将用侮辱的话指责他偏袒一些人。林肯建议斯坦顿写一封内容尖刻的信回敬那家伙。

"可以狠狠地骂他一顿。"林肯说。

斯坦顿立刻写了一封措辞强烈的信，然后拿给总统看。

"对了，对了。"林肯高声叫好，"要的就是这个！好好训他一顿，真写绝了，斯坦顿。"

但是当斯坦顿把信叠好装进信封里时，林肯却叫住他，问道："你干什么？"

"寄出去呀。"斯坦顿有些摸不着头脑了。

"不要胡闹。"林肯大声说，"这封信不能发，快把它扔到炉子里去。凡是生气时写的信，我都是这么处理的。这封信写得好，写的时候你已经解了气，现在感觉好多了吧，那么就请你把它烧掉，再写第二封信吧。"

> **互动交流**

美国总统林肯是怎样指导陆军部长调节情绪的？你从中受到了哪些启发？

调节情绪的方式方法

情绪宣泄法：

（1）发泄调节法。比如哭，流泪时可把体内因紧张而产生的化学物质排出体外，可以缓解人的忧愁和悲伤。

（2）运动调节法。当人盛怒时，肌体会产生大量的能量，此时可以通过运动把这些多余的能量释放出去。

（3）倾诉调节法。比如找人（如朋友、老师、长辈等）倾诉：快乐有人分享，是更大的快乐；痛苦有人分担，就可以减轻痛苦。又如写日记：通过记日记，可以发泄心中的怒气、怨气、不满，最终使心理达到平衡。

（4）音乐调节法。听自己喜欢的音乐，可以用大声唱或者自己喜欢的方式来宣泄，缓解不良情绪。

（5）呼吸调节法。用鼻子吸气使胸部鼓起，憋住五秒钟，再用嘴巴大口地吐气，这样重复几次，可缓解紧张情绪。

（6）遗忘调节法。可以睡一觉，心情平静下来后再来处理原先遇到的事情。

自我调节法：

（1）语言暗示法。当遇到困难时，可暗示自己："别慌，相信一定有办法解决！"语言暗示看似简单，但对情绪好转有明显的作用。

（2）目标转移法。把不顺心的事先放下，去干喜欢的事，以度过情绪低落期。

（3）环境调节法。当不开心时，可以换一个环境去放松一下，以缓解一时的不快。

互动交流

你学到了哪些调节情绪的方法？你觉得还有哪些更有效的方法？

三、总结升华

我们改变不了环境和现实，就改变对环境和现实的态度；事情的结果本身往往不重要，重要的是人对这个事情的态度。态度变了，事情就变了。改变了态度就有了激情，有了激情就有了奋发向上的斗志，有了奋发向上的斗志，我们学习的潜能就能得到最大限度的发挥。只要你抱着积极的心态去开发你的潜能，你就会有用不完的能量，你的能力就会得到提高。积极的心态，不仅仅是一把开启幸运之门的钥匙，更是一条永恒的人生成功法则。

四、成长体验

人生不可能一帆风顺，人生难免有苦恼，有时可换个角度积极乐观地去思考人生。人生路上有曲折，曲折使乏味的人生变得更有趣，解决这些曲折亦是人生的一大乐事。人生很短，要把握人生中那一闪即逝的美丽，这才是积极的人生态度。

1. 学校最近要进行一次校学生干部竞选活动，某同学特别想参加竞选，但又害怕失败，因而处于一种焦虑与矛盾的状态中。如果是你，会怎么做？

2. 情绪不是无缘无故产生的，而是由一定的事件引发的。由于我们对事件的看法不同，所以引发的情绪会有积极和消极之分。说说在下列情况下不同的想法可能导致的不同情绪：

A. 期中考试考砸了。

想法1：

产生的情绪：

想法2：

产生的情绪：

B. 在班干部竞选中，好朋友小芳没有投我一票。

想法1：

产生的情绪：

想法2：

产生的情绪：

情绪不好的时候你一般怎样应对？你知道有哪些方式可以调节情绪吗？请大胆说出来与同学们交流一下吧。

3. 朗诵《成长絮语》

成长絮语

我改变不了过去，但我可以改变现在；

我不能预知明天，但我可以把握今天；

我不能控制他人，但我可以控制自己；

我改变不了事实，但我可以改变态度；

我不可能样样顺利，但我可以事事尽心；

我不能延展生命的长度，但我可以拓展生命的宽度。

改变想法，改变心情，都在我自己！

五、教师寄语

同学们，八年级是整个初中阶段非常重要、非常关键的时期，希望同学们能够确定目标，树立信心，以理智调节自己的学习生活，积极面对人生的酸、甜、苦、辣，做学习、生活的强者，做自己情绪的主人。

请记住：

假如命运折断了希望的风帆，请不要绝望，岸还在。

假如命运凋谢了美丽的花瓣，请不要绝望，春还在。

假如命运阴云密布遮蔽了万里碧空，请不要绝望，阳光还在……

拓展延伸

苏格拉底的幽默

据记载，苏格拉底的妻子是一位性情非常急躁的人，往往当众给这位著名的哲学家以难堪。有一次，苏格拉底在同几位学生讨论某个学术问题时，他的妻子不知何故，忽然叫骂起来，震撼了整个课堂。继而，他的妻子又提起一桶凉水冲着苏格拉底泼了出去，致使苏格拉底全身湿透。当学生们感到十分尴尬而又不知所措的时候，只见苏格拉底诙谐地笑了起来，并且幽默地说："我早知道打雷之后一定要跟着下雨的。"

消除不良情绪的方式

当难于驾驭困难的时候，自我激励是十分必要的。为了达到学习、工作和生活中所追求的目标，就必须克服心理压力，积极自我调节。外因通过内因而起作用，一个人能力、水平的提高是在自我认识与自我作用中产生的。

1. 认清有压力的先兆

有压力必然产生某些先兆，但并非像我们希望的那样一目了然，因此要提高自己对消极压力的警惕性。比如情绪波动、睡眠不稳、体重迅速下降等，都是有压力的先兆。

2. 积极参加锻炼，保持良好的饮食习惯

不能低估锻炼身体对调节情绪的作用，因为锻炼可以使体内释放内啡呔，它与人的信心和自尊有直接关系，影响人们的正常生活。在信心与自尊的协调下，人将得到更大的激励。营养同样不应被忽略，如果人们每天吃高质量的食品和新鲜的蔬菜，将大大缓解压力感。

3. 寻找产生压力的根源

首先，看看自己与家人、同学、老师、朋友等的关系是否融洽，不正常的人际关系往往容易造成消极的压力反应。其次，检查一下自己是否常对自身提出无理要求，如要求自己各方面都优秀，希望自己永不犯错误或不允许自己失败。要知道，人应该学会在不失去自我价值的情况下去承受，即使失败也应通过回顾过去的成绩来增强成就感，把失败看作人生的一个组成部分并视之为成功之母，并且要学会审时度势地去实现目标或减少失败。再次，检查一下自己是否是个爱妒忌、爱追忆不愉快的过往的人。妒忌可以无谓地消耗有限的精力，为了自己，为了重新振作，应从充满敌意、对抗和报复的情绪中解脱出来。

4. 集中精力做一些事情

计划并且做好某件事可以减轻压力。比如空闲时看看书，学习时思想不开小差，做事井井有条并善始善终，集中精力完成一项任务等，都可以帮助自己树立信心。

5. 按自己的方式去生活

人需要丰富多彩的生活环境，多彩的生活比彻底的休息更使人轻松。

6. 不要人云亦云，应重视自己的选择

人有权形成自己的独立人格，开创自己的学习生活之路。父母、老师、朋友都认为他们有责任提供帮助，这没有错，但更应该树立自己的目标，该目标应是明确的和可以达到的。

7. 当面临压力时，学会放松

当感到有压力时，可安静地坐10～15分钟，集中精力于呼吸上，记数每一次的呼和吸，这样可以放松全身，减少压力感。

8. 寻找有益的伙伴

与人交往应做到对他人有益，并且自己也能从他人那里获得帮助与支持。人们的友好接触可以减轻心理压力，增强自我激励。

9. 控制不良情绪

消极的情绪事前都有一定的征兆，如由活泼开朗突然变得沉默寡言，由温柔文静突然变得胡言乱语，出现暴饮暴食、焚书毁物等变态行为，便应引起高度警觉，要采取有效方法，或劝慰，或解释，进行控制。当学生产生了强烈消极情绪、劝说无效、处于爆发状态时，可采取强制措施，控制其情绪，防止恶性事件的发生。

10. 释放忧郁情绪

有时，学生产生了不良情绪，可以创设条件，使其不良情绪有机会释放出来。痛苦时，有地方倾诉，忧郁的愁云就会消散；不满时，有地方诉说，愤怒的情绪就会缓和下来。这种适度的情绪释放会起到"降温""减压"的作用。

11. 转移不良情绪

不良情绪具有排他性，一个人越往忧愁方面想就越忧愁。当学生遇到困难、挫折，产生了不良情绪时，可以用移情的方法，帮助学生实现情绪转移。一是转移环境。如学生因紧张产生郁闷心情时，最好领他们到山明水秀的地方去散散心，这样做有助于心灵窗扉的开启。二是转移注意力。例如当学生因同学关系而苦恼时，不妨给学生讲讲幽默的故事或做做游戏，把学生的注意力转移到愉快的活动上来，从而减轻或消除其心理压力。三是事件转移。当学生考试失利、情绪低落时，可组织学生参加文体活动，让他们露一手，以得到心理上的补偿。

12. 对产生不安情绪的学生进行劝解

中学生之所以产生焦虑不安等紧张情绪，或是因为对某些问题缺乏认识和了解，或是因为心胸狭窄，在某些方面产生思想疙瘩。有的放矢做好疏导工作、拓宽其心理空间十分重要。教师要善于用摆事实、讲道理等方法，讲清事实真相，做入情入理的分析，用富于哲理的名言警句引导学生识大体，顾大局，望得远，想得开，消除曲解和误会，走出感情困境。

13. 对冲动情绪进行冷化处理

冷化处理可使强烈的消极性情绪处于消退性抑制状态。当学生因冲突而愤怒不已时，可以不忙于劝解，而是敦促他们坐下，使其心情平静下来，经过冷化处理之后，学生的情绪往往能慢慢缓和，在这个时候进行劝说和教育，效果会好得多。

14. 对悲伤情绪进行引导升华

这是控制与调适学生某些不良情绪的理想方法。"盖文王拘而演《周易》；仲尼厄而作《春秋》；屈原放逐，乃赋《离骚》；左丘失明，厥有《国语》……此人皆意有所郁结，不得通其道，故述往事，思来者。"（司马迁《报任安书》）这些都是情绪升华的例子。对中学生某些不良情绪要善于做好转化工作，引导学生实现积极的能量转换，把不幸和痛苦升华为人生动力。

卧龙学校师生朗诵会

第 **22** 课

自我保护　警钟长鸣

▌班会背景 ▏

　　生命最为宝贵，它承载着每一个家庭的幸福和欢乐。我国中小学生每年非正常死亡人数都在万人以上，国家儿童少年"安康计划"公布的数字更是触目惊心：我国中小学生因食物中毒、溺水、交通事故、自杀而死亡的，平均每天有40多人。安全事故已经成为14岁以下少年儿童的第一死因。今天的青少年只有树立自我保护意识，懂得自我保护的常识，学会安全自护自救，才能消除隐患，健康快乐地生活。

防震演练

▌班会目标 ▏

1.让学生初步掌握一些自我保护知识和急救技术，学会保护自己。

2.增强学生自我保护的意识，提高其自我保护的能力，培养其热爱生命的情感。

▌实施过程 ├────────────────────

一、情境导入

好心带路被拐骗

小花是湖北某市初三学生，对于一年前的那次经历，她至今还历历在目。那天下午，学校难得提早放学，小花看看时间才三点半，就决定去闹市区的书店逛逛。逛完书店已经五点多了，小花来到公共汽车站等车。

过了一会儿，一辆面包车开过来，司机问小花某某小区怎么走，小花详细地为司机指了路。司机又问："如果方便，能不能帮我们带带路？"小花想，某某小区就在自己家附近，帮他们带路，自己也能搭车回家，省得挤公交车了，于是点点头上了车。没想到车里是一伙人贩子，他们不顾小花的拼命反抗，把车开出了城。

大概走了两三个小时，车开到一个加油站加油，小花趁一个绑匪去买东西时，挣脱束缚跳下车，借着夜色逃向山坳。几个绑匪找了半天没找到，悻悻离去。后来，小花回到加油站，一打听，才知道此地已属另一个县。小花借电话打110报警，在民警的帮助下回到了家。

假如你遇到类似情况，会如何处理？

二、思维碰撞

（一）看一看，议一议

材料一：

2002年8月27日晚，沈阳市一名19岁学生任凯（高考以优异成绩考入东北财经大学）在从其姥姥家回家的路上，路遇两名歹徒欲抢其手机。这个刚烈的青年与两个歹徒展开了殊死搏斗，在搏斗中被歹徒刺中11刀后死亡。我相信，任何人看到这个案例，心情都会很沉重。我们痛恨这些歹徒，为了一个手机竟然夺去一个优秀青年的生命。我们也对任凯独斗凶恶歹徒的英勇无畏和宁死也要捍卫自己合法权益的凛然正气表示钦佩。任凯与犯罪分子做斗争的勇气与胆量，我们没有理由不赞扬。可是面对这样不幸的结局，我们不得不思考：这样做是唯一的选择吗？

材料二：

2015年3月22日下午1点48分左右，几名学生带着装有助燃剂的玻璃瓶、打火机、棉布等物，去大黑山点火玩，不料当天山上风大，枯草被点燃后火势迅速蔓延。他们用土埋、树枝打等方式灭火，但火势太大已经超出了他们的控制。有不少周围的群众提着水桶，拿着铁锨、扫把等陆续赶往失火山林救火。此次火灾造成5名登山者死亡，对死者已进行了DNA检测，核实了身份。经林业技术部门勘测认定，此次森林火灾过火面积25.4公顷，其中有林面积为10.6公顷。当天，专案组将几名重点工作对象全部找到，他们均是案发地附近的中小学生。专案组严格按照未成年人保护法等法规要求，开展了调查和处理工作。在此，民警提醒，春天天气干燥，上山玩耍时切忌玩火。

材料三：

王芳，17岁，与家人不辞而别，不远千里前往广州会见网友。在从石家庄通往广州的火车上，铁路警察接到电话后及时了解了女孩网友的情况，发现其网友是以网上交友为名，其实是哄骗他人参与传销。通过警察劝说，一场犯罪预谋被及时化解了。

材料四：

2010年11月29日12时许，新疆阿克苏市第五小学发生一起踩踏事故，造成41名学生受伤。

2010年3月22日，乌鲁木齐市八一中学附小发生一起踩踏事故，3名学生受伤，其中1名重伤女生抢救无效死亡。

2009年12月7日晚，湖南省湘潭市辖内的湘乡市私立育才中学发生一起伤亡惨重的校园踩踏事故，造成8人罹难、26人受伤。

> **互动交流**

1. 面对违法犯罪分子，我们青少年如何才能保护自己？

2. 王芳的做法有何不妥？网上交友应该注意哪些问题？

3.在学校或其他公共场所如何有效防止拥挤踩踏事故的发生？

（二）学一学，做一做

材料一：

樊静的智慧

2013年9月14日上午，八年级女生樊静独自在家中写作业，妈妈下地干活去了，让樊静拴好大门。11时，有人敲门，静静透过大门缝，只见一位陌生的年轻人站在门口，那人说，自己是卖饲料的，想借笔和纸留个条。樊静见状，想起老师在班会课上讲到，面对陌生人，一定要冷静、机智，想办法摆脱，比如装作喊邻居、打电话等，于是樊静急中生智，冲着西院邻居大声喊："五叔，你把我家钥匙拿来！有人借东西！"那人听了，急忙说："不用了，不用了，我去商店买。"说罢转身就走开了。樊静紧接着听见了发动摩托车的声音，她沿门缝看去，那个陌生人急匆匆骑车离开。后来樊静去商店了解情况，并没有买笔的，才知道遇上了坏人。要不是在学校学习了安全自救常识，还指不定发生什么事情呢。樊静又是后怕，又是庆幸！

材料二：

宋安成机智救伯父

2013年10月14日，八年级同学宋安成跟随伯父去水库钓鱼。正钓得起劲，忽然乌云密布，狂风大作，电闪雷鸣，随后倾盆大雨下起来。伯父匆忙撑起雨伞。宋安成见雷电猛烈，想起了班会课上老师讲的防雷击的自救自护知识，连忙大叫："大爷，快扔掉鱼竿和雨伞！它们会招来雷击的……"话没说完，只见一道闪电从天而至，大伯的金属伞帽上闪出一片火花。幸好大伯扔得快才避免发生意外，但大伯说胳膊觉得又麻又疼。宋安成接着对大伯说："这么危险，咱别怕淋雨了，咱们快到宽阔的地方蹲着，用衣服护住头就行。"事后，大伯欣慰地夸奖说："别看你年纪小，懂的知识还不少哩。"宋安成骄傲地说："这都是老师教给我们的。"

互动交流

从以上两则材料中你学到了哪些自护方法？

三、总结升华

自护常识要掌握，自护能力要提高。交通标志会识别，防火用电有方法。父母单位和电话，有事联系不害怕。游戏场所选择好，安全第一最重要。

在生活中，我们会遇到许许多多的危险，只有练就一身应对危险的本领才能在危急时刻保护自己。希望同学们多积累这方面的知识并介绍给身边的人，让我们一同向坏人、向危险宣战。只要我们处处小心，注意安全，掌握自救、自护的知识，锻炼自己自护自救的能力，机智勇敢地处理遇到的异常情况和危险，就能平安、健康地成长。

四、成长体验

（一）自我保护知识小测试

1. 在室外遇到雷雨时，下面哪种做法不容易出现危险（　　　）。

　　A. 躲到广告牌下

　　B. 躲到大树下

　　C. 无处可躲时，双腿并拢，蹲下身子

2. 发现食物中毒后，自己能采取的最有效的一项应急措施是（　　　）。

　　A. 多喝开水　　　　　　B. 催吐　　　　C. 找解毒药

3. 发生煤气泄漏时，下面（　　　）项措施是不正确的。

　　A. 马上关掉煤气开关，不动任何电器开关

　　B. 打开排气扇通风

　　C. 打开门窗，让中毒者呼吸新鲜空气

4. 使用酒精灯不慎起火时，正确的灭火方法是（　　　）。

　　A. 赶紧用水浇灭

　　B. 用嘴使劲吹灭

　　C. 用毛巾、衣服等覆盖灭火

5. 对待网络正确的态度是（　　　）。

　　A. 网络知识丰富，要多上网

　　B. 合理上网，不要沉溺于网络空间

　　C. 网络特别危险，要远离它

6. 如果发现楼房着火，正确的做法是（　　　）。

    A. 逃离着火楼层，注意躲避烟雾

    B. 赶紧跳楼

    C. 跑向电梯逃生

7. 遇到晚自习突然停电应该（　　　）。

    A. 快速离开教室　　　　　B. 保持安静，听从老师指挥　　　　C. 报警

8. 在校外若被社会不良青年勒索钱财，应该（　　　）。

    A. 破财免灾，交出钱，不声张，不报警

    B. 同犯罪分子坚决斗争

    C. 记住犯罪分子特征，及时报警或报告老师

9. 乘坐公共汽车、出租车、火车时，不准携带（　　　）。

    A. 食品　　　　　　　　　B. 饮料　　　　　　　　　C. 易燃易爆物品

10. 小明的父母下班比较晚，他每天放学都自己回家。这天回到家，小明发现家里的门半开着，透过门缝看见家里很乱，而且隐约听到有陌生人的声音。如果你遇到小明这种情况，你该怎么做？（　　　）

    A. 赶快进去看看到底发生了什么事

    B. 打110报警

    C. 叫上同学，一起进去

（二）自护训练营

1. 同学们正在宿舍里休息，突然有人高喊"着火了"，紧接着浓烟滚滚。这种情况下，如何组织同学们迅速逃离现场？

2. 夏天，气温往往比较高，如果长时间在太阳下暴晒或在高温下活动，太阳的热源就对人体起了加热作用。若不能将体内大量余热散发出来，热量积蓄在体内，时间长了，人的体温调节中枢就会发生障碍，导致中暑。如果你的同学在炎热的天气或野外活动时中暑了，你如何救护？

3. 游泳时如突然手脚抽筋，该怎么办？

4. 有一天，你的家人接到一个电话，对方声称是公安局工作人员，说你家名下银行账户涉嫌洗钱、诈骗等活动，为确保不受损失，需将你家存款转移至一个"安全账户"，并且频频电话催促。对此，你和你的家人该如何处理？

5. 请设计一个自我保护宣传语，张贴在教室里。

五、教师寄语

生命像是一根丝线，一端系着昨天，一端系着明天。站在两端之间，我们才知道：因为生命，我们才会拥有今天，因为今天，我们的生命才得以延续。生活中总有一些突发事件，遇到这些突发事件时最可怕的是没有自救互救的意识和解决问题的能力。今天我们的目的便是培养大家的这种意识和能力，在紧急时刻我们应该能用自己的经验和知识去保护自己和他人的生命。

同学们，要牢记，生命得来不容易，危险面前要警惕。保护自己是前提，千万不要逞意气。机智应对好样的，若是知法又懂法，自我保护更得力。愿同学们日日平安，天天快乐！

▌拓展延伸 ▌

自我保护知识大全

★独自在家时，要关好门窗，锁好房门，防止盗贼潜入。当有人敲门时，一定要问清来意，不轻易给陌生人开门。当坏人欲强行闯入时，可到窗口、阳台等处高声喊叫邻居或拨打报警电话。

★学习预防家庭火灾的常识，掌握电线电器起火、油锅起火、液化气起火等不同情况下的处理方法。家里发生火灾时，如果有浓烟，应尽可能俯身或爬行出门，用湿毛巾或衣物捂住口鼻，开门时用衣物或毛巾将手包住，以免烧热的门把烫手。

★睡觉前检查燃气阀门是否关闭，炭火是否熄灭，防止一氧化碳中毒。如果发现房间里有很浓的燃气味，先用湿毛巾捂住口鼻，然后立即关闭气阀和炉具开关并打开门窗，不要开关室内任何电器或使用室内电话，以免引发火灾和爆炸。

★外出时，遵守交通规则，尽可能结伴而行，并告诉父母目的地、回家时间和出行同伴的名字。不乘坐超员车辆、非法营运车辆、无牌证车辆，不搭乘陌生人的顺路车。学生假期返乡时，不要带大量现金；人多拥挤时，不要只顾抢购车票而忽略财物安全。

★不受坏人利诱，不占别人的小便宜，以免上当受骗。

★未成年人遇到抢劫等侵害时，要依靠智慧，应以保护自身生命安全为首要原则，不要过多地顾及财物。不到万不得已，不要硬拼，避免造成更大的损失。关键时应大声呼救，及时报警。

★保持良好的饮食习惯，不要在假期暴饮暴食。注意食品卫生，尽量在正规市场、超市购买食品，留意卫生、工商等权威部门发布的食品卫生安全提示，不食用没有安全保障的食品，防止食物中毒。

★在成人带领下，在规定时间和指定地点燃放烟花爆竹，按说明燃放，注意自身安全，做好自我保护。到有销售许可证的专营场所去购买烟花爆竹，不要到无证摊点、骑车兜售的不法商贩处购买。尽量选购火药量较小的玩具烟花，不要购买具有伤害性的大型烟花。

★冬季滑雪、滑冰时，应选择有专人维护的正规场地，不要滑野冰。不要在滑雪、滑冰时追逐打闹，身上不要带钥匙、小刀、手机等硬器，以免摔倒硌伤自己。

★不要到河流、湖泊、水库、沟渠等水边玩耍或游泳，以防溺水。

★参加大型集体活动时，不拥挤，不起哄，不制造紧张或恐慌气氛，防止出现踩踏事故。遭遇拥挤的人流时，应该马上避到一旁或顺着人流走，不要试图超过别人，更不能逆行；如果鞋子被踩掉，不要贸然弯腰提鞋或拣鞋，以免被人流挤倒。被人流挤倒后，要设法靠近墙角，身体蜷成球状，双手在颈后紧扣以保护身体最脆弱的部位。

★未成年人不进入营业性歌舞厅、游戏室、录像厅和网吧，不沉迷网络游戏，不浏览内容不健康的网页，不与网友讨论不健康的话题，慎重会见网友。

★不赌博，不吸食毒品，不看不健康的出版物，不吸烟，不饮酒。

★正确对待生活中的困难，可以通过诉说、交流等方式来舒缓生活中的不适感。与家人闹矛盾，不要离家出走，避免给坏人以可乘之机。正视自己存在的心理问题，不要紧张、害怕、回避，可以和家长、老师、朋友沟通交流或向专业机构咨询。

★遇到紧急情况，及时拨打报警（110）、火警（119）、急救（120）电话，并保护好现场和物证。报警时要讲清楚案发具体地点或附近明显建筑物等。如果你正处在和坏人周旋的危险中，拨打110时应注意隐蔽。

★认真学习《中华人民共和国未成年人保护法》等有关法律法规，提高自己的法制观念和明辨是非的能力，学会用法律保护自己；积极参加青少年自我保护教育，掌握自我保护的常识和技能，不断提高自我保护能力。

如何防溺水

在游泳时发生抽筋是比较普遍的现象，千万不要慌张。发生抽筋时应立即上岸擦干身体。如果在深水处或腿部抽筋剧烈，无法游回岸上时，应沉着镇静，呼人援救，或自己漂浮在水面上，控制抽筋部位，经过休息抽筋肌肉往往会自行缓解，然后立即上岸休息。

为了保证游泳安全，应注意自我防护。

●游泳前要检查身体，患有心脏病、高血压、肺结核、中耳炎、皮肤病、严重沙眼以及各种传染病的孩子不宜游泳。处在月经期的女同学也不宜游泳。

●要慎重选择游泳场所，不要到江河湖海中去游泳，也不能到有血吸虫、污染和杂草丛生的水面游泳。初学游泳者要有大人在旁边陪伴。

●游泳前做一些准备活动，如伸展四肢、活动关节等，同时用少量冷水冲洗一下躯干和四肢。这样可以使身体尽快适应水温，避免出现头晕、心慌、抽筋现象。

●饱食或者饥饿时、剧烈运动和繁重劳动以后，不要游泳。刚刚从事完一项运动，要等汗消后再去游泳。

●水下情况不明时，不要跳水。

网上交友时要注意哪些问题

1. 不要把姓名、住址、电话号码等与自己身份有关的信息资料作为公开信息，提供给闲聊屋或公告栏等。

2. 没有征得家长或监护人的同意，不要轻易向别人提供自己的照片。

3. 当有人无偿赠送钱物时，不要轻易接收。当有人以赠送钱物为由要求你去约会或提出登门拜访时，应当高度警惕，最好婉言拒绝。

4. 一旦发现令你感到不安的信息，应立即告诉你的父母或监护人。

5. 千万不要在父母或监护人不知道的情况下与别人进行面对面的约会，即使父母或监护人同意你去约会，约会地点也一定要选在公共场合，且最好有家长或监护人陪同。

6. 不要轻信网上朋友的信息资料，因为一些别有用心者上网前往往用假信息资料巧妙地把自己伪装起来。

7. 在通过电子邮件提供个人真实资料之前，要确保对方是你和父母都认识并且信任的人。

8. 网上朋友就维持在网上为好，一旦贸然走出"网"，就有可能给学习、生活、安全和温馨的家园带来麻烦，甚至发生意外。

晨跑

第**23**课

"低头族"，请抬起你们的头

班会背景

目前，随着3G、4G手机的普及推广，很多中学生已经不仅把手机当作通信工具，而且当作上网、聊天、玩游戏、看视频的平台。虽然手机方便了家长与学生的联系，但是中学生在校使用手机也显露出诸多弊病，严重地影响了学校的管理和学生的学习。3G、4G手机成为继电脑之后，让家长、学校、社会必须面对的新课题。为引导我们的学生正确使用手机，让这些"低头族"抬头看路、潜心学习，特召开本次班会。

班会目标

1. 让学生充分认识到玩手机成瘾对身体、心理及学习带来的危害。

2. 教育引导学生自觉抵制不良诱惑，把握青春美好时光，回归集体，潜心攻读，努力实现人生理想。

可爱的班集体，可爱的同学们

实施过程

一、情境导入

材料一：

据《颖州晚报》报道，手机的普及催生了"低头族"，大街上经常看到有人走路低着头、骑车也低着头，让人忧心。近日，颖东区一个骑电动车的少年低头看手机的一刹那，撞倒了一名老人。

当天，颖东公安分局老庙派出所接110指令——某村发生一起交通事故。

来到现场，民警看到一名老人仰面躺在一辆电动车上，一名少年蹲在路旁。

民警了解到，电动车是少年小王骑的。当天，他骑电动车买东西后回家，沿着水泥路行驶时，发现手机亮了一下，就拿出手机，边骑车边低头看。猛一抬头，他发现一名老人在自己前方，急忙朝右向东行驶想躲避老人。这时，老人也朝右拐向东走，小王紧急刹车，电动车失控向左歪，小王摔倒在地，电动车摔倒后向前滑行了三四米，正好撞到老人的腿部，老人重心不稳，一下子歪倒在了小王的电动车上。

当时，民警看到老人紧闭双眼，不知哪里受伤了，遂将他送往附近医院进行救治。目前，该案仍在进一步处理中。

民警提醒，市民行车、走路千万别做"低头族"，注意力分散容易造成事故害人害己。

材料二：

近期，颖东区发生一起事故：一名"低头族"只顾"抢红包"，柴油车错加了汽油。

当日晚上，颖东公安分局幸福路派出所接到110指令——阜蚌路加油站发生一起纠纷。

现场，一男子在加油站内大声吵闹，非要加油站赔偿。原来，当晚冉某某开着商务车到阜蚌路加油站加油，因夜间视线不好，他将车停在92号加油箱前就匆忙下车，并站在车旁玩微信抢红包。当工作人员大声喊"加满"后，冉某某才抬头看油箱。一看，冉某某吓了一跳，大声喊："加错了！我这是柴油车！"他赶紧上车启动，发动机发出'嗤嗤'的声音，根本发动不了。于是，他跳下车跟加油站工作人员吵了起来。

了解情况后，民警对冉某某说，明知自己开的是柴油车，却把车停放到92号汽油加油位置，应负相应的责任。冉某某听后非常后悔，只好联系4S店将车拖走。

二、思维碰撞

（一）观察思考

拒做"马路低头族"

前不久，在深圳罗湖区东门中路和深南辅路转弯处，女子刘某过马路时被转弯的公交车撞倒，右腿上部几乎皮肉分离。事发时，刘某斜穿马路并盯着手机看。该新闻在网上引起不少网友的关注。

在现实生活中，这样"手不离机"过马路的市民随处可见。功能越来越强大的手机在丰富了人们生活的同时，也催生了一个特殊的群体——"马路低头族"。

现场直击：玩手机姿态百出

"靓女请看路！"刺耳的喇叭声，让一位女市民猛然惊醒。日前，记者在清远北江二路看到，一位女市民正站在路口中央，绿灯已经变红，一辆黑色小车停在脚边，再往前一点就"吻"上这位女市民了。司机一边猛摁喇叭一边探出头来冲她喊。好几个紧急刹车的"电驴"车手也拉长着脸看着她。这位市民意识到，自己刚刚与一场悲剧擦肩而过。

记者在采访时发现，在等红绿灯或过马路时玩手机的人并不少见，就在连江路附近的十字路口处，记者在15分钟内就发现有3人过马路玩手机，2人边打电话边过马路，虽然有些市民没有玩手机，但是手里一直握着手机，并时不时地看一下。一位边过马路边玩手机的张女士告诉记者，自己喜欢看小说，可是上班的时候又没有时间看，所以平时一有时间就会打开手机看，走路时本来就很无聊，借此时机，她会抓紧时间看小说。"等红绿灯时很无聊，没事就玩玩手机游戏。"正在等红绿灯的一位张姓学生告诉记者。笔者注意到，走路或等红绿灯时玩手机的绝大部分是年轻人，他们会习惯性地掏出手机，绿灯亮了依然低着头玩着手机过马路。

一位出租车司机告诉记者，在路上经常能发现边玩手机边走路的市民，这样会带来安全隐患。"专注玩手机的人全然不顾周边的车，有时我们车在路口拐弯，可是他没有发现仍然径直走，我们只好急刹车，这样确实很危险。"出租车司机如此说。

调查：七成受访者有此习惯

绿灯刚亮，小陈迫不及待地过马路，同时边走边看手机。他无奈地告诉笔者，其实很多时候他也觉得这样过马路很危险，但是领导的电话耽误不起。和小陈有相似情况的人不在少数。小梁开着电单车一刻也没有放松过，手机一直响个不停，一手开车一手打电话上演"单手杂技"。她说自己是做销售的，电话一拨接一拨，开车也没法专心。

上网、玩游戏、刷微博，这是小韦每天机不离手的缘由，过马路、等公交车也不例外。"刷微博成了一种习惯。"坐在朋友电单车上的小韦说。

据网上问卷调查，超过六成的人过马路或等红绿灯时会玩手机，有时候等红灯太久，会忍不住掏出手机来玩。尽管超过九成的受访者都认为过马路玩手机很危险，低头看手机时，如果车辆经过的话会避让不及，但还是会忍不住做"低头族"。

好奇："手机控"在玩什么？

笔者在北江二路一十字路口采访时，发现几名女生正在过马路，其中有位女生一边看手机一边过马路，耳朵上还戴着耳机。有位交警看到这种情况后赶紧上前，"护送"她过了马路，然后将她拦下来，提醒她以后过马路不要看手机，更不能戴着耳机听音乐，因为这样会听不见喇叭声。这位女生是名学生，她说玩手机主要是看各种社交网络软件。

过了几分钟，笔者又发现一名男子一边过马路，一边在看手机。该男子说他主要是用手机看小说，由于经常边走路边看小说，摔倒是常有的事，有几次差点被车撞了。虽然有过很多教训，但仍戒不掉。他说："我特别喜欢看小说，上班看、开会看、下班看，有时候睡觉前也要看几个小时。"

玩手机过马路的危险体现在两个方面：一是容易发生交通事故。玩手机时太过专注，不注意看路看车，尤其是走到路口时红灯亮了，车多人多，易发生碰撞。二是很容易被贼盯上，成为不法分子的目标，因为玩手机被抢、被偷的事情曾多次发生过。

交警提醒市民，过马路的时候接打电话、收发短信或玩游戏，会分散注意力，很容易发生交通事故。为了自身和他人的安全，市民们过马路时不要只顾低头看手机，而要抬头看路，注意来往车辆。

互动交流

生活中你和你的家人、朋友有没有类似的经历？说出来大家听一听，评评议议。

（二）网络调查

最近，手机"低头族"的颈椎成了大家关注的焦点。

有报道称宁波有个15岁女孩，每天玩手机、玩电脑多达五六个小时，拍片显示她的颈椎出现曲度变直，老化程度相当于四五十岁。而南京的小秦也是一个典型的手机不离手的人，年仅22岁的他颈椎居然出现了生理曲变，已经开始变形。

截至昨日16：00，晨报联合大申网推出的"你的颈椎多少岁了"网络调查吸引了627人参与，其中48.25%的受访者每天玩手机花费1～3小时，35.19%的受访者每天玩手机超过3小时。临睡前成玩手机最频繁的时刻（54.3%），上下班途中和上班期间也成低头"重灾时"。

调查还显示，超过半数受访者（52.23%）想戒掉手机依赖症，并且多数人都表示有不良的玩手机习惯，其中"躺着玩手机"比例最高，达60.67%，"关灯玩手机"紧随其后（15.76%），有11.46%的网友表示会一直玩手机不休息，还有7.96%的网友有"边走路边玩手机或者开车玩手机"的恶习。

另外，66.24%的受访者自认为颈椎比真实年龄老了5岁以上，还有62.26%受访者因玩手机而颈椎酸痛，18.79%的人曾因此去过医院。

第六人民医院脊柱外科副主任医师张涛告诉记者，因为长时间"低头"引发的颈椎问题很常见，不光是白领玩手机容易患上颈椎生理曲度变直，就连功课压力大的小学生坐姿不正确也会引发颈椎问题。"我在接诊过程中，最小的病人不过三四年级的小学生，也就十来岁吧。"但总体说来，颈椎生理曲变主要是由颈部长时间保持同一姿势过久，造成肌肉劳损，并进一步引发小关节以至椎间盘病变引发的。

"拿小学生来说，由于做作业时长时间低头，而且颈部肌肉没有发育完全，缺少颈部肌肉支撑，容易造成颈肩部问题。"张涛说。

"而'低头族'们情况也很类似，长时间低头玩手机、看电脑、伏案工作，颈部保持同一姿势过久，引发肌肉劳损、小关节病变，青少年甚至引起颈椎反曲，以至于外观成'鹅颈畸形'——健康的颈椎会稍微往前突出，但鹅颈畸形的颈椎反而会向后突起。"张涛表示，长期颈椎肌肉劳损往往是颈椎病的前驱症状，年轻白领长期不正确的生活和工作习惯可能导致过早颈椎退变，甚至会导致颈椎间盘突出，压迫中枢神经引起头晕、耳鸣、四肢发麻等亚健康状况。

"新闻中提及的20岁年轻人有着40岁的颈椎，这种说法不够准确，应该是说20岁年轻人患上了一些以前40岁的人才会有的颈椎毛病，比如颈椎间盘突出等。"张涛医生告诉记者，前来就诊有颈椎疾患的年轻人的确有增多的趋势，多数从事IT行业或者是伏案工作的白领，"他们平时很少运动，颈椎部肌肉也不够发达，尤其是颈后伸肌经常劳损"。

张涛提醒，当出现颈部持续酸痛麻木、手部精细动作（拿筷子等）完成困难、行走无力等问题时，需要格外当心，必须立刻前往医院检查。

"低头族"们应该如何保护颈椎呢？张涛强调预防是关键，最好养成良好的工作和生活习惯。首先，"低头族"要保证玩手机40分钟后抬头活动筋骨，让颈部充分休息；另外，加强运动同样很重要。网上流行的"米字操"便是不错的颈椎操，用头顶或下颌为笔头，用颈作笔杆，反复书写"米"字，重复前屈、后仰、左右旋转等动作。"但是仅寄希望于'米字操'是不够的，应该多做跑步、游泳等全身运动，没事动动颈脖，长期坚持才能解决颈椎问题。"一旦出现颈肩部疼痛，经热敷、贴膏药等家庭简单处理不见好转，或出现前文提到的症状，建议及时看脊柱外科。

互动交流

"低头族""手机控"给生活带来了哪些危害？如何有效避免？

（三）低头族，请抬头

"人与人之间最远的距离，就是我就在你身边，你却在玩手机。"这段经典的段子，相信大家都感同身受。随着科技的发展，人们的孤独感却越来越强烈，人们宁愿沉浸在自我世界里也不愿意挤出时间与人进行面对面的交流。于是，继"拇指族"之后，又衍生出来了一个全新的"低头族"。他们可以完全沉溺在一个属于自己的世界里，对周围的事物可以做到视而不见，将自己与周围的世界割裂开来。

"低头族"是一个过度使用电子产品的结果。当然，这并不能怪他们，电子产品就像一个黑洞，它会对你产生强大的吸引力，让你无法自拔，最终使你沉湎在自己和手机的小世界里，失去独立思考的能力，淡漠了人与人的关系。我曾经在公交车上观察过乘客，大多都是人手一部手机，一副统一的表情。其实我们在车上可以做的不仅仅是低头玩手机。在等待之余，欣赏一下窗外的风景未尝不可呢?

难道是手机错了吗? 其实技术的进步本身并无过错。人们需要与世界进行交流，而手机则扮演了这个角色。手机依靠它强大的功能，可以满足人们各种需求，这本应该是十分美好的。手机带给人们便利的同时，也随之带来了一系列意想不到的问题。不管是在会议上还是聚会的场合，都会有不少的人拿起手机玩游戏，刷微博。这种行为会为直接交流平添一堵墙，一堵无形的墙。不少有觉悟的好青年已充分认识到了"低头"的危害，聚餐时采用把手机都放在一边或封存等的方式来对抗这种欲望。

"低头族"，请抬头。当低下头时，我们就再也见不到湛蓝的天空、飘逸的白云、葱茏的绿树、绚烂的鲜花，我们就会错过自然的美好、生活的感动、科学的神秘、人情的幽默。丢下手中的手机，回归到正常的生活当中来，感受亲情的温暖、友情的珍贵、思考的乐趣、阅读的快乐，做一个昂首挺胸的"抬头族"。因为，人不能为一只手机而低头。

互动交流

读了以上材料你有什么感受? 请写下来和大家分享。

三、总结寄语

手机在中学生族群中流行，从一个侧面反映了人民生活水平的提高和信息时代的到来。科技的确给我们的日常生活带来了方便，但每一样新事物总会有正面和负面效应，我们要用科学合理的态度去对待电脑、手机这些高科技产品，不能让这些产品操控了我们的心智。中学生现在的首要任务是学习，我们需要科技的产品，我们也认可社会的发展，但我们要正确面对高科技产品带来的诱惑，要化被动为主动，对新事物有客观的思考，把这些产品利用在恰当的时间和空间上。

青年学生尤其要注意，不能因为过于痴迷手机和平板电脑而失去健康和思维，失去友谊和亲情,失去文明和公德,失去时间和机遇……让我们一起合理利用手机、电脑等电子产品,做这些工具的主人吧!让我们抬起头,坚定地做回自己吧!让我们敞开胸怀,舒展身姿,在美丽的大自然中汲取阳光雨露和清新空气吧!

▌拓展延伸 ────────

手机对学生的危害

越来越多的中学生带着手机上学,频繁使用手机显露出诸多弊端。

一、影响身体健康,降低记忆力

研究证明,青少年的耳朵和颅骨比较幼嫩,手机辐射会对青少年的脑部神经造成不可逆伤害,配有手机的学生的理解力、反应力、记忆力明显下降。同时,过度使用手机还会造成听觉受损、睡眠质量下降、免疫功能失调等后果,质量不好的手机还会产生致癌因子,诱发白血病和肿瘤等。

二、网吧进了教室,干扰学习秩序

以前,读书不好的中小学生会到网吧上网,逃课逃学。而现在,随着智能手机的普及,学生可以在教室里随时通过手机进行聊天、网页浏览、阅读信息和发送短信等,严重干扰了正常的学习秩序。

三、影响他人休息,降低学习效率

目前,部分学校对学生在校内尤其是宿舍内使用手机的现象管控不到位,致使一些学生常借着夜色用手机聊天,有的寝室甚至用手机集体看电影,严重影响了学生正常的作息秩序,降低了学生学习的效率。一些优秀的学生对此深恶痛绝。

四、容易滋生事端,事故防不胜防

在很多学生看来,品牌手机简直代表了他们的身份和地位,似乎能让男生更加潇洒,让女生更加漂亮。手机属贵重物品,是学生的心爱之物,学生势必要花费许多精力和时间来保管,但还是很容易被人偷走,校园丢失手机的现象时有发生,带来了不少麻烦。一些学生年轻气盛,受不了半点委屈,一旦发生小矛盾,会很快通过手机纠集社会青年、同学前来打架,影响了校园安全。

目前,手机已成为学生精神污染的主要来源,在给通信部门带来丰厚利润的同

时，也给学生的心理健康带来了极大的副作用。有的学生由于手机使用费过多，平时只好省吃俭用或者以学校要交资料费为由向父母要钱，甚至出去偷抢、敲诈；少数未成年少女因使用手机与学校外面联系广泛，很向往外面的生活，反而给社会上的不法分子以可乘之机。

总之，当前我国教育正处于新旧体制交替时期，许多事情还不能尽如人意。为了改变现有学校教育的被动状态，有必要广泛开展社会教育、学校教育和家庭教育，学校要增加心理卫生课和健康教育课，引导学生树立正确的人生观，正确合理地使用手机。

"低头族"该抬头望生活了

为终结课堂"低头族"，今年5月初，河南农业大学文法学院推行"无手机课堂"，要求师生进教室后，第一件事就是把手机关掉，放进讲台前的储物箱里。

智能手机是个好东西，但它也是把双刃剑，尤其对自控能力不强的青少年来说更是如此。由于这种浅阅读的方式与学习规律相违背，一旦学生的精力过多集中于手机上的碎片化信息，久而久之，就会使学生注意力难以集中，学习能力退化。

把手机"请"出课堂，推行"无手机课堂"，其实是依靠一种强制力，把手机与学生有效隔离开来，让学习的归学习，娱乐的归娱乐。毕竟，课堂是一种现实的学习，而手机是一种虚拟娱乐；课堂上获取的知识具有连贯性，而手机上获取的碎片信息却不等同于知识累积。因此，把虚拟的请出去，把真实的留下来，让学生从低头看手机变成抬头学习与生活，学会厘清生活、学习、娱乐之间的界限，懂得自我约束，这才是走出低头迷途的正道。

只顾低头看手机，却忘抬头看生活，需要反思的不仅是学生，更有现实生活中的众多"低头族"。这些年来，开车、走路、聚会、上班……长时间手机不离手的"低头族"，几乎成了城市中的一道"风景"。手机成为现实生活中的"第三者"，横亘在人与人之间的小小手机，隔出了心理上最遥远的距离。

沉迷于手机世界的"低头族"是该抬起头来，望望被他们遗忘的生活、学习，想想被他们忽视的亲朋好友了。在任何时代，人都应该是技术的主人，而不应该沦为技术的奴隶。毕竟，每个人都不可能埋头生活在虚拟世界里，只有扎根于现实世界，才能触摸到有滋有味、真实可感的生活。

第24课

好书伴我成长

班会背景

　　书籍是历史的浓缩，是人类文明的精华。戏剧大师莎士比亚说过："书籍是全世界的营养品，生活里没有书籍，就好像没有阳光；智慧里没有书籍，就好像鸟儿没有翅膀。"读书是人们重要的学习方式。学生在大量的阅读实践中丰富知识，开阔视野，在

遨游书海

感悟祖国语言文字博大精深的同时悟出人生真谛，汲取向善向上的精神力量。

　　当下，受应试教育的影响，一些中小学生远离经典名著，课外阅读情况不容乐观。部分中学生对课外阅读认识不足，目的不明确，个别学生迷恋武侠言情小说，而对那些思想性、艺术性高的经典名作很少涉猎。本次班会的目的是，以学校阅读序列化为载体，积极引导学生好读书，读好书，努力营造"书香班级"。

班会目标

1. 提高学生对读书重要性的认识，激发学生读书的兴趣。
2. 畅谈读书感想，交流读书方法，学写读书笔记，养成良好的读书习惯。
3. 教育学生明辨是非，学会有选择地阅读，培育健康高雅的生活情趣。

实施过程

一、情境导入

2012年，中国新闻出版研究院发布了第十次我国国民阅读情况的调查结果。数据显示：2012年我国18～70周岁国民图书阅读率为54.9%，比2011年的53.9%上升了1个百分点；2012年我国18～70周岁国民人均纸质图书的阅读量为4.39本，与2011年的4.35本基本持平。

54.9%的国民图书阅读率与4.39本的人均纸质图书阅读量，这到底是一个什么样的水平呢?

从我们自己的发展历程来看，1999年我国国民的图书阅读率曾高达60.4%，此后多年，与大踏步前进的经济发展状况相反，我们的阅读状况总体上呈现出倒退趋势，2005年竟跌破50%，仅为48.7%。近两年，虽然国民图书阅读率一直保持着缓慢增长态势，但与十多年前相比，也只能算是低位水平。

与世界上一些发达国家相比，我国的国民阅读水平更显落后。联合国教科文组织进行的一项调查显示，全世界每年阅读书籍数量排名第一的是犹太人，平均每人一年读书64本。而中国13亿人口，扣除教科书，平均每人一年读书1本都不到。

2012上海书展暨"书香中国"上海周上，时任国家新闻出版总署副署长的阎晓宏表示，和发达国家相比，我国的阅读水准仍然较低。欧美国家年人均阅读量约为16本，北欧国家达到24本，而我国年人均阅读量仅为6本。

中国新闻出版研究院院长郝振省介绍，严谨的国际阅读率比较研究显示，当下韩国国民人均阅读量约为每年11本，法国约为8.4本，日本在8.4～8.5之间。这些数据虽然没有网上流传的几十本那么高，但明显高于我国的国民人均阅读量，确是一个显著的事实。

与我国的国民阅读状况持续低位徘徊形成强烈对比的是，我国如今俨然成为一个出版大国。近10年来，我国出版实力大幅提升。2001年，中国出版的图书仅有15万种，到了2011年，这一数字高达37万种。现如今，中国年出版图书数量已经位居世界第一，增速之快超乎想象。

拥有如此庞大的图书出版量，当下中国人却很少读书，这到底是为什么？

第十次全国国民阅读调查显示，在问及受访者不读书的原因时，获选率最高的选项是"工作忙，没时间"（42.8%），其次是"没有读书习惯"（35.8%）。其他选择较多的选项还有"看电视多""不知道读什么""找不到感兴趣的书"等。

与此同时，日益严重的功利性阅读倾向，也成为阻碍中国人读书的深层次因素。据新华网报道，在全国有限的人均购书中，八成都是课本教材。在各大书店的销售统计中，教材及考试辅导类书籍也占了很大比重。不少出版业人士都坦言，很多出版企业都将这些实用类型的出版物作为重要的利润点。

中国出版工作者协会顾问于友先忧虑地指出，时下一种新的"读书有用论"正悄然流行，非"有用"的书不读，而"有用"的定义变得非常狭窄。这种功利性阅读的泛滥将会成为未来国民阅读的"敌人"。

"一个不读书的人是没有前途的，一个不读书的民族也是没有前途的。"前任国务院总理温家宝2010年与网友交流时曾这样表示。

据了解，世界上最爱读书的国家之一是以色列。虽然该国图书的价格非常昂贵，普通以色列人对购买图书却十分慷慨。这个仅有500万人口的国家，是世界人均拥有图书最多的国家，持有借书证的就有100多万人。正因为如此，这个人口稀少、建国时间很短的国家至今已经拥有8位诺贝尔奖得主。

俄罗斯也有"最爱阅读国家"的美誉，1.4亿俄罗斯人的私人藏书多达200亿册，平均每个家庭藏书近300册。即使如此，俄罗斯政府仍痛感国民阅读量下降。2012年，俄罗斯政府在全国范围内采取紧急措施，制定《民族阅读大纲》，用法律手段保证阅读数量的快速增长。

中国教育学会副会长、苏州大学教授朱永新指出，阅读能力的高低，直接影响到一个国家和民族的未来。当前许多国家已经把全民阅读作为重要的国家战略。对此，我国也应该尽快行动起来，采取多种措施，比如成立全民阅读指导委员会、设立国家阅读节、加强各级图书馆建设、开展各类读书活动等，大力推广全民阅读活动，提升国人的阅读水平。

在第十次全国国民阅读调查中，超过五成的成年受访者认为自己的阅读数量较少，近七成的受访者希望当地有关部门组织开展阅读活动。

"阅读能力的高低，直接影响到一个国家和民族的未来。"对这句话你是怎么理解的？

二、思维碰撞

（一）感悟名人读书故事

嗜好读书的沈括

北宋大科学家沈括，其父母文化底蕴深厚，在父母的早期教育下，他很早就开始读书。沈括十四岁时已把家中的很多藏书都读过了，以后又各处借书读，青年时期就已成为当地知名人物。后来随父亲工作调动到福建、江苏、四川和京城等地，有机会读了更多的书，学识更加充实。二十四岁时他步入仕途，政务之外仍读书不辍。三十三岁时考中进士，三年后被聘为皇家昭文馆编校。这让他有机会读了更多的皇室藏书，学识更加渊博。他对文学、史学、军事、农事、天文、地理、物理、化学、数学、生物、水利、医药、书法、音乐……都有很深造诣，是当时深受人们尊敬的学者。他一生著述有几十种，最著名的是《梦溪笔谈》，被誉为"中国科学史上的坐标"。

蔡元培的读书故事

蔡元培是通过大量读书而成长起来的著名学者。他父亲是钱庄的经理，但做人廉洁，积蓄很少。元培十一岁时父亲去世，兄弟三人靠母亲劳务维系生活。元培六岁上学，后随六叔及塾师苦读。六叔家藏书颇多，他得以广泛阅读，这使他从小养成了读书的习惯。他十七岁时考中秀才，十八岁设馆教书，做到了"教学相长"。二十岁时到家乡徐树兰家读书、校书，徐家有"古越藏书楼"，他边校订图书边大量阅读，得以学识大进。他二十三岁时中进士，成为翰林院编修，能更广泛地读书。当时清朝正处于内忧外患时期，他认识到只读旧书的不足，于是开始研读西方及日本的新思想书籍，终于走上革命的道路。后来，他去德国留学，阅读了大量欧美书籍并且写了三部书。中华民国成立后，他出任第一任教育总长，积极改革了中国的旧教育制度。因其学识渊博，先后被举荐担任北京大学校长、中央研究院院长等职，以其毕生精力致力于中国的文化教育事业，成为著名的学者、教育家。1940年他去世时，毛主席在电唁中称其为"学界泰斗、人世楷模"。

毛泽东的读书生涯

毛泽东自幼聪慧，喜欢读书。八岁时在他教书的舅舅家读了《三字经》《千字文》《千家诗》及《增广贤文》等启蒙读物。在读私塾期间阅读了"四书""五经"《盛世危言》《列强瓜分中国记》《三国演义》《水浒传》等书。

毛泽东十六岁时就写下了"男儿立志出乡关，学不成名誓不还。埋骨何须桑梓地，人生何处不青山"的豪迈诗句，告别家乡到湘乡县立东山小学堂读新学。在那里阅读了《世界豪杰传》《新民报》《新民说》等进步书刊，接受新思想。

1912年，毛泽东考入省立第一中学，柳先生借给他《御批历代通鉴辑览》共116卷。他还读了卢梭的《民约论》、达尔文的《物种起源》、亚当·斯密的《原富》、孟德斯鸠的《法意》、赫胥黎的《天演论》、斯宾塞的《群学肄言》。广泛的阅读培养了他"极有价值"的自学能力。毛泽东在杨昌济先生的影响下还读了《昭明文选》和《韩昌黎全集》等。

1918年毛泽东到北京，在北京大学图书馆当助理员。在此期间，他阅读了大量中外著作，为以后的革命活动打下了良好的基础。

革命初期读马列。毛泽东第二次到北京，读了陈望道译《共产党宣言》、考茨基著《阶级斗争》、柯卡普著《社会主义史》等著作。

1932年4月，毛泽东率部攻占了福建漳州，进驻省立第三中学，找到了好几担书，用车运回中央苏区，其中有《资本论》《反杜林论》等经济和革命类书籍。

井冈山时期，毛泽东身处逆境集中读书，阅读了列宁的《两种策略》《"左"倾幼稚病》、斯大林的《论列宁主义基础》、德波林的《西方哲学史》等著作，为以后的革命工作打下坚实的理论基础。

毛泽东在延安期间，在繁忙的政务工作中忙里偷闲，阅读的书籍更多更广。哲学方面有西洛可夫等著、李达等译的《辩证法唯物论教程》，塔乐海玛的《现代世界观》，艾思奇的《哲学与生活》《哲学选辑》，李达的《社会学大纲》等；文学方面有《中国历代通俗演义》《三国演义》《水浒传》《红楼梦》《甲申三百年祭》《鲁迅全集》《聊斋志异》等；军事方面有《孙子兵法》《曾、胡、左治兵格言》《战争论》等；马列著作方面有《资本论》《社会主义从空想到科学的发展》《列宁选集》《马克思恩格斯列宁斯大林论艺术》《联共（布）党史简明教程》《苏联共产党（布）历史简要读本》等。

毛泽东曾说："我一生最大的爱好是读书。""饭可以一日不吃，觉可以一日不睡，书不可以一日不读。"对毛泽东来说，书可以伴眠、伴行、伴厕。

毛泽东是博览群书、追求真理的光辉典范。更重要的是："纸上得来终觉浅，绝知此事要躬行。"毛泽东把马克思主义理论与中国革命具体实践相结合，取得了中国革命的胜利，建设了繁荣富强的新中国。

【小结】古人讲："书中自有黄金屋，书中自有千钟粟，书中自有颜如玉。"这些话所指的读书目的是有些庸俗了，但从另一个角度来看，不能不承认成功的事业、完美的人生和读书都有十分密切的联系。因此，我们古人才有头悬梁、锥刺股、囊萤映雪、凿壁偷光等苦读诗书的感人故事。因为读书是人生寻求美好出路、实现个人价值的最佳办法，所以历史、现实中才有千千万万人十年寒窗，苦读诗书，走读书成才之路。

（二）体味名人读书心得

余秋雨：阅读的最大理由是想摆脱平庸

我出生在一个偏僻的山村，这儿的人都不识字。妈妈从外面来了，她是这儿第一个识字的人，此后办起了识字班、学校。学校有个图书室，书不多，老师定下一个苛刻的制度，要写100个毛笔小楷才可借得一本书。

努力读第一流的书

有人认为一个人的成功是靠社会关系、机遇、方向的正确选择等等，我认为都是次要的。我觉得，很多时候是一个人偶然看到的几本书，从这些书里面的某些地方获得了力量，从而把他拉出了平庸。只要跨过山坡，人生就不一样了。

读书的横向并不最重要，纵向才是重要的。所谓横向就是指各个专业，理工农医等；所谓纵向就是指梯度，所谓的一、二、三流。各学科的最高等级都是合在一起的。

像爱因斯坦去世前，有人问他感到最遗憾的是什么，他说的不是再也不能研究相对论了，而是说再也不能欣赏莫扎特了。

从事什么专业并不重要，关键是要找最高等级，要寻找"山顶"，"山顶"也许永远不会到达，但光辉会一直照耀着你！

看和自己有缘分的书

有人认为自己出生的地界、国家等等会决定自己的喜好。其实是错误的，出身并不决定你和什么有缘分，也就是和谁有同构关系。文学无国界，文学是不等同于社会学的天域。

比如，安徒生是丹麦人，丹麦语也是一个小语种，但世界上很多人都喜欢他的作品。所以，你可能喜欢欧美的、日本的作家，也可能喜欢非洲的。在阅读中寻找和自己有同构关系的书，其实，也是在寻找自我。

阅读的最大理由是想摆脱平庸

阅读的最大理由是想摆脱平庸。一个人如果在青年时期就开始平庸，那么今后要摆脱平庸就十分困难。

何谓平庸？平庸是一种被动而又功利的谋生态度。平庸者什么也不缺少，只是无感于外部世界的精彩、人类历史的厚重、终极道义的神圣、生命含义的丰富。而他们失去的这一切，光凭一个人有限的人生经历是无法获得的，因此平庸的队伍总是相当庞大。

黄山谷说过："人胸中久不用古今浇灌，则尘俗生其间。照镜觉面目可憎，对人亦语言无味。"这就是平庸的写照。黄山谷认为要摆脱平庸，就要"用古今浇灌"。

书籍是空间与时间的纽带

只有书籍，能把辽阔的空间和漫长的时间浇灌给你，能把一切高贵生命早已飘散的信号传递给你，能把无数的智慧和美好对比着愚昧和丑陋一起呈现给你。区区五尺之躯，短短几十年光阴，居然能驰骋古今，经天纬地，这种奇迹的产生，至少有一半要归功于阅读。

如此好事，如果等到成年后再来匆匆弥补就有点可惜了，最好在青年时就进入。早一天，就多一分人生的精彩；迟一天，就多一天平庸的困扰。青年人稚嫩的目光常常产生偏差，误以为是出身、财富、文凭、机运使有的人超乎一般，其实历尽沧桑的成年人都知道，最重要的是自身生命的质量，生命的质量需要锻铸，阅读是锻铸的重要一环。

请谈谈你的读书心得。

（三）学习名家读书方法

名家谈怎样读书

●老舍

怎样读书，是个自己决定的问题；我说我的，没勉强谁跟我学。

第一，我读书没系统。借着什么，买着什么，遇着什么，就读什么。不懂的放下，我糊涂的放下，没趣味的放下，不客气。我不能叫书管着我。

第二，读得很快，而记不住。书要都叫我记住，那还要书干吗？书应该记住自己。对我，最讨厌的发问是："那个典故哪儿的呢？""那句话是怎么来着？"我永远不回答这样的考问，即使我记得。我又不是印刷机器养的，管你这一套！

读得快，因为我有时候跳过几页去。不合我意，我就练习跳远。书要是不服气，来跳我呀！看侦探小说的时候，我先看最后几页，省事。

第三，读完一本书，没有批评。一批评就糟，必定要惹气。读完一本书再打通儿架，不上算。我的爱与不爱存在我自己的心里，有什么新的我自己知道，谁也不告诉，这是种享受，虽然显得自私一点。

第四，我不读自己的书，不愿谈论自己的书。我知道，书是别人的好。虽然未必都好，可是至少给我一点我不知道的东西。

第五，哼，算了吧。

●卢梭

18世纪法国启蒙思想家卢梭一向反对死读书、滥读书。

当时社会上有些人，学了一门知识赶着学另一门知识，没一刻停息，只花时间去学别人的思想，却没时间锻炼自己的思想。结果，知识是学了些，智力却很少增长。

卢梭对此很看不惯，就在他著的《爱弥尔》一书中说，这种人"就好比在海滩上拾贝壳的孩子，起初拾了一些贝壳，可是看到其他的贝壳时，他又想去拾，结果扔掉一些又拾到一些，乃至拾一大堆贝壳不知道选哪一个好的时候，只好通通扔掉，空着手回去"。

●爱因斯坦

爱因斯坦总结出了"一总、二分、三合"读书法。一总：先浏览书的前言、后记、序等总述性部分，然后认真地读目录，以便概括地了解全书的结构、内容、要点和体系等，这样便可对全书有个总体印象。二分：在读了目录后，先略读正文，这不需要逐字读，要着重对那些大小标题、画线、加点、黑体字或有特殊标记的句段进行阅读，这些往往是每节的关键所在。三合：就是在翻阅略读全书的基础上，对这本书已有个具体印象，这样再回过头来细读一遍目录和全书内容，并加以思考、综合，使其条理化、系统化，以弄清其内在联系，达到深化、提高的目的，进一步深入领会初读时所不能领会的许多东西。

●朱熹

宋朝著名学者朱熹，对经学、史学、文学、乐律以及自然科学，均有研究。他在读书方法上，特别强调"循序而渐进"。

朱熹说："字求其训，句索其旨，未得乎前，则不敢求其后，未通乎此则不敢志乎彼，如是循序渐进，则意志理明，而无疏易凌躐之患矣。"也就是说要一个字一个字地弄明白它们的含义，一句话一句话地搞清楚它们的道理。前面还没搞懂，就不要急着看后面的。这样就不会有疏漏错误了。

●鲁迅

鲁迅先生读书非常强调博览，主张不要对自己的阅读范围做过狭的限制。鲁迅在《读书杂谈》一文中说过："爱看书的青年，大可以看看本分以外的书……即使和本业毫不相干的，也要泛览。譬如学理科的，偏看看文学书，学文科的，偏看看理科书，看看别个在那里研究的，究竟是怎么一回事。这样子，对于别人，别事，可以有更深的了解。"

●钱钟书

钱钟书的治学之道，可以概括为八个字：博闻强志，深思慎取。

钱钟书从启学之时，就博览群书。读中学时，就读了《天演论》等英文原版著作，还啃下了《古文辞类纂》《骈体文钞》《十八家诗钞》等，至于他喜爱的小说杂志更是爱不释手，披阅不倦。他阅读书籍所写的札记，可以用汗牛充栋来形容，毫不夸张。他写学术巨著《管锥编》时，所用的资料足有几麻袋。

钱钟书主张先博后约，由博返约。即先广泛涉猎，博览群书，然后再在此基础上提炼吸收，形成自己的知识结构。这种科学的学习方法不仅使他成为一代学术泰斗，也为后学者指出了正确的成功之路。

● 铁凝

铁凝说："对一个小说家来说，书读得越杂越好，应该多读一些小说之外的书。"其他优秀的作品会开阔你的视野，从另外的书中可以获得别样的生活和感受，这样生命也会更完整。另外，读书应该从兴趣出发，不要硬着头皮去读。"读不下去，你怎么获得营养啊？也许随着年龄以及阅历的增长，你会发现你漏过了一些值得你去读的书。所以，也不要太过排斥。"铁凝认为，阅读对于自己来说，就是生活里最为愉快的一部分，任何一本好书给读者的营养都是慢慢渗透的。铁凝未来的阅读计划是读经典的、耐读的作品。

互动交流

你平时是怎样读书的？名人的读书方法给你什么启示？

（四）好书推荐

读一本好书，如饮一泓清泉，沁人心脾；读一本好书，如与故友交谈，快意平生；读一本好书，如聆听一位长者的教诲，受益匪浅。请走进"好书悦读"，让我们共同感受好书的魅力。在此，好书"推荐阅读"栏目真诚希望广大同学能积极踊跃地参与到好书推荐活动中来，向喜爱读书的同学推荐更多更好的书籍。

互动交流

推荐好书：

推荐理由：

三、总结升华

　　古往今来，无数优秀的篇章滋润、教益着后人。那些先辈、英烈、伟人、学者之所以走过璀璨的人生之路，无不得益于他们的广蓄博收、孜孜以读。书是我们的好朋友、好老师，我们应该多读书，读好书，苦读书，从书中汲取营养，增长知识。古罗马哲学家西塞罗说得好："无知是智慧的黑夜，没有月亮、没有星星的黑夜。"雨果说过："各种蠢事，在每天阅读好书的影响下，仿佛烤在火上一样，渐渐熔化。"今天，我们生活在一个自然科学和社会科学都蓬勃发展的时代。读书对我们来说，愈加重要。同学们，立即行动起来，向知识进军，用书籍点燃智慧的明灯！

四、成长体验

（一）收看中央电视台《阅读》栏目

引导同学就以下话题展开讨论：喜欢阅读的人必定是未来的精英。

（二）百科知识竞赛

1.【历史典故】典故"汗流浃背"的主人公是西汉的周勃，他汗流浃背的原因（　　）。

　　A. 穿衣服太多　　　　　　　　B. 劳动太过卖力

　　C. 打仗拼命厮杀　　　　　　　D. 答不出皇帝的问题

2.【天文地理】人们常用"太阳从西边出"比喻不可能的事，但太阳系中真的存在从西边出来的星体。太阳系中从西边出来的星体是（　　）。

　　A. 水星　　　　B. 金星　　　　C. 火星　　　　D. 木星

3.【历史典故】"成也萧何，败也萧何"说的是（　　）的经历。

　　A. 刘邦　　　　B. 张良　　　　C. 项羽　　　　D. 韩信

4.【动物植物】壁虎也叫"天虎"，它常常在光滑的门窗、天花板上爬行而不会掉下来。原因是它的脚掌上（　　）。

　　A. 能分泌黏性胶液　　　　　　B. 能产生静电

　　C. 长着吸盘　　　　　　　　　D. 长着骨针，可以产生摩擦力

5.【天文地理】杜甫《望岳》诗中的"岱宗夫如何？齐鲁青未了"中的"岱

宗"指的是（　　）。

    A. 华山   B. 衡山   C. 泰山   D. 黄山

（三）名著阅读知识竞赛

1. 根据诗句或对联判断人物（均出自我国四大古典名著）。

（1）一头红焰发蓬松，两只眼睛亮似灯。不黑不青蓝靛脸，如雷如鼓老龙声。身披一领鹅黄氅，腰束双攒露白藤。项下骷髅悬九个，手持宝杖甚峥嵘。（　　　　）

（2）富贵不知乐业，贫穷难耐凄凉。可怜辜负好韶光，于国于家无望。天下无能第一，古今不肖无双。寄言纨绔与膏粱，莫效此儿形状。（　　　　）

（3）心在朝廷，原无论先主后主；名高天下，何必辩襄阳南阳。（　　　　）

2. 根据谜面猜人物

（1）爆竹除旧（《红楼梦》中的人物）（　　　　）

（2）通灵宝玉（《水浒传》中的人物）（　　　　）

3. 填空

（1）"滚滚长江东逝水，浪花淘尽英雄。是非成败转头空。青山依旧在，几度夕阳红……"这是我国古代文学名著《　　　　》的开篇词，其作者是（　　）（朝代）的（　　　　）。

（2）"花谢花飞花满天，红消香断有谁怜？……一朝春尽红颜老，花落人亡两不知！"这首诗出自《红楼梦》中（　　　　）之手，诗名为《　　　　》。

（四）结合学校开展的"阅读序列化"活动畅谈体验

五、教师寄语

    同学们，我们正处在长知识的时候，为了将来成为一个有益于国家、有益于人民的人，我们应该像马克思、毛泽东这样的伟人一样如饥似渴地读书。我相信在座的每一位同学都在阅读过程中受到过启发教育。希望大家热爱阅读，从此刻做起。

我送春天一首诗

| 拓展延伸 |

书香伴我成长

夜深人静，皎洁的月儿在盯着我们进入梦乡，万籁俱寂，唯有时钟"滴答"的脚步在延续。今夜难眠，昏黄的灯光下，我依旧沉醉在《读者》的世界里……

阅读，是一种享受——享受鸟语花香、轻风流水，享受历练。

阅读，是一种情怀——敞开心扉，亲近自然，聆听生命。

阅读，是一种幸福——丰富了我的知识，陶冶了我的情操。

难忘与书一起走过的每一分钟，有过感伤的泪水，有过会心的微笑。书如挚友，迷惘时，给予人星光般的鼓舞，失落时，给予人清风般的慰藉，我最愿细听它低诉，聆听它轻唱。

书是一位难得一遇的知音，书是一位慈祥的老师，书是一位伟大的母亲。

读书是那样富有乐趣，它既给我带来不尽的乐趣又让我增添几丝莫名的忧伤。我不会忘记那与书一起走过的日子。我常在书林中或追寻昔日的足迹，或编织未来一个个美丽的梦。

读书让我知晓了人鱼公主在拼命救了王子之后变成泡沫的悲惨结局，丑小鸭在经历屡次嘲讽、排挤后变成美丽的白天鹅时的羞涩，灰姑娘在忍受非人的家庭待遇后与王子相爱的幸福场面，阿里巴巴通过"芝麻开门"用自己智慧夺得四十大盗的无数珠宝，卖火柴的小女孩在大年三十被冻死墙角时的痛苦呻吟，皇帝为了炫耀自己新装而光身游行的愚蠢无知。

在漫长的人生旅途中我不孤独不寂寞，因为有书；当我淹没在题海中我不觉得一丝疲劳，因为有书。

如果说书是花朵，我愿是千万只采蜜的蜜蜂中的一只；如果说书是海洋，我愿是畅游其中的千万条鱼儿中的一条；如果说书是天空，我愿是天穹数十亿星星中的一颗……

回首读书的日子，充实，多彩，快乐。一路走来，书香一直伴我左右。抚摸书中的脉络，品味文章的内涵，那行云流水的语句、雨花缤纷的意境让我着迷，顷刻间唤醒了我沉睡的心灵，像花瓣绽放在春阳中一般、我愿和书籍相伴，与书香相随，携手描绘美丽的画卷！

名人名言

读书破万卷，下笔如有神。 ——〔唐〕杜甫

读书有三到，谓心到、眼到、口到。 ——〔宋〕朱熹

立身以立学为先，立学以读书为本。 ——〔宋〕欧阳修

旧书不厌百回读，熟读精思子自知。 ——〔宋〕苏轼

书痴者文必工，艺痴者技必良。 ——〔清〕蒲松龄

奇文共欣赏，疑义相与析。 ——〔晋〕陶渊明

读书百遍，其义自见。 ——〔晋〕陈寿

鸟欲高飞先振翅，人求上进先读书。 ——李苦禅

立志宜思真品格，读书须尽苦功夫。 ——〔清〕阮元

读书之法，在循序而渐进，熟读而精思。 ——〔宋〕朱熹

吾生也有涯，而知也无涯。 ——〔战国〕庄子

书卷多情似故人，晨昏忧乐每相亲。 ——〔明〕于谦

书犹药也，善读之可以医愚。 ——〔汉〕刘向

少壮不努力，老大徒伤悲。 ——《汉乐府》

莫等闲，白了少年头，空悲切。 ——〔宋〕岳飞

发奋识遍天下字，立志读尽人间书。 ——〔宋〕苏轼

非学无以广才，非志无以成学。 ——〔三国〕诸葛亮

玉不琢，不成器；人不学，不知道。 ——《礼记》

熟读唐诗三百首，不会作诗也会吟。 ——〔清〕孙洙

书到用时方恨少，事非经过不知难。 ——〔宋〕陆游

问渠那得清如许？为有源头活水来。 ——〔宋〕朱熹

敏而好学，不耻下问。 ——〔春秋〕孔子

业精于勤，荒于嬉；行成于思，毁于随。 ——〔唐〕韩愈

三更灯火五更鸡，正是男儿读书时。黑发不知勤学早，白首方悔读书迟。

——〔唐〕颜真卿

第 25 课

过一个充实而有意义的暑假

班会背景

令人愉悦的暑假即将开始，如何安排暑假生活，成为学生和家长关心的话题。对于学生而言，暑假无疑是一个难得的休息、放松的好时机，但是很多学生认为放假就是上网、游玩、睡觉，"学了一年了，我可不想连假期都在学习"。可是，在高兴之余，千万不要忘记：假期只是一个休息的站点，不是永远停泊的港湾。假期过完之后，很多学生会用"不堪回首"表示自己的懊丧。为使学生度过一个有意义的假期，特召开本次班会。

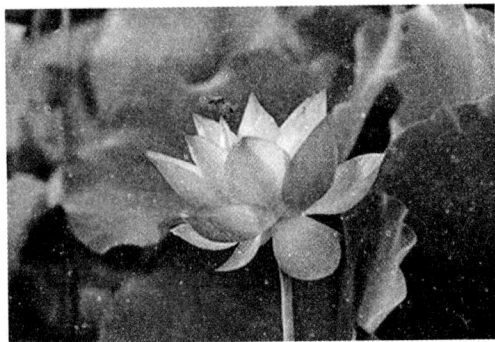

夏荷

班会目标

引导学生科学合理地安排暑假生活，培养学生自我管理、自我控制、自我约束的意识和能力，养成良好的生活学习习惯。

▍实施过程 ▏

一、情境导入

放假了，随着下课铃声的响起，我们的暑假生活开始了。

经过短暂的休整，我"火力全开"，向暑假作业展开了最强劲的攻势。在爸爸妈妈的帮助下，我不停地写，终于过五关斩六将取得了胜利。

我的暑假生活是五颜六色的，不仅是写作业这一种色彩，我也有放松的时候，有的时候爸爸妈妈带我去旅游，有的时候我与智慧的集合——电脑交交朋友。

不知从什么时候起，每当我睁开蒙眬的睡眼时，奶奶那"高音喇叭"就开工了："妈妈要上班了，快去送妈妈到楼下。"我无奈地三下五除二地穿上衣服护送妈妈。有一次，我将妈妈的小背心穿上了，刚到楼下，一个叔叔望着我偷偷地笑。我向叔叔问好，叔叔指了指我的衣服说："你怎么一夜之间就长大了啊？你妈妈的衣服也适合你穿？"我恍然大悟，原来穿错了衣服，我的脸一下变成一个red apple，扭头就大步流星往家跑。跑回的途中我明白了一个道理，做任何事情都应该一丝不苟。

在暑假里我还做一些力所能及的家务，如刨土豆、洗碗、拖地……小朋友们，不仅要爱学习，也要爱劳动哦。

这就是我的暑假生活，你的呢？

二、思维碰撞

（一）制订我的暑假计划

中学阶段，假期是用来反超的
——双双考入清华的东营一中姊妹花倾心分享

人物介绍：焦宇晨、焦宇晓，高中就读于山东东营一中，在2014年的高考中，姐妹俩分别以理科704分和699分的好成绩考入清华。

1. 坚持不懈

没有什么事情是可以一蹴而就的，真正的成功都是积累的结果。超常发挥是可望而不可即的，我们不能把我们的未来寄托在那渺茫的希望上；因为高中三年我们是在拿自己的青春下赌注，我们不敢输，也输不起。不要说什么"只要有1%的希望，就要尽100%的努力"，即使是0%的希望，也要尽120%的努力。不坚持到最后，你永远不知道自己会不会成功。只要高考交卷铃声还没有响起，任何一个人都有创造奇迹的机会。你只要拼尽了全力，即使最后失败了，也不会留下遗憾。

每个人都有不同的经历与成长轨迹，是难以比较的，再加上太多的运气与偶然，结果是否如人意往往难以预料，我们要做的就是最好的自己。不要去想是否能够成功，既然选择了远方，就要义无反顾，风雨兼程。我们相信一切付出都会有回报，"不是不报，时候未到"。现在有些同学，一点也不愿多付出，每一份付出他都期待等量的回报；还有一些人，淹死在没有回报的痛苦的旋涡中。其实完全没有必要，我们需要的是一种破釜沉舟的勇气与决心。别说为5%的收获付出90%，即使是0%，你敢不敢说，我心甘情愿，无怨无悔，你敢不敢继续拼。如果你有这样的气魄，那就没有什么能够阻挡你前进的步伐。

2. 不忘初心

不管发生什么意外，不忘初心，始终如一。可能有很多事情会干扰你，但你自己要坚定，不松懈。比如：每次从外地比赛或培训回来，如果是在上学期间，我们从来不会先回家，而是下了车就直接去了教室；每个大年三十，我们吃完饺子就看书；大年初一鞭炮声响起的时候，我们还在做题；除了要输液，我们没请过一天的病假，即使是输液，我们也会在输完液之后立即赶到学校，哪怕还有最后一节课；有时在外出培训的路上，我们也依然在看书。

在清华，大多数人都有类似的经历，现在想来，这一切貌似很疯狂，难以坚持，但有些路，走过了就不觉得有多么曲折，有些苦，咽下了就不觉得有什么滋味。一些在外人看来不可思议的事，在当事人看来，也不过就是平平常常的事。这样的生活，开始是约束，后来是习惯，最后是麻木。因为有信念的支持，你只会向着你的目标不顾一切地奔跑，不知疲惫。不是只有学霸才具有这样的能力，任何人都有，只要进入了那个状态，你就会理解他们的世界。三年，说说很长，过过却很短。人的潜力总是无穷的，你不去激发，就永远不可能超越。

3. 相互促进

现在回想初中、高中的六年，如果没有对方，很可能就没有我们的今天。相互踩着对方的肩膀，我们才爬到了今天的高度。作为双胞胎，看到对方奋笔疾书，你怎么能心安理得地轻松自在？除了拿起课本，你没有选择。在我们的心中，对方始终比自己水平高。不是我们想争个高下，是从小就有人要把我们比个高下。每次考试后，成绩偏低的那个人都会更加努力地学习，想尽一切办法挤出更多的学习时间。于是我们的学习时间越来越长，效率越来越高。

记得初二的周末，我们一天只能学五六个小时，后来逐渐增加到七八个小时。初二的暑假就学到了十个小时。上了高中，干脆取消了休息的时间，一天学到了13个小时。我们的注意力逐渐转移到成绩上，高分对我们有极大的吸引力。与分相比，电视、电脑、手机、iPad对我们全都没有诱惑力。日复一日，我们觉得这样紧张的生活是再正常不过的事情，身处其中，也不觉得无聊或乏味。与别的孩子不同，我们时刻都了解自己的对手在干什么，与对手的差距时刻逼迫我们保持紧张。

这根弦，一绷就是六年。六年里，凭着一股不服输的劲，我们成就了自己，也成就了对方。这是真正的双赢。

4. 不一样的假期

高中的假期不是用来休息的，是用来反超的。学如逆水行舟，不进则退，很多人赢在了假期，也有很多人输在了假期。

下面是我们一个假期的生活安排：早晨起床后，吃过早饭就开始了一天的学习。除了吃饭、上厕所以及饭后简短的休息，我们从早到晚都不会离开我们的学习桌。从数学到物理，从化学到生物，开学前，看着四本带有三种颜色标记的《教材全解》以及反复琢磨过的课本，我们感到的是充实、踏实与骄傲。当然，假期中不仅是做题，也有我们自己安排的单元测试，每一个测试成绩不过85分的单元都需要重新来过。全解上没有测试题了，我们就跑到书店"蹭书"，只做不买，直至过了85分，我们才会学习下面的单元。这一切努力都不会白费，开学以后，我们没有接受新知识的迷茫与痛苦，一切都已那么自然。这看似很恐怖，但对大部分清华学子来说，却是那么真实。看看那些连作业都没完成或最后抄完的同学，你就会明白一个假期会造成多么大的差距。

很多时候一个人的领先不是因为他比别人多长了个脑子，而是因为他与别人早已不在一条起跑线上。

互动交流

你的暑假生活怎么安排？请为自己制订一个科学合理的生活学习计划。

（二）享受阅读的乐趣

进入 7 月份，炎炎夏日的到来也意味着暑假的开始。这么漫长的假期要怎么度过呢？可以阅读，可以玩乐，可以学很多平时没有时间学的技能⋯⋯在这没有教学任务、没有标准答案的两个月里，赶快静下心来，享受阅读的乐趣吧！

走进文学著作，品味经典的恒久魅力

1. 阅读小说：体验不一样的人生，感受"生活在别处"的精彩

如果说读书可以体验人生，那么阅读小说则可以让你分享生活在不同世界的他人的经验，体会人与人之间关系的复杂性，经历更多不一样的人生，体验更多的人格和灵魂，从而获得自己对人生的理解。

推荐书目：《飘》《简·爱》《变形记》《围城》《活着》《倾城之恋》

2. 随笔散文：感受随时随地的生活"小智慧"

随笔这类文章，或讲述文化知识，或评析世态人情，启人心智，引人深思。在写法上，往往旁征博引，不做理论性太强的阐释，行文缜密而不失活泼，结构自由而不失严谨，因此，富有理趣是它们的突出特色。

推荐书目：《撒哈拉的故事》《我与地坛》《目送》《瓦尔登湖》

3. 阅读诗歌：读诗使人灵秀，诗歌是培养人情趣的最好媒介

在各种文体中，诗歌最考验一个写作者的才华。诗歌是文字游戏，它通过文字的排列组合，通过词语的衔接与错位，把文字变成魔术，而魔术是会给人带来乐趣的。读诗使人灵秀，读诗可以提升想象能力。

推荐书目：《海子诗集》《顾城的诗》《吉檀迦利》《漫歌集》

研读文化书籍，感受思考的智慧和力量

1. 历史、社会相关类书籍：读史使人明智

历史是世界的昨天，而今天是过去的延续，我们不能不知道这个世界曾经发生的事，如同我们不能不向往人类的未来。识多才能智广，足智方能多谋，读史使人聪慧，更使人睿智。

推荐书目：《全球通史》《光荣与梦想》《中国大历史》《重新发现社会》《童年的消逝》

2. 哲学类书籍：做有思想有灵魂的人

哲学，源出希腊语philosophia，意即"爱智慧"。严格地说，哲学不是一门学问，而是一种思考的状态。哲学告诉你用自己的眼睛去观察世界和人生。读哲学，看似浪费时间，实则潜移默化地影响着我们。

推荐书目：《苏菲的世界》《西方哲学史》

3. 心理学类书籍：发现自我，了解自我

心理学主要研究人类的"知情意行"（即认知、情绪、意识与行为）四方面相互影响的作用机制。心理学可以让人更好地发现自我和了解自我，保持健康情绪，养成良好行为习惯。

推荐书目：《心理学与生活》《少有人走的路》《天才在左　疯子在右》

浏览科普、旅行类书籍，拓宽人生宽度

1. 科普书籍：你意想不到的科学世界

为了跟愚昧和迷信争夺市场，科普作品在应有的理性和严谨之外，最好还能做到生动有趣。这个暑假，中国教育频道特意为您选取了世界上很有影响的科普书籍，让您在有趣的阅读中增长见识。

推荐书目：《时间简史》《从一到无穷大》《什么是数学》《当彩色的声音尝起来是甜的》

2. 旅行类书籍：行万里路，读万卷书

为什么旅行？或许是因为人总是试图摆脱包围着自己的狭隘的生存环境。技术和物质越是进步，距离和沟通越不是问题，人的生存环境往往就越狭隘，就越向往"别处的生活"——哪怕是暂时的。

推荐书目：《理想的下午》《带一本书去巴黎》《迟到的间隔年》《走吧，张小砚》

互动交流

你的阅读笔记，请拿出来晒晒吧！

（三）世界这么大，我想去看看

游三峡

初到三峡，真有点为它赞叹不已。它是如此神奇，让人捉摸不透。它在你面前好像如此平凡，但一眨眼又是另一种风景。它的变幻莫测让人如至仙境，它的平凡中透着不平凡的气息。

三峡美，美得壮丽，美得雄伟壮观。有时柔媚，有时险峻，但都不失那种宏伟的气魄。最让人陶醉的是小三峡，让人眼前一亮，如同仙境中的仙境，恍如来到了世外桃源，有一种豁然开朗的美感。

小三峡中的一切都是有灵气的，那里的人，那里的水，那里的树，还有那里的动物。树木漫山遍野都是，找不到树干，只有一片生机勃勃的绿，让人迷失了自我。水，也是那种绿，清清的淡淡的，却看不见底，但又能看见另一种风景。

小三峡中最有趣的就要数猴子们了。一会儿出现，一会儿又消失了。它们的速度让人感到惊奇。虽看不清楚，但就是觉得比动物园中的可爱些，有趣些。它们好像吸收了大山的灵气，更美些。好不容易找到了一只正在休息的猴子，大家纷纷举起了手中的相机，谁知，小猴子也学着人们的动作，那样子真滑稽。船驶远了，猴子举起了手，好像在和人们说再见。这让大家更开心了，也对着小猴子挥手说再见。

突然一阵嘹亮的歌声响起，导游告诉我们这是当地的人们在给我们问好。说完导游阿姨也唱了一句，大山里也唱了一句，唱的比导游用喇叭唱的还响。大家高兴极了。导游又讲了几个山里人的故事。大家对小三峡更是依依不舍了。

互动交流

暑假里有什么旅行计划？请与你的爸爸妈妈一起来制订吧！

（四）积极参加社会实践活动

社区服务与社会实践的基本目标和主要内容

社区服务与社会实践是指学生在教师的指导下走出教室，参与社区和社会实践活动，以获得直接经验、发展实践能力、增强社会责任为主旨的学习领域。它与研究性学习、劳动与技术教育以及信息技术教育共同构成我国基础教育新课程体系中的综合实践活动课程。

作为综合实践活动课程的一部分，社区服务与社会实践服从于综合实践活动课程的总目标，同时更为注重学生的社会适应能力、社会

卧龙学校学生赴孟良崮接受爱国主义教育

参与意识、公民责任感及创新意识的培养。它的基本目标是拓展知识，增长经验，增进学生的社会适应与创新能力；引导学生融入生活，获得感受，形成健康、进取的生活态度；引导学生主动参与社会实践，增强公民意识和责任感；使学生自觉服务社会，对他人、对社会富有爱心；让学生亲近、关爱自然，懂得与自然和谐相处；促进学生自我了解，肯定自我价值，发展兴趣与专长。

社区服务与社会实践的内容是开放的、灵活的、多样的，各地可结合自己的实际情况选择。一般来讲，可从以下五个方面组织课程内容：

1. 服务社区

组织服务社区的活动，使学生熟悉社区在地理环境、人文景观、物产特色、民间风俗等方面的特点，继而萌生亲切感、自豪感，懂得爱惜、保护它们；使学生经常留意社区中人们关注、谈论的问题，能学会综合而灵活地运用自己的知识加以解决，从而掌握基本的服务社区的本领，形成建立良好生活环境的情感和态度；使学生在服务的过程中学会交往与合作，懂得理解和尊重，形成团队意识和归属感，增强服务意识和责任感。

2. 走进社会

组织学生进入社会情境，接触社会现实，参与社会活动，使学生理解社会基本运作方式、人类生活的基本活动，积累社会生活经验，理解社会规范的意义，自觉遵守、维护社会规范与公德，形成并增进法制观念、民主意识，发展社会参与能力，形成参与意识和较强的公民意识。通过观察、考察和探究，懂得科学技术与日

常生活、社会发展的关系，形成正确的科学观。通过接触不同国家、不同民族、不同地区的文化，懂得理解、尊重文化的多样性。

3. 珍惜环境

通过和自然的接触，领悟自然的神奇与博大，懂得欣赏自然的美，对自然充满热爱之情。通过观察、考察身边的环境，领悟到自己的生活与环境息息相关，加深珍惜环境的情感。通过保护环境的活动，懂得人们的生产、生活对环境的各种影响，熟悉环境保护的常识，掌握基本的技能，能综合运用所学的知识解决环保中的一些问题，自觉地从身边小事开始，关注社区、国家乃至世界性的环境问题，养成随时随地保护环境的意识和习惯。

4. 关爱他人

通过和他人的接触、交流，学会理解他人的生活习惯、个性特点、职业情况，懂得尊重人、体谅人。通过体验个人与群体的互动关系，懂得他人和社会群体在个人生存与发展方面的重要性，体验关怀的温暖，对他人的帮助心存感激。通过与人交往、合作，形成团结、合作的精神。经常留意身边需要帮助的人，自觉而乐意地为他们服务。掌握志愿服务的有关知识和技能，对他人富有爱心，使学生在关爱他人的公益活动中获得深刻体验、感受和满足。

5. 善待自己

通过参与各种活动感悟生命的奥秘、意义与价值，发现自己的优点与弱点，知道如何发挥优势、弥补短处。能够了解自己的情绪，学会用适当的方法控制和调节自己的情绪，进一步适应各种社会角色，正确理解个人价值。通过各种锻炼活动，掌握安全生活的常识，能够在危难中自救与求救，养成对自己生命高度负责的态度。懂得自己的权利与义务，能够学会用法律保护自己。在生活中养成良好的生活习惯、健康乐观的生活态度，愿意为创造更美好的生活而不懈努力。

互动交流

请按时提交一份社会实践调查报告或体会。

（五）暑假筑起安全门

2015年7月22日下午3时许，江西省德兴市新营街道办事处接到群众反映，称有两名中学生下河游泳未归，可能溺亡。街道办事处立马组织救援，一方面组织街道应急巡防队伍和当地派出所、村干部赶赴现场，另一方面联系消防、武警、应急中心等部门帮助搜寻和救援。救援人员赶到现场时，已有多名水性好的市民主动下河参与搜救。下午4时30分左右，两名学生先后被打捞上岸，但已无生命体征。

溺水可以说是暑期学生安全的最大隐患。暑假以来，各地已经发生多起学生游泳溺亡事件。仅江西省就已有好几起类似事件发生。

暑期一定要注意安全。不仅是游泳安全，食品、交通、网络、火灾、盗窃、雷击、滑坡、泥石流等各类安全事故，都应严加防范，不能有丝毫的马虎。

互动交流

暑假最应该注意的安全问题有哪些？请写下来提醒自己。

三、教师寄语

在这个长长的假期里，相信同学们一定有许多开心的事要做，有许多好的书要读，有许多好的地方要去游玩，但是一定要注意爱护自己，保护自己，珍惜生命。希望同学们在假期里合理安排时间，好好调节自己，做到劳逸结合，培养自我管理、自我控制、自我约束的良好习惯，过一个有意义的暑假。

拓展延伸

中学生暑假学习计划

一、暑假学习计划

1. 提高自己在语文、数学等方面的学习能力。

2. 加强运动，提高身体素质。

3. 学会做简单的家常菜。

二、暑假学习计划具体方案

1. 针对自己的薄弱学科的学习态度、学习方法、学习目标进行反思，调整。

2. 在家长的指导下，制订切实可行的暑假生活、学习计划。

3. 整理练习卷上解答正确的题目，确认自己已经掌握了哪些知识，具备了哪些能力，树立自己对本学科的信心。

4. 整理练习卷上做错了的题目，逐题进行分析，找到错误的关键之处，进行认真的订正后，再到教材上找到相关类型的题目，进行练习。

5. 遇到无法解决的困难，按教科书的学习顺序进行梳理罗列。了解自己学习中存在的问题，请老师帮助解决。

6. 每周两次带着学科的难题向老师或成绩优异的同学请教，回家后运用学来的解决问题的方法进行自我强化练习，填补自己的学习漏洞。

7. 完成习题的订正，并将错题订正的全过程牢牢地记在脑海里，渐渐地形成解题方法的量的积累。

8. 看名著。中高考时会出现名著中的经典片段，看几本必看的小说是中学生必须做的事情之一，既可增长见识，又可陶冶情操。

9. 一星期打两次球，游三次泳，增加运动量，提高体能。（也可以听音乐等，做自己感兴趣的事）

10. 一星期跟着父母学做两次家常菜，如炒茄子、蒸鱼之类，再做一些力所能及的家务。

三、暑假计划具体安排

1. 一星期学习5天，上午2.5小时，下午2.5小时。按一小时一节课安排好课表。

2. 每天下午3点以后是运动或做家务的时间，也可安排一些适当的娱乐活动。

四、家长的有效参与

1. 引导孩子设计好每天的生活、学习评价表，帮助孩子对自己每天的生活、学习做出评价。

2. 一周三次检查学生的暑期生活、学习计划执行的情况和进度，及时帮助孩子解决执行中的困难。

3. 在帮助孩子执行计划时要尊重孩子的要求，要重视孩子学习态度的调整和学习兴趣的提高。

4. 双休日带孩子去看一些有益的展览会，或参加一些有益的社会活动。

校外写生